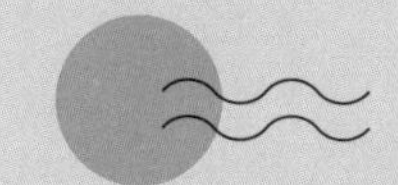

# 디지털자산과 규제혁신

윤창현 전인태 정재욱 황석진 채상미 김정민 이지은

박영사

# • 발간사 •

## 윤창현(국회의원 / 국민의힘 대전 동구 당협위원장)

2008년 10월, 사토시 나카모토라는 개발자로부터 시작된 비트코인은 탈중앙화 금융과 무정부주의 화폐로 시작해, 전통적 의미의 금융자산인 주식, 실물자산인 부동산에 이은 제3의 자산으로 자리 잡았습니다.

종잣돈도 없고 부동산엔 더 희망이 없다고 느낀 2030세대에게 코인시장이 '해볼 만한 신대륙'으로 각광받았던 만큼 테라 · 루나 사태, FTX 사태 등으로 대변되는 시장의 붕괴는 너무도 큰 민생위기로 다가오고 있습니다.

'디지털자산 시장의 공정화 및 투자자 보호'라는 민생현안은 이제 막 서론을 마치고 본론으로 들어가야 하는 뜨거운 감자입니다.

윤석열 정부는 대통령 후보 공약에 이어 국정과제로 디지털자산 인프라 및 규율체계 확립을 국민께 약속드렸습니다. 이에 발맞춰 국민의힘 역시 코인에 맞춰져 있던 초점을 블록체인 등 새로운 기술을 활용한 혁신생태계 조성으로 넓히고자 합니다.

엄연히 시장이 형성되고 전통적인 금융시장의 개입이 시작되었는데도 제도권 밖에 내몰고 끝까지 손대려 하지 않았던 이전 정부의 실패를 반복하지 않고자 국민의힘은 디지털자산특별위원회를 발족했습니다. 국제흐름에 맞춰 입법차원의 글로벌 규제 정합성을 확보하고 업계의 자정노력을 유도하고자 노력하고 있습니다. 시장참여자간 균형을 맞추고 엄격한 관리감독으로 질서를 규율함과 동시에, 관련 산업의 진흥 모멘텀을 만드는 것도 특위의 역할입니다.

특위 구성 당시 목표로 했던 '디지털자산 시장의 공정성 회복과 안심거래 환경 조성'을 위한 입법 노력은 단계적으로 추진되고 있습니다. 1단계라 할 수 있는 '가상자산 이용자 보호 등에 관한 법률'은 지난

2023년 6월 30일 국회 본회의를 통과하였고, 2024년 7월 시행을 앞두고 있습니다. 1단계 입법이 시급하게 요청되는 이용자 보호와 불공정거래행위 규제에 중점을 두었다면, 2단계라 할 수 있는 '디지털자산기본법'에서는 사업자들에게 더 많은 기회를 부여하고, 청년들이 원하는 일자리가 마련돼 경제의 활력으로 이어질 수 있는 제도적 기반마련에 집중할 예정입니다. 최근 글로벌 금리인상에 따른 투자수요 위축으로 디지털자산 시장규모는 다소 축소되었으나, 디지털자산 시장은 여전히 2022년 하반기 기준 일 평균 3조 원의 거래량을 보이는 활화산과 같은 시장입니다. 국제 논의동향을 고려하고 글로벌 기준이 마련될 때까지 입법을 늦추기엔 2022년 상반기 테라 · 루나 사태, FTX파산, 위믹스 상폐 사태까지 줄 이은 사건이 국내 이용자들을 불안에 떨게 합니다. 기본법에 담을 모든 내용을 한 번에 논의하기보다 필요 최소한의 규제를 먼저 테이블에 올려 이용자 보호규율 체계부터 우선 마련하자는 것이 현재까지의 국회 합의사항입니다. 총 2개 단계로 나누어 먼저 이용자 보호와 불공정거래 금지규정을 입안하고, 디지털자산의 발행 · 상장 · 공시와 디지털사업자의 진입 · 영업행위 등에 대한 제도적 규율방안을 순차적으로 마련할 예정입니다. 이를 위해 현재 정무위에서는 이번 제정안 부대의견을 통해 금융위원회가 선제적으로 2단계 입법에서 논의될 주요 과제에 대한 연구와 분석을 진행하고 국회에 보고할 수 있도록 규정하고자 합니다. 만들어진 규율체계를 지속적으로 관리하고 유지할 수 있도록 하기 위해 가상자산위원회를 금융위원회 내부조직으로 설치하는 것도 이번 제정안의 주요 내용 중 하나입니다. 특히 디지털자산 영역이 신산업 · 신기술에 대한 이해와 지식을 필요로 한다는 점에서 민간 전문가들로 위원회 구성하고 디지털자산 시장의 컨트롤타워를 구축하고자 합니다.

국민의힘 디지털자산특별위원회에서는 올바른 디지털자산 법제도 마련에 기여하고자 "디지털자산 신산업 발전 및 규제혁신 연구반"을 발족해 운영하고 있습니다. 연구반 활동을 통해 대한민국 디지털자산 신산업 역사의 획이 그어질 수 있기를 바라며 각계 전문가들이 의기투합한 만큼, 디지털시장 질서는 다잡고 산업은 육성해 갈 수 있는 현명한 지혜가 모일 수 있도록 노력하겠습니다.

'디지털자산과 규제혁신'이라는 이 책도 위 연구반의 산물입니다. 연구반 팀장으로 이 책의 집필을 기획해주신 정재욱 변호사를 포함하여 집필에 참여해주신 전인태 교수, 황석진 교수, 김정민 변호사, 이지은 변호사, 채상미 교수님께 감사와 격려의 말씀을 드립니다.

향후에도 지속적인 디지털자산특별위원회 및 연구반 활동을 통해 건강한 국내 디지털자산 사업자들의 무대가 마련되길 기대합니다. 책임 있는 여당의 책임 있는 정책설계로 국민행복 경제, 디지털 G1국가로의 도약을 함께 하겠습니다. 앞으로 더 많은 관심과 격려, 조언을 부탁드립니다.

## • 집필진 및 편집진 구성 •


### 집필자

윤창현 (국회의원 / 前 한국금융연구원 원장, 前 서울시립대 경영학부 교수)

전인태 (가톨릭대 수학과 교수 / 前 한국금융공학회 회장)

정재욱 (법무법인 주원 파트너 변호사 / 금융위원회 금융규제혁신회의 디지털혁신분과 위원)

황석진 (동국대 국제정보보호대학원 교수 / 한국NFT학회 회장)

채상미 (이화여대 경영대학 교수 / 한국경영정보학회 부회장)

김정민 (법무법인 경세 파트너 변호사 / 前 대한변호사협회 IT블록체인 특위 간사)

이지은 (법률사무소 리버티 대표 변호사 / 대한변호사협회 금융변호사회 회장)

(이상, 목차 순)

### 편집진

김정민 (법무법인 경세 파트너 변호사 / 前 대한변호사협회 IT블록체인 특위 간사)

전인태 (가톨릭대 수학과 교수 / 前 한국금융공학회 회장)

정재욱 (법무법인 주원 파트너 변호사 / 금융위원회 금융규제혁신회의 디지털혁신분과 위원)

(이상, 가나다 순)

# • 집필진 소회 •

## 전인태 / 가톨릭대학교 수학과 교수

**주요약력**

(현) 가톨릭대학교 수학과 금융공학 전공

(현) 국민의힘 디지털자산특별위원회 위원

(현) 금융위원회 금융규제혁신회의 디지털혁신분과 위원

(전) 한국금융공학회 회장

(전) 대한수학회 부회장

(전) KB금융그룹 조직문화쇄신위원회 위원

"'소비자 보호'와 '디지털자산 산업증진'이라는 두 마리 토끼를 잡기 위해서는 '합리적인 기술 및 가치 평가'와 '신속하고 정확한 정보의 공시'를 통해 시장교란과 정보비대칭을 막는 것이 최선임을 다시 한 번 확인하는 계기가 되었습니다."

## 정재욱 / 법무법인(유한) 주원 파트너 변호사

**주요약력**

(현) 법무법인 주원 파트너 변호사 / 법학박사

(현) 금융위원회 금융규제혁신회의 디지털혁신분과 위원

(현) 금융위원회 디지털자산 민관합동 TF 위원

(현) 국민의힘 디지털자산특별위원회 위원 (디지털자산 신사업 발전 및 규제혁신 연구반 팀장)

(현) 국민의힘 정책위원회 정책자문위원 (정무위원회)

(현) 사단법인 블록체인법학회 이사

(현) 주간조선 필진

(전) 법무법인 세종 변호사

(전) 대한변호사협회 IT · 블록체인 특별위원회 부위원장

"기술의 발전, 사회 현상의 변화에 법 제도가 따라가지 못한다면 정보에 취약한 개인들이 많이 피해를 입을 수 있습니다. 책임 없는 혁신은 사기가 되기 쉽고, 반대로 책임만 강조하는 과도한 규제는 사회의 퇴보로 이어지기 쉽습니다. 결국 우리에게 필요하고 중요한 것은 예측 가능한 법치의 토대 위에서 '책임 있는 혁신'이 이루어질 수 있도록 그 환경을 조성하는 것이 아닐까 싶습니다. 이 책도 이러한 환경 조성에 밑거름이 되기를 희망합니다."

## 황석진 / 동국대 국제정보보호대학원 교수

**주요약력**

(현) 동국대 국제정보보호대학원 교수 / 법학박사

(현) 국민의힘 디지털자산위원회 위원 / 정책자문위원

(현) 디지털자산거래소 공동협의체(DAXA) 자문위원

(현) 부산 디지털자산거래소 설립추진 위원

(현) 한국NFT학회 회장

(현) 육군 발전자문위원

(현) 해양경찰청 수사심의위원

(현) 경찰청 사기방지연구회 부회장

(현) 경찰수사연수원 외래교수

“2017년 9월부터 ICO에 대한 전면 금지로 새로운 자금조달 방식을 전면 금지되었고 국내 자본은 해외로 유출되어 해외에서 ICO를 진행하여 가상자산을 발행한 후 국내 가상자산거래소로 재상장 · 유통되는 등의 문제점이 발생했습니다. 급변하는 글로벌 환경 속에서 디지털자산 시장 전반에도 새로운 변화의 바람을 인식하고 국제적인 경쟁력과 디지털자산 시장의 선도적인 역할의 경주를 위하여 ICO와 IEO 를 통하여 원활한 자금조달과 디지털자산 시장의 육성 · 진흥이 이루어지기를 소원합니다.”

## 채상미 / 이화여대 경영대학 교수

**주요약력**

(현) 이화여대 경영대학 교수, 경영대학 부학장

(현) 한국경영정보학회 부회장

(현) 디지털자산 연구회 회장

(현) HUG 비상임 이사

(현) LG CNS 블록체인/WEB3 부분 전사 자문위원

(현) 한국 조폐공사 ICT 전략위원회 위원

(현) 국토부 장관 정책자문위원

(현) 금융위원회 규제혁신회의 디지털혁신분과 위원

(전) 제20대 대통령직인수위원회 경제1분과 자문위원

"디지털 자산 시장의 발전 방향에 대해 명확하게 제시한 이 책의 발간을 통해 우리나라 디지털 자산 사업이 전세계적인 주목을 받으며 미래 먹거리를 창출할 수 있는 주요 산업으로 성장하기를 바라는 마음으로 집필에 참여하였습니다. 산업생태계 활성화 및 지속 가능성을 확보하는 데 필수 요소인 내부통제 및 정보보안의 중요성을 인지하고 산업이 직면하고 있는 다양한 문제들을 해결하는 데 도움이 되기를 바랍니다."

## 김정민 / 법무법인 경세 파트너 변호사

(현) 법무법인 경세 파트너 변호사
(현) 주식회사 위츠 대표이사
(현) 국민의힘 디지털자산특별위원회 위원
(현) 한중법학회 이사
(전) 대한변호사협회 IT블록체인특위 간사
(전) ㈜케이엘넷 경영관리팀장

"NFT를 비롯한 디지털 자산 시장은 2018년 코인 시장의 붐업 이후에 잠시의 침체기를 거쳐 이제 다시 한번 도약을 위한 준비를 하고 있습니다. 본 집필에 참여하여 디지털 자산 시장의 보호와 진흥, 발전 방향에 대해 심도 있게 분석할 수 있었고, 미흡하나마 진일보된 명확한 기준을 가질 수 있었습니다. 특히 NFT는 블록체인 기술 그 자체라고 해도 과언이 아닐 만큼, 활용가치가 무궁무진하여 지금까지 본 적이 없는 신종 NFT들이 앞으로 많이 탄생할 것이 예상됩니다. 디지털 자산 업계와 규제당국이 미리 모든 것을 대비할 수는 없겠지만, 관련 논의들이 본격적이고 구체적으로 이루어지고 있어 점차 체계와 틀이 잡혀갈 것으로 기대합니다."

## 이지은 / 법률사무소 리버티 대표변호사

**주요약력**

(현) 법률사무소 리버티 대표변호사 / 법학박사

(현) 대한변호사협회 금융변호사회장

(현) 국민의힘 디지털자산특별위원회 위원

(현) 언론중재위원

(현) 대한상사중재원 중재인[국내/국제]

(전) 법무법인 태평양 변호사

(전) PCA생명보험 법무이사

"지난 1년간 디지털혁신과 규제의 조화를 생각하면서 산업발전과 투자자보호를 위해 열심히 노력한 성과물이 나오게 되어 매우 기쁩니다. 글로벌 가상자산의 규제 변화는 테라루나 사태 전후로 큰 변화를 맞이하고 있습니다. EU의 MICA의 등장과 함께 미국 SEC의 규제동향 등 글로벌 규제 전반을 살펴보고 우리 법제에 반영할 필요가 있습니다. 각 분야별 전문주제를 골라 규제당국, 산업 및 학계, 법조계 전문가들과 함께 진솔한 커뮤니케이션을 나누면서 현안을 파악하고 글로벌 기준에 부합하는 규범을 도출할 수 있도록 도와주신 모든 분들에게 진심으로 감사 드립니다."

※ 본고에서 기재된 내용이나 견해는 집필진들이 소속된 기관의 공식 견해가 아니며, 집필진 개인의 의견임을 밝혀둡니다.

# • 목차 •

## Chapter 02

Chapter 01

# 디지털자산기본법의 필요성과 방향

집필: 윤창현(국민의힘 국회의원)

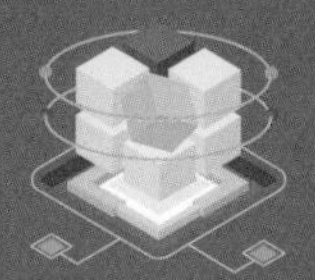

# 01 디지털자산기본법의 필요성

디지털자산 시장의 급속한 성장과 이용자 수 증가에도 불구하고 글로벌 정합성을 고려하여 입법이 지연되고 있다. 2018년 1,700억 원 수준이었던 디지털자산 불법행위 검거규모가 2021년 3조 1,300억 원으로 18배 이상 급증하고, 언론보도에서도 디지털자산의 불공정거래 의심 사례가 빈번하게 다뤄지고 있다. 특히 2022년 상반기에 발생한 루나-테라 사태로 인한 다수 이용자의 대규모 피해는 디지털자산 시장의 공정성 회복을 앞당기고 불공정거래에 대한 규제를 통해 시급하게 이용자 보호에 나서야 할 필요성과 이유를 재확인하는 계기가 되었다. 이에 국제적 논의동향과 글로벌 기준 마련을 무작정 기다리기보다는 필요 최소한의 규제를 통한 이용자 보호 규율 체계를 우선 마련하고 추후 이를 보완해가는 점진적 · 단계적 입법 추진이 타당하다고 판단되는 상황이다.

# 02 디지털자산 시장의 공정성 회복과 안심거래 환경 조성을 위한 법률안

## I 법안의 제안 이유

시장의 공정성 회복 및 이용자 보호의 시급성을 고려하여 지난 2022. 10. 31. "디지털자산 시장의 공정성 회복과 안심거래 환경 조성을 위한 법률안"을 대표 발의한 바 있다. 동 법안에서는 2022년 10월 당시 국회 정무위에 계류 중인 가상자산 관련 14건의 법안에 공통적으로 포함돼 있는 이용자 보호와 불공정거래 금지 규정을 비교 · 분석하여 반영하였다.

동 법안은 이용자 자산 보호(디지털자산사업자의 파산 등으로부터 이용자 예치금 보호 등), 불공정거래(미공개정보 이용 · 시세조종 · 부정거래 행위 등) 금지, 자율감시(시장감시와 신고의무 부과 등) 책임 등 불공정거래 규제 등에 집중하였다.

디지털자산의 발행 · 상장 · 공시와 디지털사업자의 진입 · 영업행위(신의성실 의무, 설명의무, 적합성 · 적정성 원칙, 광고규제 등) 등에 대한 추가적인 제도적 규율방안은 2023년 중 디지털자산 관련 국제기구의 논의방향을 반영하여 보완하고자 하며, 금융위원회가 추후 이루어질 보완입법을 지원할 수 있도록 연구와 분석이 필요한 사안에 대해서는 부칙으로 내용과 제출시한을 규정하였다.

# II 법안의 주요 내용

위 법안의 주요 내용은 아래와 같다.

○ 디지털자산은 기존 「특정금융정보법」 제2조제3호를 준용하여 경제적 가치를 지닌 것으로 전자적으로 거래 또는 이전될 수 있는 전자적 증표로 하고, 덧붙여 디지털자산사업자, 디지털자산시장 등을 정의하였다(안 제2조).

○ 이용자 예치금의 신탁과 디지털자산의 보관, 해킹 · 전산장애 등 사고에 대비한 보험 또는 공제가입, 준비금 적립 의무화 등 이용자 자산의 보호에 관한 사항을 규정하였다(안 제5조부터 제7조까지).

○ 미공개중요정보 이용행위, 시세조종행위, 부정거래행위, 자기발행 디지털자산 거래행위 등 불공정거래행위를 금지하고 디지털자산사업자에게 자율적인 상시 감시 · 신고의무를 부과하여 건전한 거래질서가 유지될 수 있도록 하였다(안 제8조부터 제11조까지).

○ 금융위원회에 디지털자산사업자에 대한 감독 · 검사 권한을 부여하고, 이를 집행하기 위해서 필요한 검사 · 조사권한, 시정명령 · 영업정지 · 수사기관 고발 등 처분권한 등을 규정하였다(안 제12조).

○ 이 법에 의해 금융위원회가 수행해야 하는 업무의 전부 또는 일부를 금융감독원장에게 위탁할 수 있도록 하였다(안 제13조).

○ 금융위원회가 디지털자산시장 및 사업자를 감독 · 조사하거나 과태료 부과처분 등을 하는 경우 디지털자산위원회의 심의를 거쳐야 하며, 디지털자산위원회는 불공정거래 조사를 위해 압수 · 수색을 할 수 있도록 하였다(안 제14조 및 제15조).

○ 불공정거래행위를 한 행위자와 그 법인 또는 개인에 대한 벌칙을 규정하고 불공정거래행위로 취득한 재산을 몰수 · 추징할 수 있도록 하였다(안 제16조부터 제18조까지).

○ 이 법의 규정을 위반한 자에게 과태료를 부과할 수 있도록 하였다(안 제19조).

## III 관련 법안: 금융위원회의 설치 등에 관한 법률 일부개정법률안

앞서 살펴본 바와 같이 디지털자산 시장의 공정성 회복과 안심거래 환경 조성을 위한 법률 제정안을 통해 이용자 자산 보호(디지털자산사업자의 파산 등으로부터 이용자 예치금 보호 등), 불공정거래(미공개정보 이용·시세조종·부정거래 행위 등) 금지, 자율감시(시장감시와 신고의무 부과 등) 책임 등 불공정거래 규제 등을 규정하였다.

이에 부가하여 위와 같은 사항의 집행을 전담할 조직인 디지털자산위원회를 설치하고자 금융위원회의 설치 등에 관한 법률 일부개정법률안도 지난 2022. 10. 31. 대표발의하였다. 동법의 주요 내용은 아래와 같다.

○ 디지털자산위원회의 설치: '1. 디지털자산시장의 불공정거래 조사, 2. 금융위원회 소관 사무 중 디지털자산시장의 관리 · 감독 및 감시 등과 관련된 주요 사항에 대한 사전 심의, 3. 디지털자산시장의 관리 · 감독 및 감시 등을 위하여 금융위원회로부터 위임받은 업무, 4. 그 밖에 다른 법령에서 디지털자산위원회에 부여된 업무'를 수행하기 위하여 금융위원회에 디지털자산위원회를 설치하는 것을 규정하였다(안 제23조의2 신설).

○ 디지털자산위원회의 구성: 디지털자산위원회의 5인으로 구성하며 위원 자격과 위원 임기 등에 대해 규정하였다(안 제23조의3 신설). 디지털자산위원회의 위원과 위원장은 '1. 디지털자산거래, 금융 또는 회계 분야에 관한 경험이 있는 2급 이상의 공무원 또는 고위공무원단에 속하는 일반직공무원이었던 사람, 2. 대학에서 법률학 · 경제학 · 경영학 · 회계학 또는 이학 · 공학을 전공하고, 대학이나 공인된 연구기관에서 부교수 이상 또는 이에 상당하는 직에 10년 이상 있었던 사람, 3. 그 밖에 디지털자산거래, 금융 또는 회계 분야에 관한 학식과 경험이 풍부한 사람' 어느 하나에 해당하는 사람 중에서 금융위원회의 위원장이

임명하도록 하였다.

○ 디지털자산위원회 회의 소집과 위원회의 의결방법, 조직과 규칙제정 절차 등에 대해 규정하였다(안 제23조의4 및 제23조의5 신설).

○ 디지털자산위원회가 소관 업무에 대해 금융감독원을 지도 · 감독할 수 있도록 하였다(안 제23조의6 신설)

○ 이 법에서 금융위원회와 증권선물위원회에 부여한 권한 중 일부를 디지털자산위원회가 소관 업무를 수행하는 데 필요한 조처를 할 수 있도록 부여하였다(안 제24조제1항, 제58조, 제61조제1항, 제70조, 제71조 개정).

# 03 가상자산 이용자 보호 등에 관한 법률

## I 서론

앞서 제2절에서 살펴본 시장의 공정성 회복과 이용자 보호를 골자로 하는 “디지털자산 시장의 공정성 회복과 안심거래 환경 조성을 위한 법률안(윤창현 의원 대표발의)”과 디지털자산위원회의 설치를 핵심 내용으로 하는 “금융위원회의 설치 등에 관한 법률 일부개정법률안(윤창현 의원 대표발의)”은 지난 2022. 11.부터 2023. 4.까지 국회 정무위원회 법안심사제1소위에서 상정, 논의되었다. 위 두 법률안은 지난 2023. 4. 25. 국회 정무위원회 법안심사제1소위에서 디지털자산 관련 다른 여타 법률안들과 함께 상정, 심사된 결과 “가상자산 이용자 보호 등에 관한 법률안(대안)”으로 반영되어 폐기되었는데, 기존에 두 법률안에서 다루고 있는 대부분의 내용이 위 대안에 반영되었다.

위와 같은 대안은 2023. 5. 11. 국회 정무위원회를 통과하였고, 법사위 체계자구심사를 거쳐 일부 문구와 내용이 수정되었으며(집단소송 부분 삭제 등), 수정된 대안은 지난 2023. 6. 30. 국회 본회의를 통과하였다. 동 법안은 2023년 7월 19일 대한민국 관보에 법률 제19563호로 공포되었다. 동 법안 부칙 제1조에 의하면 “이 법은 공포 후 1년이 경과한 날부터 시행”하므로, 오는 2024년 7월 19일부터 ‘가상자산 이용자 보호 등에 관한 법률'이 시행될 것으로 보인다.

## II 가상자산 이용자 보호법의 제안 경위

가상자산 이용자 보호 등에 관한 법률안(이하 "가상자산 이용자 보호법")은 2023. 4.까지 제출되어 있던 19개 법률안의 내용이 통합, 조정된 것이다. 구체적으로는 제405회 국회(임시회) 제1차 법안심사제1소위원회(2023.4.25.)에서 아래 19건 법률안의 내용을 통합 · 조정하여 위원회 대안을 제안하기로 하였다. 아울러, 제406회 국회(임시회) 제1차 정무위원회(2023.5.11.)에서 법안심사제1소위원회에서 심사 보고한 대로 19건의 법률안에 대해서는 각각 본회의에 부의하지 아니하기로 하고, 법안심사제1소위원회가 마련한 대안을 위원회안으로 제안하기로 의결하였다. 동 법안은 2023. 5. 11. 법사위에 회부되었고 2023. 6. 29. 법사위에서 수정가결 되었으며, 2023. 6. 30. 국회 본회의를 통과하였다.

대안에 반영된 19개 법률안은 아래와 같다.

표 1-1

<table>
<tr><th>법률안명</th><th>의안번호</th><th>대표발의자</th><th>제안일</th><th colspan="2">심사경과</th></tr>
<tr><td rowspan="4">전자금융 거래법 일부개정 법률안</td><td rowspan="4">2100590</td><td rowspan="4">박용진 의원</td><td rowspan="4">2020.6.16.</td><td>상정</td><td>제380회 국회(임시회) 제2차 정무위원회 (2020.7.29.)</td></tr>
<tr><td rowspan="3">소위 심사</td><td>제391회 국회(정기회) 제2차 법안심사제1소위원회 (2021.11.17.)</td></tr>
<tr><td>제391회 국회(정기회) 제3차 법안심사제1소위원회 (2021.11.23.)</td></tr>
<tr><td>제400회 국회(정기회) 제2차 법안심사제1소위원회 (2022.11.22.)</td></tr>
</table>

| 법률안명 | 의안번호 | 대표발의자 | 제안일 | 심사경과 | |
|---|---|---|---|---|---|
| | | | | 소위심사 | 제401회 국회(임시회) 제1차 법안심사제1소위원회 (2022.12.26.)<br><br>제403회 국회(임시회) 제1차 법안심사제1소위원회 (2023.2.27.)<br><br>제404회 국회(임시회) 제2차 법안심사제1소위원회 (2023.3.28.)<br><br>제405회 국회(임시회) 제1차 법안심사제1소위원회 (2023.4.25.) |
| 특정 금융거래 정보의 보고 및 이용 등에 관한 법률 일부개정 법률안 | 2107702 | 이주환 의원 | 2021.1.27. | 상정 | 제385회 국회(임시회) 제2차 정무위원회 (2021.3.17.) |
| | | | | 소위심사 | 제391회 국회(정기회) 제2차 법안심사제1소위원회 (2021.11.17.)<br><br>제391회 국회(정기회) 제3차 법안심사제1소위원회 (2021.11.23.)<br><br>법안심사제1소위원회 (2023.2.27.)<br><br>제404회 국회(임시회) 제2차제405회 국회(임시회) 제1차 법안심사제1소위원회(2023.4.25.) |
| 가상자산업 법안 | 2109935 | 이용우 의원 | 2021.5.7. | 소위심사 | 제389회 국회 (임시회) 제1차 정무위원회 (2021.7.13.) |

| 법률안명 | 의안번호 | 대표발의자 | 제안일 | 심사경과 | |
|---|---|---|---|---|---|
| | | | | 소위심사 | 제391회 국회(정기회) 제2차 법안심사제1소위원회 (2021.11.17.)<br><br>제391회 국회(정기회) 제3차 법안심사제1소위원회 (2021.11.23.) |
| 가상자산업법안 | 2109935 | 이용우 의원 | 2021.5.7. | 소위심사 | 제400회 국회(정기회) 제2차 법안심사제1소위원회 (2022.11.22.)<br><br>제401회 국회(임시회) 제1차 법안심사제1소위원회 (2022.12.26.)<br><br>제403회 국회(임시회) 제1차 법안심사제1소위원회 (2023.2.27.)<br><br>제404회 국회(임시회) 제2차 법안심사제1소위원회 (2023.3.28.)<br><br>제405회 국회(임시회) 제1차 법안심사제1소위원회 (2023.4.25.) |
| 가상자산업 발전 및 이용자 보호에 관한 법률안 | 2110190 | 김병욱 의원 | 2021.5.18. | 상정 | 제389회 국회 (임시회)제1차 정무위원회 (2021.7.13.) |
| | | | | 소위심사 | 제391회 국회(정기회) 제2차 법안심사제1소위원회 (2021.11.17.)<br><br>제391회 국회(정기회) 제3차 법안심사제1소위원회 (2021.11.23.)<br><br>제400회 국회(정기회) 제2차 법안심사제1소위원회 (2022.11.22.) |

| 법률안명 | 의안번호 | 대표발의자 | 제안일 | 심사경과 | |
|---|---|---|---|---|---|
| | | | | 소위심사 | 제401회 국회(임시회)<br>제1차 법안심사제1소위원회<br>(2022.12.26.)<br><br>제403회 국회(임시회)<br>제1차 법안심사제1소위원회<br>(2023.2.27.)<br><br>제404회 국회(임시회)<br>제2차 법안심사제1소위원회<br>(2023.3.28.)<br><br>제405회 국회(임시회)<br>제1차 법안심사제1소위원회<br>(2023.4.25.) |
| 가상자산 거래에 관한 법률안 | 2110312 | 양경숙 의원 | 2021.5.21. | 상정 | 제389회 국회<br>(임시회)<br>제1차 정무위원회<br>(2021.7.13.) |
| | | | | 소위심사 | 제391회 국회(정기회)<br>제2차 법안심사제1소위원회<br>(2021.11.17.)<br><br>제391회 국회(정기회)<br>제3차 법안심사제1소위원회<br>(2021.11.23.)<br><br>제400회 국회(정기회)<br>제2차 법안심사제1소위원회<br>(2022.11.22.)<br><br>제401회 국회(임시회)<br>제1차 법안심사제1소위원회<br>(2022.12.26.)<br><br>제403회 국회(임시회)<br>제1차 법안심사제1소위원회<br>(2023.2.27.)<br><br>제404회 국회(임시회)<br>제2차 법안심사제1소위원회<br>(2023.3.28.) |

| 법률안명 | 의안번호 | 대표발의자 | 제안일 | 심사경과 | |
|---|---|---|---|---|---|
| | | | | 소위심사 | 제405회 국회(임시회) 제1차 법안심사제1소위원회 (2023.4.25.) |
| 전자금융거래법 일부개정법률안 | 2110447 | 강민국 의원 | 2021.5.28. | 상정 | 제389회 국회(임시회) 제1차 정무위원회 (2021.7.13.) |
| | | | | 소위심사 | 제391회 국회(정기회) 제2차 법안심사제1소위원회 (2021.11.17.)<br><br>제391회 국회(정기회) 제3차 법안심사제1소위원회 (2021.11.23.)<br><br>제400회 국회(정기회) 제2차 법안심사제1소위원회 (2022.11.22.)<br><br>제401회 국회(임시회) 제1차 법안심사제1소위원회 (2022.12.26.)<br><br>제403회 국회(임시회) 제1차 법안심사제1소위원회 (2023.2.27.)<br><br>제404회 국회(임시회) 제2차 법안심사제1소위원회 (2023.3.28.)<br><br>제405회 국회(임시회) 제1차 법안심사제1소위원회 (2023.4.25.) |
| 가상자산 거래 및 이용자 보호 등에 관한 법률안 | 2111459 | 권은희 의원 | 2021.7.9. | 상정 | 제391회 국회 (정기회) 제1차 정무위원회 (2021.9.16.) |

| 법률안 명 | 의안 번호 | 대표 발의자 | 제안일 | 심사경과 | |
|---|---|---|---|---|---|
| | | | | 소위 심사 | 제391회 국회(정기회)<br>제2차 법안심사제1소위원회<br>(2021.11.17.)<br><br>제391회 국회(정기회)<br>제3차 법안심사제1소위원회<br>(2021.11.23.)<br><br>제400회 국회(정기회)<br>제2차 법안심사제1소위원회<br>(2022.11.22.)<br><br>제401회 국회(임시회)<br>제1차 법안심사제1소위원회<br>(2022.12.26.)<br><br>제403회 국회(임시회)<br>제1차 법안심사제1소위원회<br>(2023.2.27.)<br><br>제404회 국회(임시회)<br>제2차 법안심사제1소위원회<br>(2023.3.28.)<br><br>제405회 국회(임시회)<br>제1차 법안심사제1소위원회<br>(2023.4.25.) |
| 디지털 자산산업 육성과 이용자 보호에 관한 법률안 | 2111 771 | 민형배 의원 | 2021.7.27. | 상정 | 제391회 국회<br>(정기회)<br>제1차 정무위원회<br>(2021.9.16.) |
| | | | | | 제391회 국회(정기회)<br>제2차 법안심사제1소위원회<br>(2021.11.17.)<br><br>제391회 국회(정기회)<br>제3차 법안심사제1소위원회<br>(2021.11.23.) |

| 법률안 명 | 의안 번호 | 대표 발의자 | 제안일 | 심사경과 | |
|---|---|---|---|---|---|
| | | | | 소위 심사 | 제400회 국회(정기회) 제2차 법안심사제1소위원회 (2022.11.22.)<br>제401회 국회(임시회) 제1차 법안심사제1소위원회 (2022.12.26.)<br>제403회 국회(임시회) 제1차 법안심사제1소위원회 (2023.2.27.)<br>제404회 국회(임시회) 제2차 법안심사제1소위원회 (2023.3.28.)<br>제405회 국회(임시회) 제1차 법안심사제1소위원회 (2023.4.25.) |
| 전자 금융 거래법 일부 개정 법률안 | 2111 860 | 배진교 의원 | 2021.8.2. | 상정 | 제391회 국회(정기회) 제7차 정무위원회 (2021.11.16.) |
| | | | | 소위 심사 | 제391회 국회(정기회) 제2차 법안심사제1소위원회 (2021.11.17.)<br>제391회 국회(정기회) 제3차 법안심사제1소위원회 (2021.11.23.)<br>제400회 국회(정기회) 제2차 법안심사제1소위원회 (2022.11.22.)<br>제401회 국회(임시회) 제1차 법안심사제1소위원회 (2022.12.26.)<br>제403회 국회(임시회) 제1차 법안심사제1소위원회 (2023.2.27.) |

| 법률안명 | 의안번호 | 대표발의자 | 제안일 | 심사경과 | |
|---|---|---|---|---|---|
| | | | | 소위심사 | 제404회 국회(임시회) 제2차 법안심사제1소위원회 (2023.03.28.)<br><br>제405회 국회(임시회) 제1차 법안심사제1소위원회 (2023.04.25.) |
| 특정 금융거래 정보의 보고 및 이용 등에 관한 법률 일부개정 법률안 | 2112119 | 이영 의원 | 2021.8.19. | 상정 | 제391회 국회(정기회) 제7차 정무위원회 (2021.11.16.) |
| | | | | 소위심사 | 제391회 국회(정기회) 제2차 법안심사제1소위원회 (2021.11.17.)<br><br>제391회 국회(정기회) 제3차 법안심사제1소위원회 (2021.11.23.)<br><br>제400회 국회(정기회) 제2차 법안심사제1소위원회 (2022.11.22.)<br><br>제401회 국회(임시회) 제1차 법안심사제1소위원회 (2022.12.26.)<br><br>제403회 국회(임시회) 제1차 법안심사제1소위원회 (2023.2.27.)<br><br>제404회 국회(임시회) 제2차 법안심사제1소위원회 (2023.03.28.)<br><br>제405회 국회(임시회) 제1차 법안심사제1소위원회 (2023.04.25.) |
| 가상자산 산업기본 법안 | 2113016 | 윤창현 의원 | 2021.10.28. | 소위원회 직접회부(2021.11.15.) | |

| 법률안명 | 의안번호 | 대표발의자 | 제안일 | 심사경과 | |
|---|---|---|---|---|---|
| | | | | 소위심사 | 제391회 국회(정기회)<br>제2차 법안심사제1소위원회<br>(2021.11.17.) |
| | | | | | 제391회 국회(정기회)<br>제3차 법안심사제1소위원회<br>(2021.11.23.) |
| | | | | | 제400회 국회(정기회)<br>제2차 법안심사제1소위원회<br>(2022.11.22.) |
| | | | | | 제401회 국회(임시회)<br>제1차 법안심사제1소위원회<br>(2022.12.26.) |
| | | | | | 제403회 국회(임시회)<br>제1차 법안심사제1소위원회<br>(2023.2.27.) |
| | | | | | 제404회 국회(임시회)<br>제2차 법안심사제1소위원회<br>(2023.3.28.) |
| | | | | | 제405회 국회(임시회)<br>제1차 법안심사제1소위원회<br>(2023.4.25.) |
| 전자금융거래법 일부개정법률안 | 2113071 | 정희용 의원 | 2021.11.2. | 소위원회 직접회부(2021.11.15.) | |
| | | | | 소위심사 | 제391회 국회(정기회)<br>제2차 법안심사제1소위원회<br>(2021.11.17.) |
| | | | | | 제391회 국회(정기회)<br>제3차 법안심사제1소위원회<br>(2021.11.23.) |
| | | | | | 제400회 국회(정기회)<br>제2차 법안심사제1소위원회<br>(2022.11.22.) |

| 법률안명 | 의안번호 | 대표발의자 | 제안일 | 심사경과 | |
|---|---|---|---|---|---|
| | | | | 소위심사 | 제401회 국회(임시회) 제1차 법안심사제1소위원회 (2022.12.26.)<br><br>제403회 국회(임시회) 제1차 법안심사제1소위원회 (2023.2.27.)<br><br>제404회 국회(임시회) 제2차 법안심사제1소위원회 (2023.3.28.)<br><br>제405회 국회(임시회) 제1차 법안심사제1소위원회 (2023.4.25.) |
| 가상자산 산업 발전 및 이용자 보호에 대한 기본법안 | 2113168 | 김은혜 의원 | 2021.11.8. | 소위원회 직접회부(2021.11.15.) | |
| | | | | 소위심사 | 제391회 국회(정기회) 제2차 법안심사제1소위원회 (2021.11.17.)<br><br>제391회 국회(정기회) 제3차 법안심사제1소위원회 (2021.11.23.)<br><br>제400회 국회(정기회) 제2차 법안심사제1소위원회 (2022.11.22.)<br><br>제401회 국회(임시회) 제1차 법안심사제1소위원회 (2022.12.26.)<br><br>제403회 국회(임시회) 제1차 법안심사제1소위원회 (2023.2.27.)<br><br>제404회 국회(임시회) 제2차 법안심사제1소위원회 (2023.3.28.)<br><br>제405회 국회(임시회) 제1차 법안심사제1소위원회 (2023.4.25.) |

<table>
<tr><th>법률안명</th><th>의안번호</th><th>대표발의자</th><th>제안일</th><th colspan="2">심사경과</th></tr>
<tr><td rowspan="2">디지털자산거래법안</td><td rowspan="2">2116464</td><td rowspan="2">민병덕 의원</td><td rowspan="2">2022.7.14.</td><td>상정</td><td>제400회 국회<br>(정기회)<br>제2차 정무위원회<br>(2022.9.20.)</td></tr>
<tr><td>소위심사</td><td>제400회 국회(정기회)<br>제2차 법안심사제1소위원회<br>(2022.11.22.)<br><br>제401회 국회(임시회)<br>제1차 법안심사제1소위원회<br>(2022.12.26.)<br><br>제403회 국회(임시회)<br>제1차 법안심사제1소위원회<br>(2023.2.27.)<br><br>제404회 국회(임시회)<br>제2차 법안심사제1소위원회<br>(2023.3.28.)<br><br>제405회 국회(임시회)<br>제1차 법안심사제1소위원회<br>(2023.4.25.)</td></tr>
<tr><td></td><td></td><td></td><td></td><td colspan="2">소위원회 직접회부(2022.11.21.)</td></tr>
<tr><td>디지털 자산 시장의 공정성 회복과 안심거래 환경 조성을 위한 법률안</td><td>2117994</td><td>윤창현 의원</td><td>2022.10.31.</td><td>소위원회 직접회부<br>(2022.11.21.)</td><td>제400회 국회(정기회)<br>제2차 법안심사제1소위원회<br>(2022.11.22.)<br><br>제401회 국회(임시회)<br>제1차 법안심사제1소위원회<br>(2022.12.26.)<br><br>제403회 국회(임시회)<br>제1차 법안심사제1소위원회<br>(2023.2.27.)<br><br>제404회 국회(임시회)<br>제2차 법안심사제1소위원회<br>(2023.03.28.)</td></tr>
</table>

<table>
<tr><th>법률안명</th><th>의안번호</th><th>대표발의자</th><th>제안일</th><th colspan="2">심사경과</th></tr>
<tr><td></td><td></td><td></td><td></td><td>소위원회 직접회부<br>(2022.11.21.)</td><td>제405회 국회(임시회)<br>제1차 법안심사제1소위원회<br>(2023.4.25.)</td></tr>
<tr><td rowspan="2">금융위원회의 설치 등에 관한 법률 일부개정법률안</td><td rowspan="2">2118001</td><td rowspan="2">윤창현 의원</td><td rowspan="2">2022.10.31.</td><td colspan="2">소위원회 직접회부<br>(2022.11.21.)</td></tr>
<tr><td>소위심사</td><td>제400회 국회(정기회)<br>제2차 법안심사제1소위원회<br>(2022.11.22.)<br><br>제401회 국회(임시회)<br>제1차 법안심사제1소위원회<br>(2022.12.26.)<br><br>제403회 국회(임시회)<br>제1차 법안심사제1소위원회<br>(2023.2.27.)<br><br>제404회 국회(임시회)<br>제2차 법안심사제1소위원회<br>(2023.3.28.)<br><br>제405회 국회(임시회)<br>제1차 법안심사제1소위원회<br>(2023.4.25.)<br><br>소위원회 직접회부<br>(2022.11.21.)</td></tr>
<tr><td>가상자산 불공정거래 규제 등에 관한 법률안</td><td>2118204</td><td>백혜련 의원</td><td>2022.11.10.</td><td>소위심사</td><td>제400회 국회(정기회)<br>제2차 법안심사제1소위원회<br>(2022.11.22.)<br><br>제401회 국회(임시회)<br>제1차 법안심사제1소위원회<br>(2022.12.26.)</td></tr>
</table>

| 법률안명 | 의안번호 | 대표발의자 | 제안일 | 심사경과 | |
|---|---|---|---|---|---|
| | | | | 소위심사 | 제403회 국회(임시회) 제1차 법안심사제1소위원회 (2023.2.27.)<br><br>제404회 국회(임시회) 제2차 법안심사제1소위원회 (2023.3.28.)<br><br>제405회 국회(임시회) 제1차 법안심사제1소위원회 (2023.4.25.) |
| 암호자산 이용자 보호에 관한 법률안 | 2120672 | 김한규 의원 | 2023.3.15. | 소위원회 직접회부(2023.3.24.) | |
| | | | | 소위심사 | 제404회 국회(임시회) 제2차 법안심사제1소위원회 (2023.3.28.)<br><br>제405회 국회(임시회) 제1차 법안심사제1소위원회 (2023.4.25.) |
| 가상자산 불공정 거래 규제 및 이용자 보호에 관한 법률안 | 2121602 | 김종민 의원 | 2023.4.24. | 소위원회 직접회부(2023.4.25.) | |
| | | | | 소위심사 | 제405회 국회(임시회) 제1차 법안심사제1소위원회 (2023.4.25.) |

## III 가상자산 이용자 보호법의 제안 이유

블록체인 기술을 기반으로 하는 가상자산은 이전에 없던 새로운 형태의 자산으로, 2030세대를 중심으로 투자의 대상으로 인식되면서 국내외 가상자산시장은 크게 성장하고 있다.

그런데 「자본시장과 금융투자업에 관한 법률」에 따른 금융투자상품의 경우 미공개중요정보 이용, 시세조종, 부정거래 등 불공정거래행위가 금지되나, 가상자산에 대해서는 제도적 장치가 부재하여 이와 관련한 이용자 피해가 발생하여도 처벌 및 피해구제 등 대응에 어려움이 있는 상황이다.

실제로 테라-루나 사태, 미국의 FTX 거래소 파산 사태 등 가상자산시장에서 발생한 일련의 사건들은 가상자산 이용자들에게 막대한 피해를 발생시켰으며 이는 가상자산시장에 대한 신뢰도 저하로 이어지기도 하였다.

한편, 가상자산에 대한 규율 및 제도화 움직임이 세계 각국에서 다양하게 진행되고 있는 가운데, 최근 유럽연합에서 가상자산과 관련된 법이 제정되기도 하였으나 가상자산시장과 가상자산산업 전반에 대해 국제적으로 합의된 기준이나 규율체계는 부재한 상황이다.

따라서 우선적으로 가상자산 이용자 보호와 불공정거래행위 규제 중심의 입법이 필요한바, 이 법을 제정하여 가상자산시장의 건전한 거래질서를 확보하고 이용자의 권익을 두텁게 보호하려는 것이다.

## IV 가상자산 이용자 보호법의 주요 내용

위 법률의 주요 내용은 아래와 같다.

○ 가상자산 이용자의 권익을 보호하고 가상자산시장의 건전한 거래질서를 확립하는 것을 이 법의 목적으로 하였다(제1조).

○ 가상자산은 기존 「특정 금융거래정보의 보고 및 이용 등에 관한 법률」에 따른 가상자산의 정의를 참고하되, 한국은행이 발행하는 전자적 화폐 및 그와 관련된 서비스는 가상자산의 범위에서 제외하고, 그 밖에 가상자산사업자 · 이용자 · 가상자산시장을 정의하였다(제2조).

○ 국외에서 이루어진 행위라도 국내에 영향을 미치는 행위는 이 법의 적용을 받도록 하고, 가상자산 및 가상자산사업자에 대하여 다른 법률에서 특별히 정한 경우를 제외하고는 이 법에서 정하는 바에 따르도록 하였다(제3조 및 제4조).

○ 금융위원회는 가상자산시장 및 가상자산사업자에 대한 정책, 제도에 관한 사항의 자문을 위하여 가상자산 관련 위원회를 설치 · 운영할 수 있도록 하였다(제5조).

○ 가상자산 이용자 자산의 보호를 위하여 예치금의 보호, 가상자산의 보관, 보험의 가입, 가상자산거래기록의 생성 · 보존 등에 관한 사항을 규정하였다(제6조부터 제9조까지).

○ 미공개중요정보 이용행위, 시세조종행위, 부정거래행위 등을 가상자산 거래의 불공정거래행위로 규정하고, 이를 위반한 경우 손해배상책임을 부담하게 하는 한편, 과징금을 부과할 수 있도록 하였다(제10조 및 제17조).

○ 이용자의 가상자산에 대한 임의적 입출금 차단을 금지하고, 가상자산사업자로 하여금 가상자산시장의 이상거래를 상시 감시하여 적절한 조치를 취하고 금융당국에 이를 통보하도록 하였다(제11조 및 제12조).

○ 가상자산사업자에 대한 금융당국의 감독 · 검사에 관한 사항과 불공정거래행위 등에 대한 조사 · 조치권한을 규정하였다(제13조부터 제15조까지).

○ 통화신용정책의 수행, 금융안정 및 지급결제제도의 원활한 운영을 위해 필요한 경우 한국은행이 가상자산사업자에게 자료제출을 요구할 수 있도록 하였다(제16조).

○ 불공정거래행위를 한 자에 대한 처벌과 가중처벌에 관한 사항을 규정하고, 징역에 처하는 경우에는 자격정지와 벌금을 병과할 수 있도록 하며,

몰수 · 추징에 관한 사항과 양벌규정을 규정하였다(제19조부터 제21조까지).

○ 불공정거래행위 외에 이 법에 따른 의무를 위반한 자에 대해서는 1억원 이하의 과태료를 부과하도록 하였다(제22조).

# V 부대 의견

위 법안 관련 부대의견은 아래와 같다.

금융위원회는 가상자산시장을 개설 · 운영하는 가상자산사업자가 가상자산의 발행과 유통과정에서 발생시키는 이해상충 문제를 해소하기 위해 연구용역 등의 방법으로 평가 · 분석하고 입법의견을 포함한 개선방안을 마련하여 이 법 시행 전까지 국회 소관 상임위원회에 보고한다.

○ 금융위원회는 스테이블 코인(증권형 토큰, 유틸리티 토큰 등을 포함)에 대한 규율체계를 확립하며, 가상자산평가업 및 자문업 · 공시업 등에 대한 규율체계를 마련하고, 신뢰성있고 합리적으로 디지털자산 정보를 제공하는 통합전산시스템(통합시세 및 통합공시 등)을 구축 · 운영할 수 있는 방안과 사고 발생시 「전자금융거래법」과 유사하게 입증책임의 전환 규정을 마련하기 위해 연구용역 등의 방법을 통해 입법의견을 포함한 대책을 마련하여 이 법 시행 전까지 국회 소관 상임위원회에 보고한다.

○ 금융위원회는 연구용역 등의 방법을 통해 가상자산사업자의 영업행위 규율에 대한 입법의견을 포함한 개선방안을 마련하여 이 법 시행 전까지 국회 소관 상임위원회에 보고한다.

○ 금융위원회와 금융정보분석원은 은행이 자금세탁 위험방지를 위해 자율적으로 운영하고 있는 실명확인 입출금 계정 제도가 자금세탁방지라는 도입 취지에 부합하고 합리적인지를 점검하고 제도개선이 필요한 경우 입법의견을 포함한 개선방안을 검토하여 이 법 시행 전까지 국회 소관 상임위원회에 보고한다.

○ 금융위원회와 금융감독원은 가상자산 거래소가 가상자산의 유통량·발행량 등에 대한 통일된 기준을 마련할 수 있도록 지원하고, 그 결과를 이 법 시행 전까지 국회 소관 상임위원회에 보고한다.

○ 금융위원회는 자기 또는 특수관계인이 발행한 가상자산의 거래제한과 관련하여 대통령령 제정 시 가상자산 이용자 보호의 목적이 달성될 수 있도록 가상자산사업자에게 투명한 공시와 엄격한 내부통제 의무를 부과함과 동시에 가상자산의 활용성 확대와 실물경제 융합형 혁신서비스의 출현이 저해되지 않도록 균형 잡힌 규정을 마련하여 국회 소관 상임위원회에 보고한 후 입법예고한다.

○ 금융위원회는 가상자산 이용자 보호와 불공정거래행위 금지를 위한 법률의 실효성있는 집행이 이루어질 수 있도록 가상자산사업자에 대한 검사권을 금융감독원장에 위탁하되, 가상자산사업자가 「금융위원회의 설치 등에 관한 법률」 상 금융기관이 아닌 점을 고려하여 대통령령으로 검사권을 금융감독원장에 위탁하는 내용을 포함하는 규정을 마련하여 국회 소관 상임위원회에 보고한 후 입법예고한다.

○ 금융위원회와 금융감독원은 가상자산 관련 자율협의기구 등을 통해 가상자산거래소 공통의 가상자산 상장과 관련한 내부통제와 투명한 절차가 마련될 수 있도록 지원하고, 그 결과를 이 법 시행 전까지 국회 소관 상임위원회에 보고한다.

# VI 가상자산 이용자 보호 등에 관한 법률 (대안) 전문

위 법안의 전문은 아래와 같다.

법률 제19563호

**가상자산 이용자 보호 등에 관한 법률**

제1장 총칙

제1조(목적) 이 법은 가상자산 이용자 자산의 보호와 불공정거래행위 규제 등에 관한 사항을 정함으로써 가상자산 이용자의 권익을 보호하고 가상자산시장의 투명하고 건전한 거래질서를 확립하는 것을 목적으로 한다.

제2조(정의) 이 법에서 사용하는 용어의 뜻은 다음과 같다.

1. "가상자산"이란 경제적 가치를 지닌 것으로서 전자적으로 거래 또는 이전될 수 있는 전자적 증표(그에 관한 일체의 권리를 포함한다)를 말한다. 다만, 다음 각 목의 어느 하나에 해당하는 것은 제외한다.
   가. 화폐 · 재화 · 용역 등으로 교환될 수 없는 전자적 증표 또는 그 증표에 관한 정보로서 발행인이 사용처와 그 용도를 제한한 것
   나. 「게임산업진흥에 관한 법률」 제32조제1항제7호에 따른 게임물의 이용을 통하여 획득한 유무형의 결과물
   다. 「전자금융거래법」 제2조제14호에 따른 선불전자지급수단 및 같은 조 제15호에 따른 전자화폐
   라. 「주식 · 사채 등의 전자등록에 관한 법률」 제2조제4호에 따른 전자등록주식등
   마. 「전자어음의 발행 및 유통에 관한 법률」 제2조제2호에 따른 전자어음
   바. 「상법」 제862조에 따른 전자선하증권
   사. 「한국은행법」에 따른 한국은행(이하 "한국은행"이라 한다)이 발행하는 전자적 형태의 화폐 및 그와 관련된 서비스
   아. 거래의 형태와 특성을 고려하여 대통령령으로 정하는 것
2. "가상자산사업자"란 가상자산과 관련하여 다음 각 목의 어느 하나에 해당하는 행

위를 영업으로 하는 자를 말한다.

가. 가상자산을 매도 · 매수(이하 "매매"라 한다)하는 행위

나. 가상자산을 다른 가상자산과 교환하는 행위

다. 가상자산을 이전하는 행위 중 대통령령으로 정하는 행위

라. 가상자산을 보관 또는 관리하는 행위

마. 가목 및 나목의 행위를 중개 · 알선하거나 대행하는 행위

3. "이용자"란 가상자산사업자를 통하여 가상자산을 매매, 교환, 이전 또는 보관 · 관리하는 자를 말한다.
4. "가상자산시장"이란 가상자산의 매매 또는 가상자산 간 교환을 할 수 있는 시장을 말한다.

제3조(국외행위에 대한 적용) 이 법은 국외에서 이루어진 행위로서 그 효과가 국내에 미치는 경우에도 적용한다.

제4조(다른 법률과의 관계) 가상자산 및 가상자산사업자에 관하여 다른 법률에서 특별히 정한 경우를 제외하고는 이 법에서 정하는 바에 따른다.

제5조(가상자산 관련 위원회의 설치) ① 금융위원회는 이 법 또는 다른 법령에 따른 가상자산시장 및 가상자산사업자에 대한 정책 및 제도에 관한 사항의 자문을 위하여 가상자산 관련 위원회를 설치 · 운영할 수 있다.

② 제1항에 따른 위원회의 구성 및 운영 등에 관하여 필요한 사항은 대통령령으로 정한다.

제2장 이용자 자산의 보호

제6조(예치금의 보호) ① 가상자산사업자는 이용자의 예치금(이용자로부터 가상자산의 매매, 매매의 중개, 그 밖의 영업행위와 관련하여 예치받은 금전을 말한다. 이하 같다)을 고유재산과 분리하여 「은행법」에 따른 은행 등 대통령령으로 정하는 공신력 있는 기관(이하 "관리기관"이라 한다)에 대통령령으로 정하는 방법에 따라 예치 또는 신탁하여 관리하여야 한다.

② 가상자산사업자는 제1항에 따라 관리기관에 이용자의 예치금을 예치 또는 신탁하는 경우에는 그 예치금이 이용자의 재산이라는 뜻을 밝혀야 한다.

③ 누구든지 제1항에 따라 관리기관에 예치 또는 신탁한 예치금을 상계 · 압류(가압류를 포함한다)하지 못하며, 예치금을 예치 또는 신탁한 가상자산사업자는 대통령령으로 정하는 경우 외에는 관리기관에 예치 또는 신탁한 예치금을 양도하거나 담보로 제공하여서는 아니 된다.

④ 관리기관은 가상자산사업자가 다음 각 호의 어느 하나에 해당하게 된 경우에는 이용자의 청구에 따라 예치 또는 신탁된 예치금을 대통령령으로 정하는 방법과 절차에 따라 그 이용자에게 우선하여 지급하여야 한다.

1. 사업자 신고가 말소된 경우
2. 해산 · 합병의 결의를 한 경우
3. 파산선고를 받은 경우

제7조(가상자산의 보관) ① 가상자산사업자가 이용자로부터 위탁을 받아 가상자산을 보관하는 경우 다음 각 호의 사항을 기재한 이용자명부를 작성 · 비치하여야 한다.

1. 이용자의 주소 및 성명
2. 이용자가 위탁하는 가상자산의 종류 및 수량
3. 이용자의 가상자산주소(가상자산의 전송 기록 및 보관 내역의 관리를 위하여 전자적으로 생성시킨 고유식별번호를 말한다)

② 가상자산사업자는 자기의 가상자산과 이용자의 가상자산을 분리하여 보관하여야 하며, 이용자로부터 위탁받은 가상자산과 동일한 종류와 수량의 가상자산을 실질적으로 보유하여야 한다.

③ 가상자산사업자는 제1항에 따라 보관하는 이용자의 가상자산 중 대통령령으로 정하는 비율 이상의 가상자산을 인터넷과 분리하여 안전하게 보관하여야 한다.

④ 가상자산사업자는 이용자의 가상자산을 대통령령으로 정하는 보안기준을 충족하는 기관에 위탁하여 보관할 수 있다.

제8조(보험의 가입 등) 가상자산사업자는 해킹 · 전산장애 등 대통령령으로 정하는 사고에 따른 책임을 이행하기 위하여 금융위원회가 정하여 고시하는 기준에 따라 보험 또는 공제에 가입하거나 준비금을 적립하는 등 필요한 조치를 하여야 한다.

제9조(거래기록의 생성 · 보존 및 파기) ① 가상자산사업자는 매매 등 가상자산거래의 내용을 추적 · 검색하거나 그 내용에 오류가 발생할 경우 이를 확인하거나 정정할 수 있는 기록(이하 "가상자산 거래기록"이라 한다)을 그 거래관계가 종료한 때부터 15년간 보존하여야 한다.

② 가상자산사업자가 보존하여야 하는 가상자산거래기록의 종류, 보관방법, 파기절차 · 방법 등에 관하여는 대통령령으로 정한다.

제3장 불공정거래의 규제

제10조(불공정거래행위 등 금지) ① 다음 각 호의 어느 하나에 해당하는 자는 가상

자산에 관한 미공개중요정보(이용자의 투자판단에 중대한 영향을 미칠 수 있는 정보로서 대통령령으로 정하는 방법에 따라 불특정 다수인이 알 수 있도록 공개되기 전의 것을 말한다. 이하 같다)를 해당 가상자산의 매매, 그 밖의 거래에 이용하거나 타인에게 이용하게 하여서는 아니 된다.

1. 가상자산사업자, 가상자산을 발행하는 자(법인인 경우를 포함한다. 이하 이 조에서 같다) 및 그 임직원 · 대리인으로서 그 직무와 관련하여 미공개중요정보를 알게 된 자
2. 제1호의 자가 법인인 경우 주요주주(「금융회사의 지배구조에 관한 법률」 제2조 제6호나목에 따른 주요주주를 말한다. 이 경우 "금융회사"는 "법인"으로 본다)로서 그 권리를 행사하는 과정에서 미공개중요정보를 알게 된 자
3. 가상자산사업자 또는 가상자산을 발행하는 자에 대하여 법령에 따른 허가 · 인가 · 지도 · 감독, 그 밖의 권한을 가지는 자로서 그 권한을 행사하는 과정에서 미공개중요정보를 알게 된 자
4. 가상자산사업자 또는 가상자산을 발행하는 자와 계약을 체결하고 있거나 체결을 교섭하고 있는 자로서 그 계약을 체결 · 교섭 또는 이행하는 과정에서 미공개중요정보를 알게 된 자
5. 제2호부터 제4호까지의 어느 하나에 해당하는 자의 대리인(이에 해당하는 자가 법인인 경우에는 그 임직원 및 대리인을 포함한다) · 사용인, 그 밖의 종업원(제2호부터 제4호까지의 어느 하나에 해당하는 자가 법인인 경우에는 그 임직원 및 대리인)으로서 그 직무와 관련하여 미공개중요정보를 알게 된 자
6. 제1호부터 제5호까지의 어느 하나에 해당하는 자(제1호부터 제5호까지의 어느 하나의 자에 해당하지 아니하게 된 날부터 1년이 경과하지 아니한 자를 포함한다)로부터 미공개중요정보를 받은 자
7. 그 밖에 이에 준하는 자로서 대통령령으로 정하는 자

② 누구든지 가상자산의 매매에 관하여 그 매매가 성황을 이루고 있는 듯이 잘못 알게 하거나, 그 밖에 타인에게 그릇된 판단을 하게 할 목적으로 다음 각 호의 어느 하나에 해당하는 행위를 하여서는 아니 된다.

1. 자기가 매도하는 것과 같은 시기에 그와 같은 가격으로 타인이 가상자산을 매수할 것을 사전에 그 자와 서로 짠 후 매매를 하는 행위
2. 자기가 매수하는 것과 같은 시기에 그와 같은 가격으로 타인이 가상자산을 매도할 것을 사전에 그 자와 서로 짠 후 매매를 하는 행위

3. 가상자산의 매매를 할 때 그 권리의 이전을 목적으로 하지 아니하는 거짓으로 꾸민 매매를 하는 행위
4. 제1호부터 제3호까지의 행위를 위탁하거나 수탁하는 행위

③ 누구든지 가상자산의 매매를 유인할 목적으로 가상자산의 매매가 성황을 이루고 있는 듯이 잘못 알게 하거나 그 시세를 변동 또는 고정시키는 매매 또는 그 위탁이나 수탁을 하는 행위를 하여서는 아니 된다.

④ 누구든지 가상자산의 매매, 그 밖의 거래와 관련하여 다음 각 호의 행위를 하여서는 아니 된다.

1. 부정한 수단, 계획 또는 기교를 사용하는 행위
2. 중요사항에 관하여 거짓의 기재 또는 표시를 하거나 타인에게 오해를 유발시키지 아니하기 위하여 필요한 중요사항의 기재 또는 표시가 누락된 문서, 그 밖의 기재 또는 표시를 사용하여 금전, 그 밖의 재산상의 이익을 얻고자 하는 행위
3. 가상자산의 매매, 그 밖의 거래를 유인할 목적으로 거짓의 시세를 이용하는 행위
4. 제1호부터 제3호까지의 행위를 위탁하거나 수탁하는 행위

⑤ 가상자산사업자는 다음 각 호의 어느 하나에 해당하는 경우 외에는 자기 또는 대통령령으로 정하는 특수한 관계에 있는 자(이하 "특수관계인"이라 한다)가 발행한 가상자산의 매매, 그 밖의 거래를 하여서는 아니 된다.

1. 특정 재화나 서비스의 지급수단으로 발행된 가상자산으로서 가상자산사업자가 이용자에게 약속한 특정 재화나 서비스를 제공하고, 그 반대급부로 가상자산을 취득하는 경우
2. 가상자산의 특성으로 인하여 가상자산사업자가 불가피하게 가상자산을 취득하는 경우로서 불공정거래행위의 방지 또는 이용자와의 이해상충 방지를 위하여 대통령령으로 정하는 절차와 방법을 따르는 경우

⑥ 제1항부터 제5항까지를 위반한 자는 그 위반행위로 인하여 이용자가 그 가상자산의 매매, 그 밖의 거래와 관련하여 입은 손해를 배상할 책임이 있다.

제11조(가상자산에 관한 임의적 입·출금 차단 금지) ① 가상자산사업자는 이용자의 가상자산에 관한 입금 또는 출금을 대통령령으로 정하는 정당한 사유 없이 차단하여서는 아니 된다.

② 가상자산사업자가 이용자의 가상자산에 관한 입금 또는 출금을 차단하는 경우에는 그에 관한 사유를 미리 이용자에게 통지하고, 그 사실을 금융위원회에 즉시 보고하여야 한다.

③ 제1항을 위반한 자는 그 위반행위로 인하여 형성된 가격에 의하여 해당 가상자

산에 관한 거래를 하거나 그 위탁을 한 자가 그 거래 또는 위탁으로 인하여 입은 손해에 대하여 배상할 책임을 진다.

④ 제3항에 따른 손해배상청구권은 청구권자가 제1항을 위반한 행위가 있었던 사실을 안 때부터 2년간 또는 그 행위가 있었던 때부터 5년간 이를 행사하지 아니한 경우에는 시효로 인하여 소멸한다.

제12조(이상거래에 대한 감시) ① 가상자산시장을 개설 · 운영하는 가상자산사업자는 가상자산의 가격이나 거래량이 비정상적으로 변동하는 거래 등 대통령령으로 정하는 이상거래(이하 "이상거래"라 한다)를 상시 감시하고 이용자 보호 및 건전한 거래질서 유지를 위하여 금융위원회가 정하는 바에 따라 적절한 조치를 취하여야 한다.

② 제1항의 가상자산사업자는 제1항에 따른 업무를 수행하면서 제10조를 위반한 사항이 있다고 의심되는 경우에는 지체 없이 금융위원회 및 금융감독원장(「금융위원회의 설치 등에 관한 법률」 제24조제1항에 따라 설립된 금융감독원의 원장을 말한다. 이하 같다)에게 통보하여야 한다. 다만, 제10조를 위반한 혐의가 충분히 증명된 경우 등 금융위원회가 정하여 고시하는 경우에는 지체 없이 수사기관에 신고하고 그 사실을 금융위원회 및 금융감독원장에게 보고하여야 한다.

### 제4장 감독 및 처분 등

제13조(가상자산사업자의 감독 · 검사 등) ① 금융위원회는 가상자산사업자가 이 법 또는 이 법에 따른 명령이나 처분을 적절히 준수하는지 여부를 감독하고, 가상자산사업자의 업무와 재산상황에 관하여 검사할 수 있다.

② 금융위원회는 이용자 보호 및 건전한 거래질서 유지를 위하여 필요한 경우 가상자산사업자 또는 대통령령으로 정하는 이해관계자에게 다음 각 호의 사항에 관하여 필요한 조치를 명할 수 있다.

1. 이 법 또는 이 법에 따른 명령이나 처분을 적절히 준수하는지 파악하기 위한 자료제출에 관한 사항
2. 고유재산의 운용에 관한 사항
3. 이용자 재산의 보관 · 관리에 관한 사항
4. 거래질서 유지에 관한 사항
5. 영업방법에 관한 사항
6. 해산결의, 파산선고 등 영업중단 시 이용자 보호에 관한 사항

7. 기타 이용자 보호 및 건전한 거래질서 유지를 위하여 필요한 사항으로서 대통령령으로 정하는 사항

③ 금융위원회는 제1항의 검사를 할 때 필요하다고 인정되는 경우에는 가상자산사업자에게 업무 또는 재산에 관한 보고, 자료의 제출, 증인의 출석, 증언 및 의견의 진술을 요구할 수 있다.

④ 제1항에 따라 검사를 하는 자는 그 권한을 표시하는 증표를 지니고 이를 관계자에게 내보여야 한다.

⑤ 금융위원회는 검사의 방법 · 절차, 검사결과에 대한 조치기준, 그 밖의 검사업무와 관련하여 필요한 사항을 정하여 고시할 수 있다.

제14조(불공정거래행위에 대한 조사 · 조치) ① 금융위원회는 이 법 또는 이 법에 따른 명령이나 처분을 위반한 사항이 있거나 이용자 보호 또는 건전한 거래질서를 위하여 필요하다고 인정되는 경우에는 위반혐의가 있는 자, 그 밖의 관계자에게 참고가 될 보고 또는 자료의 제출을 명하거나 금융감독원장에게 장부 · 서류, 그 밖의 물건을 조사하게 할 수 있다.

② 금융위원회는 제1항에 따른 조사를 위하여 위반행위의 혐의가 있는 자, 그 밖의 관계자에게 다음 각 호의 사항을 요구할 수 있다.

1. 조사사항에 관한 사실과 상황에 대한 진술서의 제출
2. 조사사항에 관한 진술을 위한 출석
3. 조사에 필요한 장부 · 서류, 그 밖의 물건의 제출

③ 금융위원회는 제1항에 따른 조사를 할 때 제10조를 위반한 사항의 조사에 필요하다고 인정되는 경우에는 다음 각 호의 조치를 할 수 있다.

1. 제2항제3호에 따라 제출된 장부 · 서류, 그 밖의 물건의 영치
2. 관계자의 사무소 또는 사업장에 대한 출입을 통한 업무 · 장부 · 서류, 그 밖의 물건의 조사

④ 금융위원회는 제1항에 따른 조사를 할 때 필요하다고 인정되는 경우에는 가상자산사업자에게 대통령령으로 정하는 방법에 따라 조사에 필요한 자료의 제출을 요구할 수 있다.

⑤ 제3항제2호에 따라 조사를 하는 자는 그 권한을 표시하는 증표를 지니고 이를 관계자에게 내보여야 한다.

⑥ 금융위원회는 관계자에 대한 조사실적 · 처리결과, 그 밖에 관계자의 위법행위를 예방하는 데 필 요한 정보 및 자료를 대통령령으로 정하는 방법에 따라 공표할 수 있다.

⑦ 금융감독원장은 제1항에 따른 조사를 한 경우에는 그 결과를 금융위원회에 보고하여야 한다.

제15조(가상자산사업자에 대한 조치) ① 금융위원회는 가상자산사업자 또는 대통령령으로 정하는 이해관계자가 이 법 또는 이 법에 따른 명령이나 처분을 위반한 사실을 발견하였을 때에는 다음 각 호의 어느 하나에 해당하는 조치를 할 수 있다.

1. 해당 위반행위의 시정명령
2. 경고
3. 주의
4. 영업의 전부 또는 일부의 정지
5. 수사기관에의 통보 또는 고발

② 금융위원회는 가상자산사업자의 임직원이 이 법 또는 이 법에 따른 명령이나 처분을 위반한 사실을 발견하였을 때에는 위반행위에 관련된 임직원에 대하여 다음 각 호의 구분에 따른 조치를 할 수 있다.

1. 임원에 대한 해임권고 또는 6개월 이내의 직무정지
2. 직원에 대한 면직요구 또는 정직요구
3. 임직원에 대한 주의, 경고 또는 문책요구

③ 금융위원회는 제2항에 따른 해임권고 또는 면직요구에 해당하는 처분을 하고자 하는 경우에는 청문을 실시하여야 한다.

제16조(한국은행의 자료제출 요구) 한국은행은 금융통화위원회가 가상자산거래와 관련하여 통화신용정책의 수행, 금융안정 및 지급결제제도의 원활한 운영을 위하여 필요하다고 인정하는 경우에는 가상자산사업자에 대하여 자료제출을 요구할 수 있다. 이 경우 요구하는 자료는 해당 가상자산사업자의 업무부담을 충분히 고려하여 필요한 최소한의 범위로 한정하여야 한다.

제17조(불공정거래행위에 대한 과징금) ① 금융위원회는 제10조제1항부터 제4항까지를 위반한 자에 대하여 그 위반행위로 얻은 이익(미실현 이익을 포함한다. 이하 이 조에서 같다) 또는 이로 인하여 회피한 손실액의 2배에 상당하는 금액 이하의 과징금을 부과할 수 있다. 다만, 그 위반행위와 관련된 거래로 얻은 이익 또는 이로 인하여 회피한 손실액이 없거나 산정하기 곤란한 경우에는 40억원 이하의 과징금을 부과할 수 있다.

② 금융위원회는 제1항에 따라 과징금을 부과할 때 동일한 위반행위로 제19조에 따라 벌금을 부과받은 경우에는 제1항의 과징금 부과를 취소하거나 벌금에 상당

하는 금액(몰수나 추징을 당한 경우 해당 금액을 포함한다)의 전부 또는 일부를 과징금에서 제외할 수 있다.
③ 검찰총장은 금융위원회가 제1항에 따라 과징금을 부과하기 위하여 수사 관련 자료를 요구하는 경우에는 필요하다고 인정되는 범위에서 이를 제공할 수 있다.
④ 과징금 부과에 대한 의견제출, 이의신청, 과징금납부기한의 연장 및 분할납부, 과징금의 징수 및 체납처분, 과오납금의 환급, 환급가산금 및 결손처분에 대해서는 「자본시장과 금융투자업에 관한 법률」 제431조부터 제434조까지 및 제434조의2부터 제434조의4까지를 준용한다.
⑤ 제1항부터 제4항까지 외에 과징금의 부과 절차 및 기준에 관하여 필요한 사항은 대통령령으로 정한다.
제18조(권한의 위탁) 금융위원회는 이 법에 따른 업무의 일부를 대통령령으로 정하는 바에 따라 금융감독원장에게 위탁할 수 있다.

제5장 벌칙

제19조(벌칙) ① 다음 각 호의 어느 하나에 해당하는 자는 1년 이상의 유기징역 또는 그 위반행위로 얻은 이익 또는 회피한 손실액의 3배 이상 5배 이하에 상당하는 벌금에 처한다. 다만, 그 위반행위로 얻은 이익 또는 회피한 손실액이 없거나 산정하기 곤란한 경우 또는 그 위반행위로 얻은 이익 또는 회피한 손실액의 5배에 해당하는 금액이 5억원 이하인 경우에는 벌금의 상한액을 5억원으로 한다.
1. 제10조제1항을 위반하여 가상자산과 관련된 미공개중요정보를 해당 가산자산의 매매, 그 밖의 거래에 이용하거나 타인에게 이용하게 한 자
2. 제10조제2항을 위반하여 가상자산의 매매에 관하여 그 매매가 성황을 이루고 있는 듯이 잘못 알게 하거나, 그 밖에 타인에게 그릇된 판단을 하게 할 목적으로 같은 항 각 호의 어느 하나에 해당하는 행위를 한 자
3. 제10조제3항을 위반하여 가상자산의 매매를 유인할 목적으로 매매가 성황을 이루고 있는 듯이 잘못 알게 하거나 그 시세를 변동 또는 고정시키는 매매 또는 그 위탁이나 수탁을 하는 행위를 한 자
4. 가상자산의 매매, 그 밖의 거래와 관련하여 제10조제4항 각 호의 어느 하나에 해당하는 행위를 한 자
② 제10조제5항을 위반하여 자기 또는 특수관계인이 발행한 가상자산의 매매, 그 밖의 거래를 한 자는 10년 이하의 유기징역 또는 그 위반행위로 얻은 이익 또는

회피한 손실액의 3배 이상 5배 이하에 상당하는 벌금에 처한다. 다만, 그 위반행위로 얻은 이익 또는 회피한 손실액이 없거나 산정하기 곤란한 경우 또는 그 위반행위로 얻은 이익 또는 회피한 손실액의 5배에 해당하는 금액이 5억원 이하인 경우에는 벌금의 상한액을 5억원으로 한다.

③ 제1항의 위반행위로 얻은 이익 또는 회피한 손실액이 5억원 이상인 경우에는 제1항의 징역을 다음 각 호의 구분에 따라 가중한다.

1. 이익 또는 회피한 손실액이 50억원 이상인 경우: 무기 또는 5년 이상의 징역
2. 이익 또는 회피한 손실액이 5억원 이상 50억원 미만인 경우: 3년 이상의 유기징역

④ 제2항의 위반행위로 얻은 이익 또는 회피한 손실액이 5억원 이상인 경우에는 제2항의 징역을 다음 각 호의 구분에 따라 가중한다.

1. 이익 또는 회피한 손실액이 50억원 이상인 경우: 3년 이상의 유기징역
2. 이익 또는 회피한 손실액이 5억원 이상 50억원 미만인 경우: 2년 이상의 유기징역

⑤ 제1항부터 제4항까지에 따라 징역에 처하는 경우에는 10년 이하의 자격정지와 벌금을 병과(竝科)할 수 있다.

⑥ 제1항 및 제2항에 따른 위반행위로 얻은 이익(미실현 이익을 포함한다) 또는 회피한 손실액은 그 위반행위를 통하여 이루어진 거래로 발생한 총수입에서 그 거래를 위한 총비용을 공제한 차액을 말한다. 이 경우 각 위반행위의 유형별 구체적인 산정방식은 대통령령으로 정한다.

제20조(몰수 · 추징) ① 제19조제1항 각 호 및 제2항 중 어느 하나에 해당하는 자가 해당 행위를 하여 취득한 재산은 몰수하며, 몰수할 수 없는 경우에는 그 가액을 추징한다.

② 제19조제1항제2호부터 제4호까지 및 제2항 중 어느 하나에 해당하는 자가 해당 행위를 위하여 제공하였거나 제공하려 한 재산은 몰수하며, 몰수할 수 없는 경우에는 그 가액을 추징한다.

제21조(양벌규정) 법인(단체를 포함한다. 이하 이 조에서 같다)의 대표자나 법인 또는 개인의 대리인, 사용인, 그 밖의 종업원이 그 법인 또는 개인의 업무에 관하여 제19조의 위반행위를 하면 그 행위자를 벌하는 외에 그 법인 또는 개인에게도 해당 조문의 벌금형을 과(科)한다. 다만, 법인 또는 개인이 그 위반행위를 방지하기 위하여 해당 업무에 관하여 상당한 주의와 감독을 게을리하지 아니 한 경우에는 그러하지 아니하다.

제22조(과태료) ① 다음 각 호의 어느 하나에 해당하는 자에 대하여는 1억원 이하

의 과태료를 부과한다.

1. 제6조를 위반하여 이용자의 예치금을 적법하게 관리하지 아니한 자
2. 제7조를 위반하여 이용자의 가상자산을 적법하게 보관하지 아니한 자
3. 제8조를 위반하여 보험 또는 공제에 가입하거나 준비금을 적립하는 등 필요한 조치를 하지 아니한 자
4. 제9조를 위반하여 가상자산거래기록을 생성 · 보존 또는 파기하지 아니한 자
5. 제11조제2항에 따른 보고를 하지 아니하거나 거짓으로 보고한 자
6. 제12조제1항을 위반하여 이상거래에 대해 적절한 조치를 취하지 아니한 자
7. 제12조제2항에 따른 통보 · 보고를 하지 아니하거나 거짓으로 통보 · 보고한 자
8. 제13조부터 제15조까지에 따른 검사 · 조사 · 명령 · 요구에 따르지 아니하거나 이를 거부 · 방해 또는 기피한 자

② 제1항에 따른 과태료는 대통령령으로 정하는 방법 및 절차에 따라 금융위원회가 부과 · 징수한다.

부칙

제1조(시행일) 이 법은 공포 후 1년이 경과한 날부터 시행한다. 다만, 부칙 제2조제6항은 2025년 1월 1일부터 시행한다.

제2조(다른 법률의 개정) ① 법률 제19470호 공직자윤리법 일부개정법률 일부를 다음과 같이 개정한다.

제4조제2항제6호 중 "「특정 금융거래정보의 보고 및 이용 등에 관한 법률」 제2조제3호"를 "「가상자산 이용자 보호 등에 관한 법률」 제2조제1호"로 한다.

제6조의5제1항 전단 중 "「특정 금융거래정보의 보고 및 이용 등에 관한 법률」 제2조제1호하목"을 "「가상자산 이용자 보호 등에 관한 법률」 제2조제2호"로 한다.

② 국회법 일부를 다음과 같이 개정한다.

제32조의2제1항제6호의2 중 "「특정 금융거래정보의 보고 및 이용 등에 관한 법률」 제2조제3호"를 "「가상자산 이용자 보호 등에 관한 법률」 제2조제1호"로 한다.

③ 국세징수법 일부를 다음과 같이 개정한다.

제55조제3항 중 "「특정 금융거래정보의 보고 및 이용 등에 관한 법률」 제2조제3호"를 "「가상자산 이용자 보호 등에 관한 법률」 제2조제1호"로, "제2조제1호하목"을 "제2조제2호"로 한다.

④ 국제조세조정에 관한 법률 일부를 다음과 같이 개정한다.

제52조제1호나목 중 "「특정 금융거래정보의 보고 및 이용 등에 관한 법률」 제2조제1호하목"을 "「가상자산 이용자 보호 등에 관한 법률」 제2조제2호"로 하고, 같은 조 제2호라목 중 "「특정 금융거래정보의 보고 및 이용 등에 관한 법률」 제2조제3호"를 "「가상자산 이용자 보호 등에 관한 법률」 제2조제1호"로, "제1호하목"을 "제2호"로 한다.

⑤ 상속세 및 증여세법 일부를 다음과 같이 개정한다.

제60조제1항제2호 중 "「특정 금융거래정보의 보고 및 이용 등에 관한 법률」 제2조제3호"를 "「가상자산 이용자 보호 등에 관한 법률」 제2조제1호"로 한다.

제65조제2항 중 "「특정 금융거래정보의 보고 및 이용 등에 관한 법률」 제2조제3호"를 "「가상자산 이용자 보호 등에 관한 법률」 제2조제1호"로 한다.

⑥ 법률 제17757호 소득세법 일부개정법률 일부를 다음과 같이 개정한다.

제21조제1항제27호 중 "「특정 금융거래정보의  보고 및 이용 등에 관한 법률」 제2조제3호"를 "「가상자산 이용자 보호 등에 관한 법률」 제2조제1호"로 한다.

제119조제12호타목 중 "「특정 금융거래정보의 보고 및 이용 등에 관한 법률」 제2조제1호하목"을 "「가상자산 이용자 보호 등에 관한 법률」 제2조제2호"로 한다.

⑦ 지방세징수법 일부를 다음과 같이 개정한다.

제61조제3항 전단 중 "「특정 금융거래정보의 보고 및 이용 등에 관한 법률」 제2조제3호"를 "「가상자산 이용자 보호 등에 관한 법률」 제2조제1호"로, "제2조제1호하목"을 "제2조제2호"로 한다.

⑧ 특정 금융거래정보의 보고 및 이용 등에 관한 법률 일부를 다음과 같이 개정한다. 제2조제1호하목을 다음과 같이 한다.

하. 「가상자산 이용자 보호 등에 관한 법률」 제2조제2호에 따른 가상자산사업자(이하 "가상자산사업자"라 한다)

제2조제2호라목을 다음과 같이 한다.

라. 가상자산사업자가 「가상자산 이용자 보호 등에 관한 법률」에 따라 수행하는 업무(이하 "가상자산거래"라 한다)

제2조제3호를 다음과 같이 한다.

3. "가상자산"이란 「가상자산 이용자 보호 등에 관한 법률」 제2조제1호에 따른 가상자산을 말한다.

Chapter 02

# 디지털자산의 평가와 공시

집필: 전인태(가톨릭대 수학과 교수)

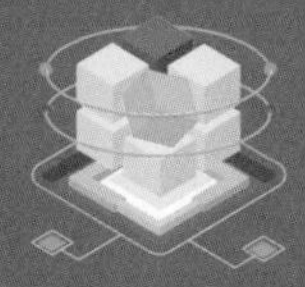

# 01 디지털자산 평가 및 공시의 필요성

## I 배경

2021년까지 폭발적으로 성장하던 디지털자산시장은 2022년 테라 · 루나 사태, FTX 파산, 4대 가상자산 거래소에서의 위믹스 거래지원 종료(상장폐지) 등 대형 악재들이 꼬리를 물고 발생하면서 혼란 속에서 급격한 침체의 늪에 빠지게 되었다. 글로벌 디지털자산 중에서 10위권까지 올라갔던 테라 · 루나의 급격한 몰락과 세계 3대 디지털자산 거래소이자 테라 · 루나 사태에 따른 시장 패닉과 암호화폐 시장이 침체기에서 유동성 위기를 겪는 업체들에게 자금을 수혈해주는 소방수를 자처하던 FTX의 파산은 시장에서 거의 예측하지 못하였고, 이에 따른 투자자의 상상을 초월한 손실과 충격이 디지털자산시장을 더욱 추운 겨울로 내몰았다.

이와 같이 디지털자산 산업이 침체하게 된 데는 프로젝트를 이끌던 그룹의 모럴 해저드나 의도적인 사기부터 제도적·기술적인 문제까지 다양한 이유가 있다. 그중에서도 디지털자산 거래소와 디지털자산 평가기관에서 제대로 된 평가나 공시가 이루어졌다면 커다란 손실로 부터 투자자를 어느 정도 보호할 수 있었다는 믿음이 이 글을 쓰게 된 배경이다.

테라·루나 사태의 경우 누군가 많은 양의 테라를 매도하는 방법으로 공격하면 죽음의 소용돌이 속으로 빠질 수도 있는 취약성을 가지고 있었다. 스테이블 코인인 테라(UST)는 달러와 거의 같은 가치를 유지하기 위해 또 다른 암호화폐 루나를 사용한다. 누군가 테라를 가져오면 시스템은 즉시 1달러 상당의 루나를 발행하고 교환한다. 테라의 가격 하락은 항상 1달러어치의 루나로 교환되는 루나에게 전가되며, 대신 발행량 증가로 루나는 일시적인 가격 하락을 겪는다. 루나의 생태계가 잘 유지되어 테라와의 교환에 아무런 문제가 없으면 테라는 1달러의 가치를 유지하면서 언제든 루나와 교환할 수 있다.

그러나 누군가 테라를 대량으로 매도하게 되면 테라와 교환될 신규 발행 루나의 양이 급격히 늘어나게 되고, 발행된 루나가 다시 거래소로 흘러들어가게 되므로 루나의 가격이 많이 하락하게 된다. 루나의 가격이 하락하면 테라와 교환하게 되는 루나의 양이 더 많아지는 소용돌이에 빠지게 된다. 결국 매도가 일정 수준을 넘어서는 순간 소용돌이는 더 커져 다시는 돌아올 수 없는 죽음의 소용돌이 속으로 빠져들게 된다.

이처럼 구조가 취약한 테라가 글로벌 시가총액 10위권으로 수많은 국내외 거래소에서 거래를 하고 있었다는 것은 거래소나 시장에서의 디지털자산 평가와 연구 역량이 부족하거나 시장의 도덕적 해이가 심각하다는 것을 보여준다. 실제로, 일부 전문가들이 이러한 문제점들을 지적했음에도 불구하고, 공시제도가 확립되어 있지 않아 거의 공시되지 않았다.

위믹스 클래식의 경우, 연초에는 평가기관에서 A등급을 부여받기도 하였으나, '유통량 공시 위반' 등의 사유로 투자유의종목으로 지정되었다가 결국 상장폐지되어 투자자들에게 큰 손실을 입히고 디지털자산 시장에 커다란 혼란을 야기한 바 있다. 만일 공시 시스템이 잘 정립되어 있었다면 이와 같은 상황에 이르지 않을 수도 있었다는 점에서 공시와 평가의 중요성을 인식시키는 또 다른 계기가 되기도 하였다.

이와 같이 블록체인 산업이 발전하기 위해서는 디지털자산에 대한 정확한 평가와 빠르고 정확한 정보전달을 통한 정보불균형의 해소가 무엇보다도 중요하며 이를 통해 선량한 투자자가 보호될 수 있다.

기존의 금융시장에서는 다양한 규제를 통해 투자자를 보호하고 있고, 투자 대상 기업에 대한 신용평가와 가치평가 방법이 잘 개발되어 있어 시장의 안정을 도모하고 있다. 디지털자산평가 방법론의 방향성에 대한 아이디어를 얻기 위하여 기업의 신용평가와 가치평가 방법에 대하여 간략히 살펴보자.

# II 기업의 신용평가와 가치평가

## 1 기업의 신용평가

기업에 대한 신용평가는 회사채, 기업어음, 보증기관 등에 대한 부도의 위험 등을 평가하는 것으로 기업의 재무 안정성, 신용, 이자상환 능력 등에 대한 정보를 제공한다. 기업에 대한 신용평가 방법은 다양하지만 보통 기업이 속해 있는 산업분석, 경쟁력분석, 재무구조분석, 재무비율분석, 자금조달분석, 차입구조분석, 부실화 분석, 부도모델분석 등을 수행하거나 부도 관련 수리적 모형을 이용하여 부실화 또는 부도 확률을 계량화 하고 이를 토대로 기업의 신용등급을 산정하게 된다.

재무제표 분석을 통하여 기업의 재무상태, 수익성, 자산가치, 자본구조 등을 분석하고, 기업의 공시정보를 분석하여 기업의 정책, 전략, 시장 점유율, 경쟁 업체 등을 고려하며 궁극적으로는 기업의 안정성, 수익성, 자산 구조 등을 기준으로 회사의 신용등급을 산정한다.

기업의 신용평가를 통해 기업의 재무적 안정성, 자산 구조, 부채 및 이자상환 능력 등을 평가할 수 있어 기업의 대한 투자여부를 결정하거나, 기업과의 금융거래 시 위험을 파악할 수 있고, 기업에 대한 이해도를 높이게 된다. 신용등급이 높은 기업은 재무적으로 안정적이며, 결과적으로 낮은 이자율로 대출을 받을 수 있어 자금조달이 용이하게 된다.

## 2 기업의 가치평가

기업의 가치평가는 기업의 내재가치를 추정하는 것으로 기업의 자산과 미래 성장 잠재력을 모두 포함하는 지속적인 기업으로서의 가치를 결정하는 것이다.

기업 평가를 수행하는 방법에는 현금흐름할인(Discounted cash flow, DCF), 상대적 가치평가 등의 방법론이 있다.

현금흐름할인(DCF) 방법은 미래현금흐름을 적정한 할인율을 사용하여 현재가치를 계산함으로써 기업의 가치를 평가한다. 주식, 부동산 및 기타 자산의 가치를 평가하기 위해 널리 사용되며 많은 사람들에 의해 가장 정확하고 신뢰할 수 있는 투자 가치 평가 방법 중 하나로 간주되고 있다. 정해진 기간에 걸쳐 투자나 프로젝트의 기대현금흐름을 예측한 다음 화폐의 시간가치와 관련 위험을 반영한 할인율을 이용하여 예측된 현금흐름을 현재가치로 할인한다. 미래현금흐름의 현재가치 합계는 회사의 내재가치로 간주되며, 이를 현재의 시장가격과 비교하여 과대평가되었는지 저평가되었는지를 판단하게 된다.

그러나 현금흐름할인(DCF) 방법은 미래현금흐름에 대한 정확한 예측의 필요성과 적절한 할인율을 선택하는 데 수반되는 주관적인 견해가 개입되는 등의 한계가 있다.

상대적 가치평가 방법은 회사의 주가수익비율(PER), 주가순자산비율(PBR), 주당순이익(EPS) 등과 같은 지표를 이용하여 비슷한 회사와 비교하여 회사의 가치를 추정하는 방법이다. 상대적 가치평가를 통하여 적은 정보만으로 간단하고 빠르게 기업가치 평가를 수행할 수 있게 된다.

평가방법의 선택은 산업, 회사의 재무 상황, 이용 가능한 정보와 같은 다양한 요소에 따라 달라질 수 있으며. 대부분의 경우 기업 가치를 보다 정확하게 추정하기 위해 여러 방법을 조합하여 사용하게 된다.

기업가치평가는 이와 같이 다양한 방법을 활용하여 기업의 주식가치(equity value)를 구하고 궁극적으로는 이를 총 발행주식수로 나누어 적정주가를 산정하여 시장에서 기업이 고평가되었는지 저평가되었는지를 판단할 수 있도록 함으로써 투자자, 채권자 및 경영진의 의사결정에 활용된다.

## 3 전자공시 및 기업내용공시제도

전자공시시스템(DART : Data Analysis, Retrieval and Transfer System)은 상장법인 등이 공시서류를 인터넷으로 제출하고, 투자자 등 이용자는 제출 즉시 인터넷을 통해 조회할 수 있도록 하는 종합적 기업공시 시스템을 말한다.

기업내용공시제도는 상장법인으로 하여금 기업의 금융정보와 경영정보를 제공하여 투자자에게 기업의 금융상태와 경영상황을 파악할 수 있는 기회를 제공함으로써 투자자의 자유로운 판단과 책임 하에 투자와 관련된 의사결정을 할 수 있도록 하는 제도이다. 공시제도를 통하여 증권시장내의 정보의 불균형을 해소하고 증권시장의 공정성을 확보하여 투자자를 보호하는 역할을 수행한다.[1]

1 https://kind.krx.co.kr/main.do?method=loadInitPage&scrnmode=1

그림 2-1

**전자공시시스템**[2]

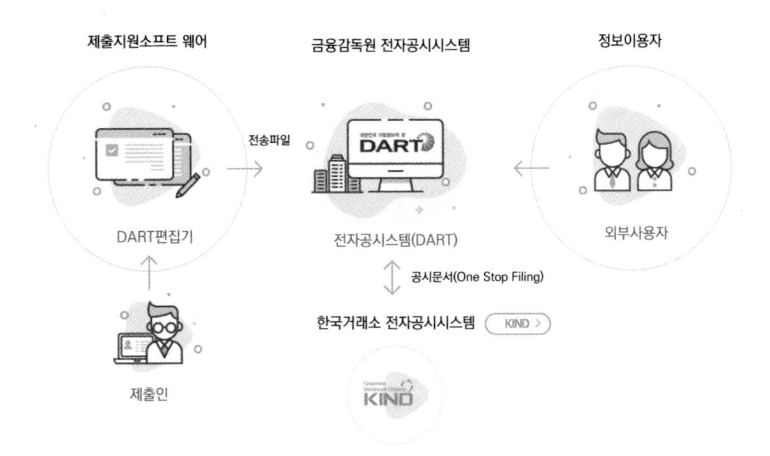


기업내용공시제도에서는 기업이 공시해야 할 금융정보에 대한 규정과 요구사항이 정의되어 있으며 주요 경제지표, 손익계산서, 현금흐름표, 재무상태표 등이 포함된다. 기업은 이 금융정보를 정기적으로 정확하고, 신속하고, 공정하게 공시하여 투자자의 믿음을 얻고 신뢰성을 확보하게 된다. 또한, 기업내용공시제도는 기업의 금융정보를 제공하는 것 외에도 기업의 경영정책, 사업전략, 재무상태, 재무적 성과, 연결기업, 경쟁기업과의 관계 등에 관한 정보도 포함한다. 투자자는 이러한 정보를 통해 기업의 미래 전망과 경영 상황을 파악할 수 있다.

바람직한 공시제도의 수행을 위해서는 공시의 신속성, 정보의 정확성, 정보내용 이해의 용이성, 정보전달의 공평성과 같이 공시가 갖추어야 할 기본적인 요건들이 있다.

2 https://dart.fss.or.kr/introduction/content1.do

자본시장법상의 공시제도는 발행시장공시와 유통시장공시로 나뉘는데 이를 간략히 살펴보면 다음과 같다.

★ 발행시장공시: 증권의 발행과 관련된 공시로, 증권신고서, 투자설명서, 증권발행실적보고서 등이 있으며, 증권의 발행인이 증권과 발행인에 관한 모든 정보를 투자자에게 투명하게 전달하도록 강제하는 제도이다.

★ 유통시장공시: 증권의 유통과 관련된 공시를 말하며, 정기공시, 수시공시, 주요사항보고서, 기타공시가 있고, 증권 거래와 관련된 기업의 경영활동내역을 공시하도록 하는 제도를 말한다.

- **정기공시:** 사업보고서, 반기보고서, 분기보고서 등
- **수시공시:** 유가증권시장 공시규정에서 정하는 주요 경영사항 등
- **주요사항보고서:** 부도발생, 은행거래정지 등(단일제출) 및 합병, 주식의 포괄적 교환 · 이전 등(별도제출)
- **기타공시:** 공개매수신고서, 시장조성 · 안정조작신고서 등

표 2-1 **KIND 제공 정보**[3]

| 공시 | 상장법인상세정보 | IPO현황 | 투자유의사항 |
|---|---|---|---|
| 오늘의 공시 | 종합정보 | 예비심사기업 | 관리종목 |
| 회사별검색 | 상장종목현황 | 코넥스 상장신청기업 | 투자주의환기종목(코) |
| 상세검색 | 상장법인목록 | 공모기업 | 매매거래정지종목 |

3 https://kind.krx.co.kr/disclosureinfo/explanationsystem.do?method=searchSysInfo

| 통합검색 | 주식발행내역 | 신규상장기업 | 불성실공시법인 |
|---|---|---|---|
| 채권공시 | 기업지배구조 | 신규상장통계 | 투자주의/경고/<br>위험종목 |
| ETF/ELW/<br>ETN | 자사주취득/처분 | 상장심사가이드 | 실질심사법인 |
| 펀드공시 | IR일정/IR자료실 | 투자유의사항 | 횡령 등 |
| 기타법인공시 | 기업분석보고서 | 관리종목 | 최대주주변경<br>2회이상 |
| 의결권행사공시 | 성장성보고서 | 투자주의환기종목(코) | 기타사항 |
| 공시차트 | 기업집단 | 매매거래정지종목 | |
| 착오매매구제신청 | 배당정보 | 불성실공시법인 | |
| | 회사재무비교 | 투자주의/경고/위험종목 | |
| | 공시우수법인 | 실질심사법인 | |
| | 벤처펀드투자대상기업 | 횡령 등 | |
| | | 최대주주변경<br>2회이상 | |
| | | 기타사항 | |

회사의 목적, 상호, 사업내용, 임원보수, 재무에 관한 사항 및 그밖에 대통령령이 정하는 사항과 주요경영사항에 해당하는 사실 또는 결정이 있는 경우에는 즉시 그 내용을 거래소에 신고하여야 한다. 또한 지주회사의 자회사 및 종속회사의 주요경영사항(부도발생 · 합병 · 주식교환 등)은 연결실체 등에 중대한 영향을 미치므로 지주회사 또는 지배회사가 이를 공시한다.

그림 2-2

**공시제도의 운영체제 (KRX)**[4]

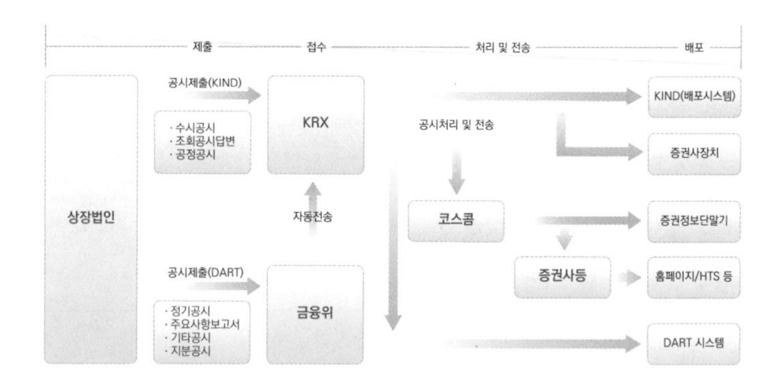


공시의무를 소홀히 하는 경우는 제재를 받게 되는데, 하루만 지연해서 공시내용을 제출해도 과징금이 부과될 수 있으며, 주요사항보고서 제출의무를 위반하는 경우에도 과징금이 부과될 수 있다.

수시공시는 거래소와 같은 자율규제기관에서 행하고 있는 자율규제 중의 하나로, 유통시장에서 수시로 발생하는 기업의 주요 경영정보에 대하여 지체 없이 공시하도록 자본시장법에서 규정하고 있다. 자율공시는 상장법인의 공시능력을 제고하기 위하여 기업에 관한 주요 경영상의 정보 등을 상장기업이 자율적으로 판단하여 공시할 수 있도록 하는 제도이다.

또한 조회공시는 기업의 주요 경영사항 또는 그에 준하는 사항에 대하여 보도되거나 소문이 있는 경우 혹은 기업이 발행한 주권 등의 가

---

4 https://dart.fss.or.kr/introduction/content1.do

격이나 거래량에 급격한 변동이 있는 경우 거래소가 기업에게 답변을 요구하고 기업이 관련내용에 대해 공시하도록 하는 제도이다.

전체적인 전자공시서비스 체계는 [그림 2-3]과 같이 구성되어 있다.

그림 2-3

**전자공시서비스 체계**[5]

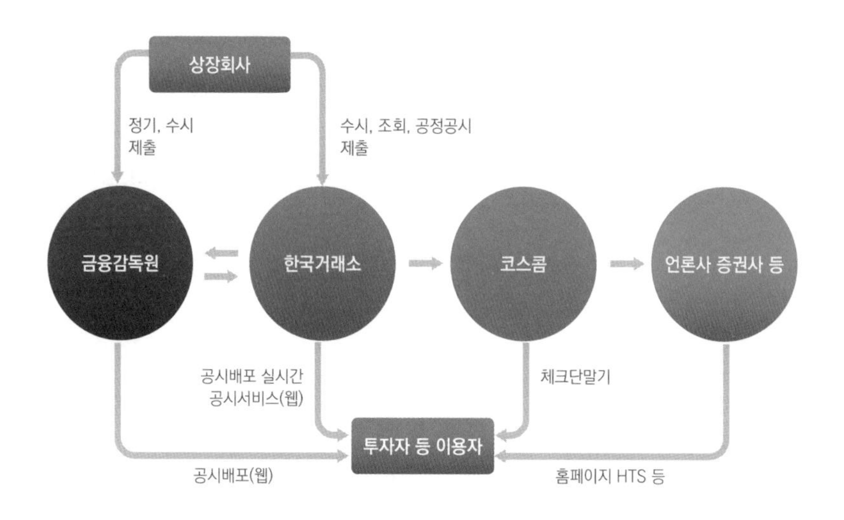


# III 디지털자산 평가와 공시의 필요성

앞에서 설명한 바와 같이 기존 금융시장에서는 회사나 일반 프로젝트에 대한 신용위험과 가치에 대한 평가 방법론이 잘 정립되어 있으며, 공시제도 또한 자본시장법을 비롯하여 체계화된 제도를 통해 시장을 투명하게 하고 정보비대칭 문제를 보완하여 소비자를 보호하고 있다.

---

5 https://dart.fss.or.kr/introduction/content1.do

그러나 디지털자산의 경우 다양한 형태의 기업이나 프로젝트들이 존재하는 반면, 무엇을 평가할 것이며 또 어떻게 평가할 것인가에 대한 방법론이 잘 정립되어 있지 않고, 공시대상, 방법 및 체계에 대한 규정 또한 잘 정립되어 있지 않은 상황이다.

해외의 경우 투자자 및 사용자를 보호를 위해, 유럽연합(EU)은 디지털자산시장을 규제하는 Markets in Crypto-Assets(MiCA) 법안에 대하여 EU 이사회가 승인하였고 EU 전체 회원국은 디지털자산시장에 대한 단일 규제체제하에 놓이게 된다. 또한 미국의 경우에도 발의되고 있는 루미스-질리브랜드의 '책임있는 금융혁신법'과 같은 법안들에서도 공시를 통한 소비자보호를 핵심사항으로 포함하고 있다.

따라서 디지털자산 평가 및 공시와 관련된 현황 및 문제점들을 살펴보고 관련 제도 및 규정을 정립하는 방향을 모색해 보는 것은 무엇보다도 중요한 상황이다.

# 02 디지털자산 평가

## I. 디지털자산 평가 현황 및 문제점

### 1 국내 디지털자산 평가 현황

국내 디지털자산 평가 서비스에는 쟁글, KORating 등이 있으며, 활발하게 서비스를 제공해오던 쟁글은 지난 5월 공시와 평가 제공을 중단한 바 있다. 이 책에서 다루는 쟁글 관련 내용은 공시와 평가를 중단하기 전에 제공했던 정보에 대한 것이다.

쟁글에서는 발행한 가상자산이 향후 필수적으로 활용될 것인지 여부, 안정성 저하 가능성 및 자체 목표 달성 가능성이 높은지 여부 등을 평가하고 있으며 몇 가지 예를 들면 다음과 같다.[6]

예시 1 AAA 등급에 대한 설명:

최상급 프로젝트로 발행한 가상자산이 향후 필수적으로 활용될 것이 기대됨. 해당 등급 프로젝트의 경우 뛰어난 역량을 바탕으로 자체 목표 달성 가능성이 매우 높음.

6 https://xangle.io/about/crypto-rating

예시 2 BBB 등급에 대한 설명:

양호한 프로젝트로써 발행한 가상자산의 활용이 기대됨. 해당 등급의 프로젝트의 경우, 외부 환경 악화에 따라 안정성 저하 가능성이 높음.

이러한 등급을 제공하는 이유는 투자자들이 가상자산 투자의 위험 수준에 대한 정보를 쉽고, 직관적으로 얻을 수 있도록 하겠다는 취지로 기술, 토큰 이코노믹스, 마일스톤 및 성과, 예상 재무 지속성, 커뮤니티, 정성 평가 등 총 6개 부문으로 나누어 평가를 진행하고 있다.

각 부문별 혹은 세부항목별 점수의 비중을 달리하고 결과는 0점부터 100점까지의 정량적인 점수와 이를 바탕으로 AAA부터 D까지 18개의 일정한 등급으로 기호화하고 있으며, 메인넷과 일반 Dapp을 구분하여 평가하고 있다.

**표 2-2 쟁글 XCR 2.0 등급 기준표**[7]

| | | |
|---|---|---|
| AAA | 95~100 | 최상급 프로젝트로 발행한 가상자산이 향후 필수적으로 활용될 것이 기대됨. 해당 등급 프로젝트의 경우, 뛰어난 역량을 바탕으로 자체 목표 달성 가능성 매우 높음 |
| AA+ | 90~94 | 최상급 프로젝트로 발행한 가상자산의 향후 광범위한 활용이 기대됨. 해당 등급 프로젝트의 경우, 뛰어난 역량을 바탕으로 자체 목표 달성 가능성 매우 높음 |
| AA | 85~89 | 매우 우수한 프로젝트로 발행한 가상자산의 향후 광범위한 활용이 기대됨. 해당 등급 프로젝트의 경우, 뛰어난 역량을 바탕으로 자체 목표 달성 가능성이 높음 |
| AA- | 80~84 | 매우 우수한 프로젝트로 발행한 가상자산의 향후 광범위한 활용이 기대됨. 해당 등급 프로젝트의 경우, 뛰어난 역량을 바탕으로 외부 환경 변화에 적절한 대처가 가능 |

7 https://xangle.io/announcement/619eee5bac9887216c7a8ec1

| | | |
|---|---|---|
| A+ | 75~79 | 우수한 프로젝트로 발행한 가상자산이 향후 적극적으로 활용될 것이 기대됨. 해당 등급 프로젝트의 경우, 높은 안정성을 바탕으로 자체 목표 달성 가능성이 높음 |
| A | 70~74 | 우수한 프로젝트로 발행한 가상자산이 향후 적극적으로 활용될 것이 기대됨. 해당 등급 프로젝트의 경우, 자체 목표 달성 가능성이 상대적으로 높음 |
| A- | 65~69 | 양호한 프로젝트로 발행한 가상자산의 활용이 기대됨. 해당 등급 프로젝트의 경우, 외부 환경 변화에 대한 대처 능력이 다소 제한적 |
| BBB | 60~64 | 양호한 프로젝트로 발행한 가상자산의 활용이 기대됨. 해당 등급 프로젝트의 경우, 외부 환경 악화 시 안정성 저하 가능성이 높음 |
| BB+ | 55~59 | 보통 수준의 프로젝트로 발행한 가상자산의 활용이 기대됨. 해당 등급 프로젝트의 경우, 외부 환경 악화 시 안정성 저하 가능성이 높음 |
| BB | 50~54 | 보통 수준의 프로젝트로 발행한 가상자산의 활용이 예상됨. 해당 등급 프로젝트의 경우 외부 환경 악화 시 안정성 저하 가능성이 높음 |
| BB- | 45~49 | 보통 수준의 프로젝트로 발행한 가상자산의 향후 활용에 대한 기대감은 높지 않음. 해당 등급 프로젝트의 경우, 외부 환경 악화 시 안정성 저하 가능성이 매우 높음 |
| B+ | 40~44 | 보통 수준의 프로젝트로 발행한 가상자산의 향후 활용에 대한 기대감은 낮음. 해당 등급 프로젝트 경우 외부 환경 악화 시 안정성 저하 가능성이 매우 높음 |
| B | 35~39 | 보통 이하 수준의 프로젝트로 발행한 가상자산의 활용에 대한 기대감은 낮음. 해당 등급 프로젝트의 경우, 현재 상황에서도 불안 요소가 존재함 |
| B- | 30~34 | 보통 이하 수준의 프로젝트로 발행한 가상자산의 활용에 대한 가시성이 낮음. 해당 등급 프로젝트의 경우, 현재 상황에서도 자체 목표 달성 가능성이 상당히 낮음 |
| CCC | 25~29 | 하위 수준의 프로젝트로 발행한 가상자산의 활용에 대한 가시성이 낮음. 해딩 등급 프로젝트의 경우, 현재 상황에서도 목표 달성 가능성이 매우 낮음 |
| CC | 20~24 | 하위 수준의 프로젝트로 발행한 가상자산의 활용에 대한 가시성이 매우 낮음. 해당 등급 프로젝트의 경우, 현재 상황에서도 리스크 높아 투기적임 |
| C | 10~19 | 최하위 등급의 프로젝트로 발행한 가상자산의 가치가 없음. 해당 등급 프로젝트 경우 사업지속성 자체가 매우 낮음 |
| D | 0~9 | 불능상태의 프로젝트로 사업지속성이 없음 |

메인넷 프로젝트의 경우는 다음과 같은 6가지를 평가하고 있다. Dapp 프로젝트의 경우는 프로젝트 운영에 필요한 기술적인 부분을 평가하기 위해 서비스 안정성, 블록체인 지원, 기술감사 세 항목으로 나눠 평가를 진행하는 점이 다르다.

(1) **기술 평가**: 탈중앙화, 안정성, 확장성 평가

(2) **토큰 이코노믹스**: 활성도 & 실사용 지표 평가, 블록체인 도입지표 평가, 토큰 탈중앙화 정도 평가, 오버행 이슈 평가, 유통량 스케줄 평가, 거버넌스 규정 및 절차 평가

(3) **마일스톤 및 성과**: 프로젝트가 현재까지 달성한 모든 경영성과에 대한 종합적인 평가

(4) **예상 재무 지속성**: 재무적인 관점에서 향후 어느 정도의 기간 동안 사업을 영위할 수 있는지를 다각화된 관점에서 평가

(5) **커뮤니티**: 정보가 얼마나 투명하게 공개되고 있는지/탈중앙화 거버넌스를 도입하기 위해 커뮤니티가 충분히 성숙해 있는지에 대한 평가

(6) **질적 평가**: 회사 및 팀 역량, 주요 주주의 평판, 리더십 등과 같은 내부요인과 규제 및 산업환경, 업황 및 전망 등과 같은 외부요인을 중점적으로 고려

KORating의 경우는 판정을 최우수, 우수, 양호, 안전, 보통, 경고, 취약, 위험으로 분류하는데 이 등급들이 구체적으로 무엇을 평가하고 있는지는 밝히지 않고 프로젝트의 성공 가능성과 위험도, 지속성 및 수행 주체의 안정성과 신뢰도를 종합적으로 감사평가한다고 언급하고 있다.

표 2-3 **KORating 평가등급 구성**[8]

| 인증평가 등급 종합 판정 구성 | | | | | |
|---|---|---|---|---|---|
| 최우수 | AAA+ | 안전 | BBB+ | 경고 | CCC+ |
| | AAA0 | | BBB0 | | CCC0 |
| | AAA- | | BBB- | | CCC- |
| 우수 | AA+ | 보통 | BB+ | 취약 | CC+ |
| | AA0 | | BB0 | | CC0 |
| | AA- | | BB- | | CC- |
| 양호 | A+ | | B+ | 위험 | C+ |
| | A0 | | B0 | | C0 |
| | A- | | B- | | C- |

KORating의 인증평가 항목은 다음과 같다.

★ 비즈니스(Business)

◇블록체인 비즈니스로서 프로젝트의 필요성과 역할 검증

◇자체 비즈니스 생태계 보유 여부 검증

◇비즈니스 혁신성과 경쟁력 검증

◇수익창출 여부 및 수익성 검증

◇이용자 수 및 이용자 증가 전망 검증

◇서비스 충성도 및 지속성/확장성 검증

◇글로벌 비즈니스 지수 검증

◇사업적 독점성 여부 검증

◇사업성 대외평가 검증

8 http://www.korating.com/news/view.php?idx=256

★ 기술(Technology)

◇자체 기술 생태계 보유 검증

◇블록체인 기술 전문성 검증

◇지적 재산권 검증

◇기술 혁신성 검증

◇기술 호환성 및 지원성 검증

◇보유 기술에 대한 대외 평가 검증

◇기술 관리 프로세스 검증

◇기술 대외 공개 여부 검증

◇라이선스 정책 준수 여부 검증

★ 컴플라이언스(Compliance)

◇자금세탁방지 적용 체계 검증

◇지배구조 및 구성원 참여 적정성 검증

◇준법통제 체계 검증

◇토큰 관리 체계 검증

◇내부통제 체계 검증

◇고객보호절차 준수 여부 검증

◇회계/세무 감사 검증

◇어드바이저 계약 검증

◇백서 법률 준수 여부 검증

★ 미디어(Media)

◇언론 및 미디어 노출 검증

◇상장관리 여부 검증

◇커뮤니티 활동성 검증

◇공시 관리 검증

◇ 마케팅 플랜 검증
◇ SEO 및 평판 검증
◇ 어뷰징 여부 검증
◇ 서비스 효용성 검증

★ 운영주체(Operating entity)
◇ 재단(법인) 신용평가 검증
◇ 팀원 프로필 검증
◇ 재단 자금 현황 검증
◇ 계약 및 파트너 관계 검증
◇ 전문성 보유 여부 검증
◇ 토큰 이코노미 검증
◇ 재단 운영 적절성 검증
◇ 재단 구조와 평판 검증
◇ 윤리성 검증

★ 보안(Security)
◇ 보안정책 및 통제체계 검증
◇ 개인정보 보호조치 검증
◇ 투명한 유통내역 검증
◇ 보안 취약점 관리 검증
◇ 위기대응체계 검증
◇ 보안조직 구성 검증
◇ 시스템 항상성 관리 검증
◇ 보안 예방활동 검증
◇ 보안 감사서 검증

KORating의 가상자산 평가 심사과정은 1차와 2차 심사로 나뉘어져 있으며 1차 심사는 제출자료 기반 자체 심사원이 해당 프로젝트에 대한 기술적·정량적 심의 및 분석을 통해 평가하고 있으며 필요시 문의 및 추가자료를 요청하고 있다. 2차 심사는 전문평가위원단에 의해 이루어지며 심사원이 작성한 심사보고서 및 자료를 심사위원단에게 제출하고 전문 평가위원단은 1차 보고서의 타당성 및 평가등급 적절성 등 심의를 통해 최종평가 등급 및 결과보고서를 채택하게 된다.

쟁글과 KORating 이외의 다른 평가서비스의 경우 무엇을 어떻게 평가하는지 모호한 경우가 많으며, 등급을 재조정하는 등 추후 평가가 이루어지는 곳은 거의 없는 상황이다.

## 2 디지털자산 평가의 문제점

대부분의 디지털자산의 경우 국내에서의 ICO가 금지되어 있기 때문에 해외 발행되고 있고, 공시에 대한 의무규정도 없어 정확한 정보를 알기도 어려운 상황이므로 정확한 평가를 하기가 어렵다. 자산 발행기관에서 매출이 거의 발생하지 않고 데이터도 별로 없어 디지털자산 평가에 대한 측정기준이나 유효한 모델이 없고, 디지털자산 평가의 스탠다드를 확립하는 것이 거의 불가능한 상황이기 때문이다.

그나마 평가가 가능한 이유는 코인이나 토큰발행을 위한 목적, 방법, 경영진, 기술진, 로드맵 등이 담긴 백서와 커뮤니티 구성현황 및 SNS를 통해 제공하는 프로젝트 진행현황을 포함한 정보 등을 활용할 수 있기 때문이다.

평가회사의 경우 개별 기관이 디지털자산 등급에 대한 독자적인 방법론을 개발하고 이를 업데이트하는 방식으로 발전해 가고 있지만, 근본적으로 디지털자산의 무엇을 측정하는 것인지, 즉 가치, 수익률, 투자위험도, 신용도, 퇴출위험도, 안전성, 안정성, 지속가능성, 부도가능성 등 수많은 평가 대상 중에서 어떤 내용을 평가할 것인지 규정하기 어렵고, 평가 목표가 설정된다 해도 이러한 목표를 설명할 수 있는 변수들을 파악하는 것 역시 어렵기 때문에 전문가라고 포장된 그룹에 의해 정성적인 평가를 취합한 형태의 평가가 많다.

평가사에서 여러 가지 요소를 중점적으로 평가하고 계량화를 하고 있는 경우, 이러한 요소들이 실제로 평가하려는 목표와 어떠한 상관관계가 있는지 알기 어려우며, 이러한 상관관계에 대한 논리적 기반이나 관련 연구결과가 공표되지 않고 있다. 목표값을 산출하기 위해 각 요소에 대한 가중치를 알아야 하는데 이러한 가중치를 산출하는 방법에 대한 설명이 없고 대부분 동일한 가중치를 적용하여 평가하고 있는 것으로 보인다. 또한 수많은 평가항목들을 모두 평가할 수 있는 평가모델과 평가를 수행할 수 있는 전문가들을 보유하고 있는지, 관련 연구가 있는지 제시하고 있지 않은 경우가 많다.

이러한 평가회사의 상황은 해외의 경우도 유사하며 해외 저명 리서치회사인 Token Insight에서도 "우리가 제공하는 평가 방법론은 프로젝트의 위험과 자격을 평가할 뿐 토큰의 투자 가치를 평가하지 않습니다."라고 평가에 대한 한계를 명확하게 제시하고 있고 평가에 대한 구체적인 방법론 역시 제시하지 않고 있다[9]. 또한 상장 등을 위한 필요에 의해 발행사에서 평가를 의뢰하지만 이후에는 평가에 대한 동기부여가 없어 동일한 프로젝트에 대한 평가요청이 없는 등 프로젝트에 대한 지속적인 등급 평가에 한계가 있다.

디지털자산 거래소 역시 자체적으로 프로젝트 유통량이나 백서, 재단 설립자들도 체크하고 있다고는 하지만 국내외의 다양한 영역에서 다양하게 진행되고 있는 수많은 프로젝트에 대한 전문성을 갖춘 전문

9 https://tokeninsight-support.gitbook.io/support/methodologies/rating

가를 많이 고용하기 어렵고, 거래가 잘 이루어져서 거래소의 수익에 기여하고 있는 프로젝트를 선제적으로 평가하여 등급을 낮추는 것에는 구조적인 어려움이 있다.

테라·루나 사태의 경우를 살펴보면, 역시 평가기관에서의 평가가 미흡하였음을 알 수 있다.

먼저 코인이 속해있는 산업과 환경을 분석하는 것이 필수적이다. 스테이블 코인의 유통은 기축통화인 미국 달러에 대한 도전의 의미가 있는데, 이런 상황에서 테라가 과연 지속가능성이 있었는지 등과 같은 스테이블 코인의 특수성을 포함한 국제환경 분석부터 미흡했던 것으로 판단된다.

기술적인 측면에서의 분석은 치명적이었다. 서두에서 언급한 바와 같이 테라·루나 사태의 경우 누군가 많은 양의 테라를 매도하는 방법으로 공격하면 죽음의 소용돌이 속으로 빠질 수도 있는 취약성을 가지고 있었다. 누군가 테라를 대량으로 매도하게 되면 테라와 교환될 신규발행 루나의 양이 급격히 늘어나게 되고, 발행된 루나가 다시 거래소로 흘러들어가게 되므로 루나의 가격이 많이 하락하게 된다. 루나의 가격이 하락하면 테라와 교환하게 되는 루나의 양이 더 많아지는 소용돌이에 빠지게 된다. 결국 매도가 일정 수준을 넘어서는 순간 소용돌이는 더 커져 다시는 돌아올 수 없는 죽음의 소용돌이(Death Spiral) 속으로 빠져들게 된다. 이와 같이 테라·루나가 가지고 있는 죽음의 나선구조의 취약성을 파악하지 못하는 등 기술적 분석이 미흡하였다.

앵커프로토콜은 가상자산을 예치하고 이자를 얻을 수 있는 금융 플랫폼으로 테라를 운용하던 테라폼랩스에서 개발되었는데, 테라의 스테이블 코인인 UST를 앵커프로토콜 풀에 예치하고 20% 수준의 고정 이자를 받을 수 있는 구조로 높은 이자율 때문에 많은 이용자를 확보하게 되었다. 그러나 20%에 달하는 이자지급 구조로 인해 토큰이코노미 지속가능성이 취약함에도 불구하고 이에 대한 분석이 미흡하였고, 등급에 반영되지 않았다. 대부분 종합점수에 의해 등급을 판정하기 때문에, 프로젝트의 한 부분에 취약점이 발견된다 해도 전체 점수에서는 일부에 불과해서 등급하락이 쉽지 않았던 문제점도 있었다.

또한 테라폼랩스 CEO는 돌발적이고 비상식적인 언행도 다수 행하였고 이는 질적인 분석에 반영되어 등급의 하락에 영향을 미쳤어야 하지만, 이 또한 반영되지 않았다.

이와 같이 기존의 평가회사 조차도 제대로 된 평가를 잘 수행하지 못하는 이유는 평가 관련 방법론뿐만 아니라 디지털자산평가 전문가가 갖추어야 할 자격 요건도 정립되어 있지 않고, 대부분의 평가기관에서 자격을 갖춘 평가 전문인력을 충분히 확보하지 못하고 있기 때문인 것으로 보인다. 결과적으로 평가자들은 전문성의 결여로 다른 평가자나 평가회사의 평가내용을 참고해서 눈치보기 평가를 하게 되는 경향이 있다. 경우에 따라서는 코인 발행자들이 평가자에게 조작된 데이터와 생태계를 제공할 가능성도 많이 있으며, 이러한 조작을 구별할 능력이 없는 평가자들에 의해 시장은 왜곡되기 쉽다.

# II 디지털자산 평가시 고려사항

## 1 디지털자산의 평가 대상 및 주요 이슈

디지털자산을 평가할 때는 먼저 디지털자산의 무엇을 평가할 것인지, 즉 평가 대상이 무엇인지 명확히 해야 한다. 평가 대상이 될 수 있는 주제와 관련 주요 이슈를 살펴보면 다음과 같다.

★ 가치평가: 디지털자산의 적정가격을 제시하여야 하나, 큰 변동성으로 인해 적정가격을 구하기 어려운 문제점을 해결할 필요성이 있다.

- ★ 신용평가: 퇴출가능성을 계량화하여야 하나 데이터가 별로 없고 방법론도 잘 개발되어 있지 않다.
- ★ 안정성 평가: 안정성의 정의부터 개념을 정립하고 안정성을 평가하기 위한 주요 변수를 정의해야 한다.
- ★ 우수성 평가: 우수성은 상대적 우수성 및 절대적 우수성의 차이를 인식하고 어떤 면에서 우수한 것인지 관련 평가요인도 정립하여야 한다.
- ★ 활용도 평가: 활용도의 의미가 무엇인지 그리고 활용도와 가치와의 상관관계가 어느 정도인지 알아야 할 필요성이 있다.
- ★ 프로젝트 목표달성 가능성 평가: 목표를 변경하는 경우는 어떻게 반영될지, 목표의 우수성은 어떻게 평가할지, 그리고 시간에 따른 달성도 변화를 어떻게 반영할지도 고려해야 한다.
- ★ 지속가능성 평가: 평가요인을 파악하고 이를 통한 평가방법론을 개발할 필요가 있다.
- ★ 위험평가: 위험에는 다양한 종류가 있으며, 이를 어떻게 평가하고 반영할지 결정해야 한다. 금융상품의 경우 시장위험, 신용위험, 운영위험, 유동성위험, 법률 및 제도 위험 등을 고려하고 위험을 계량화하는 방법이 잘 개발되어 있다.
- ★ 취약점 평가: 프로젝트에 어떤 취약점이 있는지 판단하고 취약점이 있는 경우 등급이 많이 하락하도록 평가 반영 비율을 정립해야 한다.
- ★ 스마트 컨트랙트: 스마트 컨트랙트는 컴퓨터 프로그램 코드로 짜여져 있기 때문에 일반인이 잘 모른다는 점을 이용하여 보이스피싱 형태로까지 활용되기 쉽다. 따라서 컨트랙트의 완결성에 대하여 전문적인 검증이 필요하다.

## 2 평가방법 및 산출물

평가에 따른 산출물에는 프로젝트의 등급, 적정가격, 스코어, 지수 등이 있을 수 있다. 정확한 산출물을 얻기 위해서는 산출물과 산출물을 결정하는 요인들을 먼저 파악하고 산출물과 요인들 간의 관계에 대한 연구를 통해 객관적인 인과관계를 파악하고 이를 계량화 하는 것이 필요하다. 이를 위해서 다음과 같은 이슈를 검토하고 반영하여야 한다.

★ 산출물과 각 요인들과의 상관관계 분석
★ 다중회귀분석 등을 이용한 각 요인들의 설명력 분석
★ 각 항목들의 가중치 결정
★ 최근 급격히 발달하고 있는 인공지능을 통한 분석도 가능하며 이를 위해서는 훈련용 데이터를 최대한 많이 확보하고 모델에서 hyper parameter를 어떻게 선택할 것인가에 대한 방법론을 개발해야 하고, 설명가능하고 일관성 있는 평가 결과 도출
★ 일단은 기본 regression 등을 통한 통계적 분석부터 시작해서 AI 분석으로 점차 확대하는 방안을 고려하는 것도 평가방법을 설정하는 좋은 전략이 될 수 있음
★ 특허출원 및 관련 논문 등을 발표하여 평가의 전문성과 신뢰성 확보가 필요함
★ 큰 변동성과 급변하는 시장 상황을 어떻게 반영할지에 대한 방법 연구도 필수적임
★ 평가 및 리스크 관련 새로운 지표를 개발하고 이를 정당화할 수 있는 로직을 개발해야 함

또한 평가 방법론은 발행하는 코인이나 토큰의 종류에 따라 달라질 수밖에 없으며, 기존의 평가사들은 대부분 세분화된 평가방법론을 적

용하고 있지 않거나 방법론을 공개하고 있지 않은 상황이다. 다양한 영역에서 진행되는 프로젝트에 대한 관련 산업분석, 경쟁회사의 유무, 시장의 성숙도 등 환경분석뿐만 아니라 디지털자산 형태에 따라 중점적으로 분석해야 할 내용들이 달라진다. 형태에 따른 추가적인 주요 평가 포인트를 요약하면 다음과 같다.

★ Main net: PoW, PoS, DPoS 등 합의프로토콜 형태에 따른 보안성, 확장성, 탈중앙화 및 증권성 등에 대한 평가가 필요하며 이를 위한 평가 및 비교 방법론 개발이 필요

★ Stable coin: 달러 등과의 페깅 지속가능성 여부, 운영 주체의 투명성, 담보의 안정성, 적법성 등의 평가 필요

★ Dex(Defi): 탈중앙화 정도, 해킹위험, 유동성 공급 방법, DAO의 의사결정 방법 등 평가

★ 증권형 토큰: 조각투자 등과 같은 증권형의 경우 주식이나 실물 등의 평가 방법론을 적용하되, 스마트 컨트랙트의 적정성 및 오라클 문제, 즉 운영 수익이나 실물자산의 평가가 제대로 이루어지고 있으며, 블록체인에 정확한 값들이 입력되도록 설계되어 있는지 기술적인 면을 포함한 평가의 필요성

★ P2E: 게임 생태계 및 환경 분석과 법률 및 제도 리스크를 반영

★ NFT: 수많은 종류별 가격 평가 시스템을 개발하여야 하며 동일 상품에 대한 반복적인 거래가 많지 않은 경우 보완책을 마련해야 함

결론적으로 디지털자산 평가 시스템을 운용하기 위해서는 등급이나 점수와 같은 산출물을 제시하되 산출물과 산출물을 도출하기 위한 각 요인들의 설명력에 대한 이론적 연구를 통해 설득력 있는 모델을 제시하여야 하며, 필요한 요인들을 설명하고 각 요인들이 실제로 산출물

생성에 얼마만큼의 공헌도가 있는지, 중복된 요인은 아닌지, 높은 상관관계를 보이는지에 대한 충분한 연구를 진행하고 그 결과를 공표할 수 있어야 하며, 결과적으로 각 항목들의 비중 또는 가중치를 어떤 근거를 통하여 작성한 것인지 설명할 수 있어야 한다.

이러한 일련의 평가 과정이 문서화 되어 있어야 하며, 관련 전문가들의 역할도 규정되어 있어야 전문가를 표방한 주먹구구식 집단평가가 이루어지는 것은 아닌지에 대한 의구심을 떨치고 신뢰할 수 있는 평가기관이 될 수 있다.

# 03 디지털자산 공시

## Ⅰ 디지털자산 공시 현황 및 문제점

### 1 국내 디지털자산 공시 현황

디지털자산 관련 공시는 디지털자산 발행주체와 투자자 사이에 정보에 대한 비대칭을 해소하고, 디지털자산의 가치평가에 영향을 주는 정보를 제공하여 투자자들이 정확한 정보에 근거하여 투자의사결정을 내릴 수 있도록 하는 목적이 있다. 공시정보는 디지털자산 평가의 불확실성과 역선택의 위험을 줄여, 가격 효율성을 제고하고 내부자거래와 같은 불공정 행위를 방지하므로 공시의 이행은 투자자 및 기타 이해관계자를 보호하기 위한 발행주체의 의무라고 할 수 있다.

크로스 앵글의 경우 쟁글 플랫폼을 통해 총 5개의 카테고리, 즉 사업(프로젝트 로드맵), 재무(IR 자료, 추가 투자 유치), 토큰(토큰 소각, 매입, 발행, 교환, 락업, 락업 해제, 분배), 법인(회사 인수합병, 회사 분할, 사업종료), 거버넌스(주요 경영진 변경, 팀 보유 토큰 이동) 등을 공시제공 중단전까지 공시한 바 있다.

디지털자산 거래소의 경우 홈페이지에 프로젝트의 중요한 정보를 모든 사람에게 제공하여 공정한 투자 환경을 조성하기 위해 프로젝트 팀의 공시를 제공한다는 공시 목적을 명기하고, 재무 및 지배구조 관련 정보(대량보유 지분 변동, 디지털 자산 구조적 변동, 핵심 인력 변동), 영업 및 사업 진행 관련 정보(전략적 파트너 협력 체결, 주요 마일스톤 달성) 등을 공시하기도 하였으나 더 이상 찾아보기 어렵다.

또한 업비트의 경우 제공하는 디지털자산 관련 정보에 대하여 '기재된 정보는 해당 디지털 자산 프로젝트팀, Coinmarketcap, Coingecko에서 제공하는 정보를 그대로 반영하고 있으며, 두나무는 총 발행한도, 현재 유통량 및 계획표, 시가총액 등 위 데이터 산출에 일체 개입하지 않습니다.'라고 명기하고 있다.[10]

## 2 국내 디지털자산 공시의 문제점

공시정보는 디지털자산 시장의 효율성을 높이고 투자자를 보호하기 위한 발행기관의 의무로 간주되어야 하나 현재 공시와 관련된 의무조항이나 규정이 없는 상황이다. 의무규정 없이 디지털자산 발행기업이 자율적으로 공시를 하도록 하는 경우 이해관계가 높은 사안에 대한 정보를 고의적으로 누락시키거나 조작할 가능성이 있어 공시의 의무화는 필수요건이다.

현재는 공시의무조항이 없을 뿐만 아니라, 자율적으로 공시한 내용에 대한 검증이 잘 이루어지지 않고 있다. 가상자산 거래소의 경우 대부분 공시 내용에 대한 검증이나 보증을 하지 않으며, 해당 공시에 따른 투자 결과에 대해 책임을 지지 않는다. 이는 가상자산 프로젝트 팀에서 제공하는 정보가 정확하지 않을 수 있고, 국내외의 수많은 프로젝

10 https://upbitcs.zendesk.com/hc/ko/articles/14657848162329-%EB%94%94%EC%A7%80%ED%84%B8-%EC%9E%90%EC%82%B0-%EC%A0%95%EB%B3%B4-%EC%95%8C%EC%95%84%EB%B3%B4%EA%B8%B0

트들에 대한 실사를 행하기에는 시간적, 물리적, 기술적인 제약이 따르기 때문인 것으로 풀이된다.

민간 공시기관의 경우 검증된 정보만 공지하여야 하지만 정보검증을 위한 강제조항이 없어 한계가 있으며, 민간기업으로서의 공공성 및 신뢰성 문제가 존재할 수밖에 없는 상황이다.

이와 같이 공시체계가 정립되지 않은 상황에서 시세조정 등과 같은 불공정행위가 발생할 가능성이 높으며, 최선호가 검색이 불편하고, 비표준화, 불안정성, 거래소들의 중복구현에 따른 비효율성도 국가 차원에서의 문제점으로 간주될 수 있다.

## II 디지털자산 공시 관련 고려사항

불특정 다수의 일반 투자자에게 금전적 손실을 입히는 불공정 거래행위는 엄격하게 금지할 필요가 있으며, 불공정거래의 전형적인 행태인 시세조종, 부정거래행위 및 미공개중요정보를 이용한 내부자거래에 대한 모니터링과 규제는 필수적이다. 자본시장법의 경우 불공정거래에 대하여 엄격하게 금지하고 있으며, 이를 어기는 경우 행정제재의 대상이 될 뿐만 아니라 민·형사책임과 부당이득 몰수·추징이 원칙적으로 가능하도록 규정되어 있다.

디지털자산시장에서 가격펌핑, 허위주문 등의 시세조종, 내부자들의 덤핑 등 다양한 유형의 불공정거래가 발생하며, 거래소가 많고 각 거래소마다 특성이 달라 투자자의 입장에서 최선호가의 검색이 어렵고, 거래소들 마다 표준화가 되어 있지 않은 상황에서 중복작업의 비효율성이 상존한다. 따라서 공공성 있는 기관으로 거래정보를 집중하고 표준화하여 투자자 및 업계에 제공하는 통합 시세를 제공할 필요성이 있다. 또한 통합시세를 통해 투자나 위험관련 다양한 지수나 지표 등을 개발할 수 있으며, 시장 모니터링에 활용할 수 있다.

# 04 디지털자산 평가와 공시 체계 수립 방향

## I 평가시스템 구축 방향

디지털자산 산업의 건전한 발전과 소비자보호를 위해서는 관련 프로젝트에 대한 정확하고 공정한 평가가 무엇보다도 중요하며 따라서 이를 수행할 평가기관의 설립과 업무수행의 중요성을 인식하여야 한다.

평가기관은 최소한 3개 이상의 독립적인 기관으로 구성되어 한두 개의 독과점 형태로 시장을 지배하거나 거래소 등과의 유착관계를 이루지 못하도록 해야 하며, 관계 당국이 적절한 모니터링 시스템을 구축하여 지속적인 관리·감독을 수행할 필요가 있다.

평가기관은 전문성과 체계적인 평가시스템을 갖추고 충분한 자본과 전문가 인력을 갖추도록 규정을 마련할 필요성이 있으며, 일련의 평가 과정이 문서화되어 있어야 한다. 관련 전문가들의 역할도 규정되어 있어야 하며 평가 방법의 객관화 및 정확도를 높이기 위한 노력이 지속적으로 진행되어야 한다.

디지털자산 거래소에 디지털자산을 상장하기 위해서는 반드시 복수의 평가사로부터 평가를 받아 일정 기준을 충족해야 하는 등의 규정을 두되, 일반 평가사의 평가 시스템 및 평가 과정을 주기적으로 관리 감독하는 공적인 조직을 구성할 필요성이 있으며, 평가사에 부여할 권리와 의무를 규정하여 투명하고 정확한 평가가 이루어지도록 해야 한다. 공적인 관리감독기구는 문서화된 평가회사의 평가프로세스에 대한 정합성을 평가하고 실제로 매뉴얼에 따른 평가 프로세스가 진행되고 있는지 감시·감독하여야 한다.

또한 평가사의 전문성 확보를 위해 평가전문가 자격을 규정하고 전문가를 양성하기 위한 제도적 장치를 마련할 필요성이 있으며, 글로벌 프로젝트가 많기 때문에 해외 전문가를 활용하는 방안도 모색할 필요가 있다.

# II 공시체계 수립 방향

## 1 통합시세 제공 시스템 구축

공공성 있는 기관으로 주문, 체결 등의 거래정보를 집중하고 표준화하여 투자자 및 업계에 제공하는 통합 시세를 제공하여 투자자의 정확한 정보 수집에 기여하고, 시장감시를 위한 모니터링 체계를 갖추어야 한다.

통합시세를 통해 투자나 위험 관련 다양한 지수나 지표 등을 개발하고, 시장 모니터링을 통해 직접적 감시와 조사를 수행하여, 불법적인 거래를 억제하고 적발하며, 적발된 경우 거래정지를 포함한 다양한 제재를 가할 수 있는 규제의 틀을 마련할 수 있다.

해외 발행 디지털자산이 국내에서 많이 거래되고 있고, 또한 국내기관 발행 디지털자산이 해외에서도 거래되기 때문에 통합시세는 글로벌하게 이루어져야 한다. 불공정거래는 글로벌 시장 및 탈중앙화 거래소에서도 발생한다는 점에서 통합적인 모니터링이 필요하며, 적절한 규제를 위해서는 디지털자산 감독기관간의 국제적 협력 시스템 구축이 필요하다.

## 2 통합공시 제공 시스템 구축

의무공시제도를 도입하여 발행인의 공시 범위 및 프로세스를 체계화하고 여러 거래소의 공시 내용을 통합하여 공시하는 시스템 구축이 필요하다. 증권시장의 경우에서도 정보비대칭 문제를 공시제도를 통해 해소하고 있다. 공시제도와 관련된 주요 이슈는 다음과 같다.

★ 의무공시 제도화
★ 발행인의 범위 규정
★ 발행공시
★ 유통공시
★ 통합공시체계 구축
★ 검증된 발행 및 공시 정보를 동시에 시장에 분배

국내에서 효율적인 공시체계를 단시간 내에 마련하기는 어려우므로 일단 자율규제를 통한 투자자 보호 및 발행사 책임을 기존 자본시장법상에 준하여 시행할 필요성이 있다.

민간사업자의 공시 수집 분배 서비스는 공공성 및 신뢰성 문제가 존재하므로, 중장기적으로는 공공성 있는 기관에서 발행사의 공시정보를 수집하여 이를 검증하고 표준화하여 통합 공시를 수행하도록 하는 공시 시스템을 정립할 필요가 있다.

Chapter 03

# 디지털자산의 예치와 운용

집필: 정재욱 (법무법인 주원 파트너 변호사 / 법학박사)

# 01 서론

## Ⅰ 디지털자산을 활용한 금융의 등장

### 1 다양한 디지털자산 운용 서비스의 등장

디지털자산[1][2]을 활용한 여러 수탁, 예치, 보관, 운용 서비스 등이

---

1 본장에서 말하는 디지털자산은 「특정 금융거래정보의 보고 및 이용 등에 관한 법률」 제2조의 가상자산과 사실상 동일한 의미로 사용하였다.

2 참고로 EU의 암호자산 법률안(Regulation of the European Parliament and of the Council on Markets in Crypto-assets, and amending Directive (EU) 2019/1937)에서는 "'crypto-asset' means a digital representation of a value or a right that uses cryptography for security and is in the form of a coin or a token or any other digital medium which may be transferred and stored electronically, using distributed ledger technology or similar technology."라 하여 일정한 기술을 사용하는 것을 암호자산으로 정의하고 규제를 하고자 한다. 이에 비해 미국의 바이든 행정명령("Ensuring Responsible Development of Digital Assets"Executive Order 14067 of March 9, 2022, The President)에서는 "The term "digital assets" refers to all CBDCs, regardless of the technology used, and to other representations of value, financial assets

출현하고 있다. 디지털자산이 금전적, 재산적 가치가 있다는 점을 고려하면, 이러한 서비스는 일종의 금융 서비스라 이해할 수 있다. 스테이킹, 예치, 운용, 렌딩 등 다양한 형태의 디지털자산 활용 금융서비스가 제공되고 있는 것인데, 그 예시는 아래와 같다.

그림 3-1

**델리오의 예치 프로그램**

---

and instruments, or claims that are used to make payments or investments, or to transmit or exchange funds or the equivalent thereof, that are issued or represented in digital form through the use of distributed ledger technology. For example, digital assets include cryptocurrencies, stablecoins, and CBDCs."라 하여 디지털자산의 개념을 기술 중립적인 것으로 정의하여, 그 범위를 상당히 폭 넓게 보고 있다. 「특정 금융거래정보의 보고 및 이용 등에 관한 법률」의 가상자산은 경제적 가치를 지닌 것으로서 전자적으로 거래 또는 이전될 수 있는 전자적 증표(그에 관한 일체의 권리를 포함한다)를 말하므로(제2조), 문언상 상당히 폭 넓게 볼 수 있으나, 전자화폐·전자등록주식·전자어음 등을 제외하는 규정으로 인하여, 실질적으로는 EU MiCA에서 말하는 암호자산과 같은 의미로 취급된다.

그림 3-2

## GDAC의 인덱스 서비스

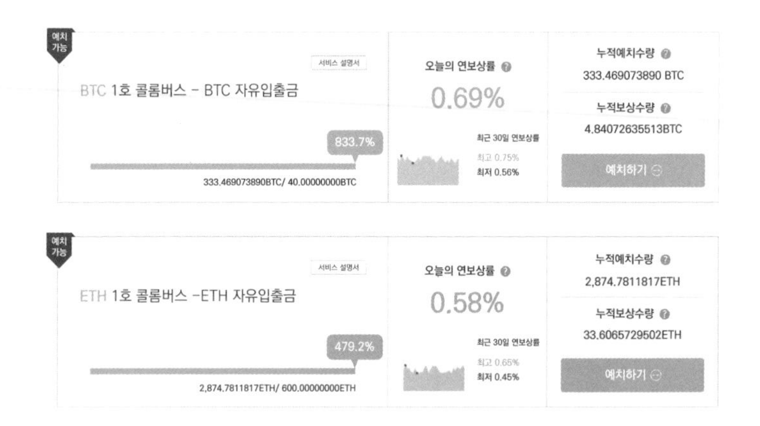


그림 3-3

## 업비트의 스테이킹 서비스

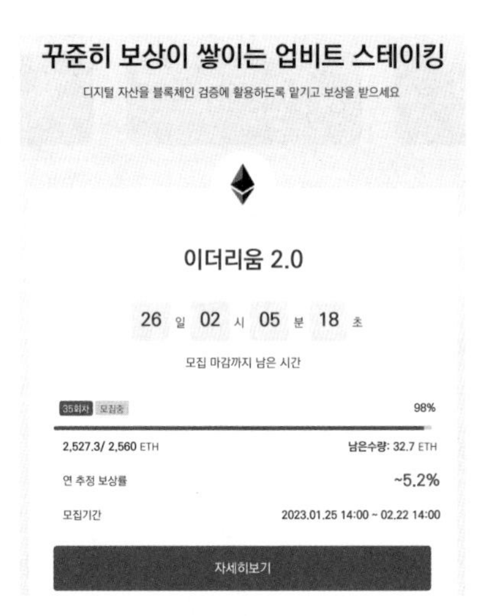

그림 3-4

**(주)블록투리얼이 빗썸을 통해 제공하는 가상자산 렌딩 서비스**

그림 3-5

**델리오의 BTC 렌딩**

그림 3-6

**카르도의 핫월렛 및 콜드월렛 수탁 지원 서비스**

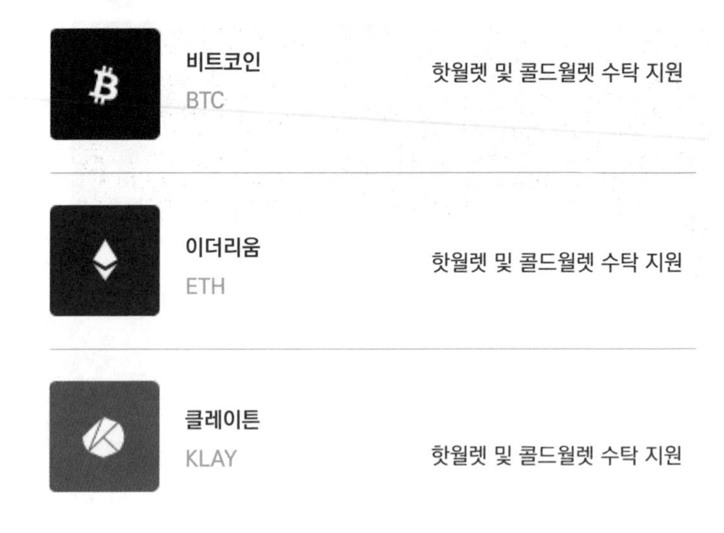


## 2 현황

2021. 8. 17. 기준으로 국내 가상자산 예치 서비스 누적 예치금 규모는 2조 1천억 원이 넘는 것으로 파악된다.[3] 기사로 확인되는 것 이외에 예치, 운용 관련 서비스의 예치금 내지 예치 가상자산의 규모를 집계한 자료가 확인되지 않아 2023년 현재 국내 가상자산 예치 서비스의 누적 예치금 규모[4]를 정확히 추산하기는 어렵다. 다만, 금융정보분석원이 지난 2023. 3. 20. 배포한 '22년 하반기 가상자산사업자 실태

---

3 2021. 8. 18.자 서울경제 기사에 의하면, 델리오에 가장 많은 2조 288억 원 상당의 가상자산이 예치되어 있고 업파이 888억 원, 샌드뱅크 169억 원 규모의 가상자산이 예치된 것으로 나타남.

4 가상자산 거래소의 대기성 거래자금인 원화예치금과 구분되는 투자성 예치금 또는 투자성 예치 가상자산을 의미함.

조사 결과'에 의하면 가상자산 거래업자(거래소)에 맡겨둔 원화 예치금이 2022년 상반기 5.9조원, 2022년 하반기 3.6조원에 이르는 점, 국내 유통 가상자산의 시가총액(사업자별 보유 거래지원 가상자산 수량에 해당 가상자산의 시장가격을 곱한 수치)이 2022년 6월말 기준 23조원, 2022년 12월말 기준 19조원이라는 점 등을 종합하면, 거래소가 운영하는 스테이킹 · 예치 · 운용서비스 및 거래소 이외의 회사가 제공하는 스테이킹 · 예치 · 운용서비스 등에도 상당한 원화 내지 가상자산이 예치되어 있을 것으로 생각된다.

2023년 상반기 기준 가상자산 거래업자에 주요 서비스는 아래와 같다.

표 3-1

| 서비스 | 주요 서비스, 상품의 내용 | 가상자산사업자 신고 유무(VASP)[5] |
|---|---|---|
| 업비트 | - 이더리움(연 추정 보상률 ~4.1%), 코스모스(연 추정 보상률 ~ 25.0%), 에이다(연 추정 보상률 3.6%) 등에 대한 스테이킹 서비스 제공<br>※ 스테이킹: 보유한 디지털자산을 블록체인 검증에 활용하도록 맡기고 보상으로 디지털자산을 받는 서비스<br>- 가상자산 렌딩 서비스: ㈜블록투리얼이 빗썸을 통해 제공하는 서비스로 하락장 렌딩(원화를 담보로 가상자산을 빌리는 서비스), | O |
| 빗썸 | 상승장 렌딩(가상자산을 담보로 가상자산을 빌리는 서비스)을 제공 중임<br>※ 기본 수수료 1%, 일 수수료 0.0001%, 최대한도 3억원, 기간 3일 · 7일<br>- 가상자산 예치 서비스: 각 상품별 운용사가 빗썸을 통해 제공하는 서비스로 가상자산을 예치 서비스에 맡기고 안정적인 이자를 받는 서비스. | O |

5 FIU, '가상자산사업자 신고에 관한 정보공개 현황(2023년 6월 16일 기준)'

| 서비스 | 주요 서비스, 상품의 내용 | 가상자산사업자 신고 유무(VASP)[5] |
|---|---|---|
| 빗썸 | ※ 2021년 비트코인 30D 45차(업파이)(BTC) 상품[연 이율 7%, 예치기간 1일, 총 모집 수량 30BTC, 종료일 2021. 7. 5.]을 마지막으로 그 이후 2023년 현재까지 제공되고 있는 상품은 없는 것으로 보임.<br>- 자동매매 제휴서비스: 봇을 이용한 거래 서비스를 제공하고 있음. 아비봇, 코봇, 카피봇 등이 있음. 동 서비스는 빗썸이 제공하는 서비스는 아님. 가상자산 매매의 편의성을 목적으로 하는 자동매매 프로그램 안내 페이지만 빗썸이 만들어 둔 것으로 보임. | O |
| 고팍스 | - GOFI 서비스[6] 제공 중: 가상자산을 모집 중인 상품에 예치하여 예치 기간 동안 이자수익을 가상자산으로 받을 수 있는 가상자산 예치 서비스임. 자유형 예치상품[연 이율이 주기적으로 변동되고 입출금이 자유로워 시장 상황에 따른 유동성 확보가 가능한 상품], 고정형 예치상품[연 이율의 변동이 없어 보다 계획적이고 안정적인 운영이 가능하며 장기투자를 고려하고 계신 분들께 적합한 상품]을 제공 중임.<br>※ 총 누적 예치금은 2023년 4월 현재 38,926 BTC라 함.<br>※ 고파이 운용사 제네시스 글로벌 캐피탈이 FTX 파산 여파로 지급 불능 상태에 빠지면서 고파이 원리금 지급도 2022년 11월부터 중단된 것으로 파악됨. 고파이에 묶인 고객 자금은 566억원으로 나타났으며, 2023년 3월 현재까지 출금이 이루어지지 않고 있는 것으로 보임.[7] | O |

6 FTX 사태로 고파이 상품 출금이 지연되기도 하였음(2022. 11. 17.자 서울경제 기사, 2022. 11. 16.자 고팍스 홈페이지 공지사항 참조).

7 2023. 4. 13.자 이데일리 기사, 2023. 4. 13.자 파이낸셜 뉴스 기사, 2023. 4. 11.자 아이뉴스24 기사.

| 서비스 | 주요 서비스, 상품의 내용 | 가상자산사업자 신고 유무(VASP)[5] |
|---|---|---|
| 지닥 | - 인덱스 상품 제공<br><br>※ 인덱스: 디지털자산을 예치하면, 예치 기간, 보상률 지수에 따라 계산된 보상금을 제공하는 서비스.<br><br>"1호 콜럼버스- BTC 자유 입출금, 1호 콜럼버스 - ETH 자유 입출금 등" | O |
| 델리오[8] | - 예치, 렌딩, 스왑, 뱅크 등의 서비스를 제공<br><br>※ 예치: 가상자산을 예치하면 기간에 따라 수익 지급. ex) 연이율 14%, 12개월 상품 / 연이율 7.5% 2개월 상품 등 다양한 상품 제공<br><br>※ 렌딩: 비트코인, 이더리움을 담보로 담보액의 90%까지 비트코인, 이더리움을 대출해주는 상품 | O |

8 델리오는 2023. 6. 14. 가상자산 출금을 전면 중단하였다. 델리오는 2023. 6. 14. 홈페이지 공지를 통해 "최근 Haru Invest.에서 발생한 디지털 자산 입출금 중단 여파로 시장 변동성의 급격한 증가 및 투자자 분들 사이에서의 혼란 가중 등 상황이 야기되고 있습니다. 이와 같은 상황에서 델리오는 현재 보관 중인 고객님들의 자산을 안전하게 보호하기 위해 부득이 2023. 6. 14. 18: 30 시점을 기준으로 위 상황 및 그로 인한 여파 등이 해소될 때까지 일시적인 출금 정지 조치를 진행하게 되었습니다."고 설명하였다. 델리오는 일부 고객가상자산을 아래 하루(하루인베스트)에 맡겨 운용한 것으로 보이는데, 하루(인베스트)에서 2023. 6. 13. 가상자산 입출금을 중단함에 따라 델리오도 출금을 중단한 것으로 보인다. 2023년 9월 현재 관련 소송이 이어지고 있다.

| 서비스 | 주요 서비스, 상품의 내용 | 가상자산사업자 신고 유무(VASP)[5] |
|---|---|---|
| 하루[9] | - Earn 상품 제공<br><br>※ Earn 상품의 경우 Earn Plus(고정이율, 연 최대 14.5% 적립), Earn Explore 상품(운용 기반 변동 이율, 연이율 최대 25% 목표)으로 구분 | X |
| 헤이비트 | - 예치상품 하베스트 제공<br><br>※ 디지털자산을 예치하면 공시된 수익률에 따라 매주 수익이 지급되는 상품. 지급된 수익은 자동 재예치되어 복리 효과로 자산을 불려가는 서비스임. USDT, BTC, ETH, USDC 등의 예치 가능함. | X |
| 샌드뱅크 | - FIXED 투자 (15일, 30일, 90일, 180일 중 원하는 기간의 상품을 선택하여 투자), BIG 투자(Loanscan에 고시되는 퍼센티지 중 가장 높은 수익률을 자동으로 선택하여 적용해 주는 상품), 자유 입출금(별도 신청 없이 입금 시점부터 수익 지급) 투자 상품 제공 | X |
| 업파이[10] | - 예치상품 제공: 디지털자산을 세이빙하면 책정된 리워드율에 따라 원금과 리워드를 디지털자산으로 받을 수 있는 서비스. 세이빙 업(입출금 자유 상품), 세이빙 업+(확정 수익형 중장기 투자 상품)으로 구분됨. | X |

9 하루(하루인베스트)는 2023. 6. 13. 공식블로그를 통해 파트너사 중 한 곳에서 문제가 발견되었다며 2023. 6. 13. 오전 9시 40분(한국시간)부터 입출금 서비스를 중단한다고 밝혔다. 하루는 2023. 6. 14. 출금 중단 사태를 초래한 파트너사가 비앤에스홀딩스(B&S Holdings)이라며 밝히며 해당 업체에 대한 법적 대응을 시사했다. 하루는 홈페이지 공지사항을 통해 비앤에스홀딩스(B&S Holdings)가 허위 사실이 기재된 경영보고서를 제공하여 이용자를 기만하는 행위를 한 것으로 판단했다며, 형사고소를 진행했고, 민사소송도 진행할 예정이라 밝혔다. 한편, 2023. 6. 22. 코인데스크코리아, 뉴시스 기사 등에 의하여 하루(하루인베스트)가 전직원에게 해고 통보를 한 것으로 확인되면서, 투자자들의 불안은 심화되고 있다.

10 2022. 6. 27. 서비스를 종료하고 고객에게 예치금을 환매하겠다고 공지

## II 디지털자산 예치·수탁·운용의 제도화

위와 같이 디지털자산을 이용한 다양한 유사금융 서비스가 출현하고 있음에도 불구하고, 이러한 서비스와 관련하여 투자자를 보호하고, 시장의 공정성, 투명성을 확보할 수 있는 법적, 제도적 장치는 상당히 미비한 상황이다.

「특정 금융거래정보의 보고 및 이용 등에 관한 법률」(이하 "특정금융정보법")이 지난 2020. 3. 24. 법률 제17113호로 개정되어 2021. 3. 25. 시행되면서, 가상자산업에 대해 일부 규제가 시행되고 있다. 이러한 규제의 핵심적인 내용은 가상자산에 대한 개념을 정의하고, 가상자산업자로 하여금 일정한 사항을 FIU에 신고하도록 하는 것이다. 이에 가상자산을 영업적으로 취급하려는 사업자, 소위 가상자산사업자는 상호 및 대표자의 성명, 사업장의 소재지, 연락처 등을 금융정보분석원장에게 신고하여야 한다. 이를 위반한 경우에는 형사처벌 대상이 된다(제7조 신설, 제17조 및 제19조).

그런데, 이러한 「특정금융정보법」은 국제기준인 FATF 권고에 따라 가상자산사업자에게 자금세탁방지의무를 부과하는 것일 뿐(고객확인 의무, 의심거래보고 의무), 제도화라 보기는 어렵다(설립 인허가, 자본금 규제, 영업행위 규제, 투자자 보호 등).[11]

이에 디지털자산의 예치, 수탁, 운용 관련 서비스의 현황을 살펴보고, 현재 규제의 문제점·한계를 진단하며, 이를 통해 시장의 공정성·투명성을 강화하고 투자자를 보호하여 시장의 신뢰를 확보하기 위한 제도 개선 방향에 대해 제시하고자 한다.

---

함(서울경제 디센터 2022. 6. 29.자 기사 참조).

11 가상자산 관련 「특정금융정보법 시행령」 개정안 입법예고(2020. 11. 3.)

지난 2023년 6월, 여러 디지털자산(가상자산) 운용 내지 예치업체에서 입출금을 제한하고, 일부 업체들에서는 고객의 가상자산 출금을 전면 중단하면서, 투자자들의 손실 발생이 현실화 되고 있다. 이에 그동안 규제의 공백 지역으로 남아 있었던 가상자산 운용업에 대해서도 법제도 개선의 필요성이 높아지고 있다.

# 02 디지털자산 수탁 · 운용의 제도화

## I 현행 규제의 내용

### 1 특정금융정보법의 규율

가상자산사업자는 상호 및 대표자의 성명, 사업장의 소재지, 연락처 등을 금융정보분석원장에게 신고하여야 하며, 이를 위반한 경우 형사처벌의 대상이 된다(제7조, 제17조, 제19조). 금융당국은 이러한 신고에 대해 ISMS 미인증 기업, 실명확인이 가능한 입출금 계정을 활용하지 않는 기업에 대해서는 신고 수리를 거부할 수 있다. 단, 실명확인이 가능한 입출금 계정을 활용하지 않는 기업의 경우 원화 입금을 하지 않는 형태(가상자산과 금전의 교환 행위가 없는 형태)로 영업을 할 경우 신고수리가 가능하다.

특정금융정보법상 가상자산사업자는 ❶ 가상자산의 매도 · 매수, ❷ 다른 가상자산과의 교환, ❸ 가상자산 이전행위, ❹ 보관 · 관리, ❺ ❶ · ❷ 행위의 중개 · 알선을 영업으로 하는 자를 의미한다.[12]

---

12 특정금융정보법 제2조

## 2 문제점

### (1) 가상자산사업 신고수리 범위의 공시

가상자산사업자 신고를 할 때 위 ❶ ~ ❺ 중 어떠한 행위를 할 것인지 선택하여 신고를 하도록 안내되고 있다. 금융정보분석원(FIU)은 가상자산사업자 신고매뉴얼(2021. 2)을 통해 주요 가상자산사업자의 예시로 ① 가상자산 거래업자, ② 가상자산 보관관리업자, ③ 가상자산 지갑서비스업자를 제시하고 있는데, 실무상 가상자산 거래업자(거래소)의 경우 위 ❶~❺를 모두 수행하는 것을 전제로 신고수리가 되고 있는 반면, 지갑사업자나 수탁, 보관관리업자 등은 ❸ 또는 ❹ 만 수행할 수 있는 것으로 신고수리되고 있다.

그런데 문제는 국민이나 투자자 입장에서 어떤 가상자산사업자가 어떠한 행위까지 할 수 있는지 알기 어렵다는 점이다. 그 이유는 국민이 위와 같은 신고수리의 세부적인 내용을 알 수 없기 때문이다. FIU에서는 수시로 가상자산사업자 신고수리 현황을 공시하고 있는데, 공시내용을 살펴보면, 가상자산사업자는 ① 가상자산 거래업자, ② 가상자산 보관관리업자, ③ 가상자산 지갑서비스업자로 구분되지 아니하고, 거래업자, 기타로만 구분되어 공시하고 있었다. 이를 살펴보면 아래와 같다(금융정보분석원 홈페이지 알림마당 공지사항 2022. 12. 23. 기준 정보공개 현황[13]).

표 3-2

| 서비스명 | 법인명 | 구분 |
|---|---|---|
| 업비트 | 두나무 주식회사 | 거래업자 |

13 금융정보분석원, 가상자산사업자 신고에 관한 정보공개 현황(2022년 12월 23일 기준).

| 서비스명 | 법인명 | 구분 |
|---|---|---|
| 코빗 | 주식회사 코빗 | 거래업자 |
| 코인원 | 주식회사 코인원 | 거래업자 |
| 빗썸 | 주식회사 비썸코리아 | 거래업자 |
| 플라이빗 | 주식회사 한국디지털거래소 | 거래업자 |
| 지닥(GDAC) | 주식회사 피어테크 | 거래업자 |
| 고팍스 | 주식회사 스트리머 | 거래업자 |
| BTX | 차일들리 주식회사 | 거래업자 |
| 프로비트 | 오션스 주식회사 | 거래업자 |
| 포블게이트 | 주식회사 포블게이트 | 거래업자 |
| 후오비코리아 | 후오비 주식회사 | 거래업자 |
| 코어닥스 | ㈜코어닥스 | 거래업자 |
| 플랫타익스체인지 | 플랫타익스체인지 | 거래업자 |
| 한빗코 | 주식회사 한빗코코리아 | 거래업자 |
| 비블록 | 주식회사 그레이브릿지 | 거래업자 |
| 비트레이드 | 주식회사 블록체인컴퍼니 | 거래업자 |
| 오케이비트(OK-BIT) | 주식회사 오케이비트 | 거래업자 |
| 빗크몬 | 주식회사 골든퓨쳐스 | 거래업자 |
| 프라뱅 | 주식회사 프라뱅 | 거래업자 |
| 코인앤코인 | ㈜코엔코코리아 | 거래업자 |
| 보라비트 | 주식회사 뱅코 | 거래업자 |
| 캐셔레스트 | 주식회사 뉴링크 | 거래업자 |
| 텐앤텐 | ㈜텐앤텐 | 거래업자 |
| 에어프로빗 | 주식회사 에이프로코리아 | 거래업자 |
| 오아시스거래소 | ㈜가디언홀딩스 | 거래업자 |

| 서비스명 | 법인명 | 구분 |
|---|---|---|
| 큐비트 | 큐비트㈜ | 거래업자 |
| 코인빗 | 주식회사 엑시아소프트 | 거래업자 |
| 코다(KODA) | 주식회사 한국디지털에셋 | 기타 |
| 케이닥(KDAC) | 주식회사 한국디지털자산수탁 | 기타 |
| 헥슬란트 | ㈜헥슬란트 | 기타 |
| 마이키핀월렛 | 코인플러그 | 기타 |
| 하이퍼리즘 | 주식회사 하이퍼리즘 | 기타 |
| 카르도 | ㈜카르도 | 기타 |
| 델리오 | ㈜델리오 | 기타 |
| 페이코인(Paycoin) | PayProtocol AG | 기타 |

위 표를 정리하면 아래와 같다.

△ 거래업자 27곳: 업비트, 코빗, 코인원, 빗썸, 플라이빗, 지닥, 고팍스, BTX, 프로비트, 포블게이트, 후오비코리아, 코어닥스, 플랫타익스체인지, 한빗코, 비블록, 비트레이드, 오케이비트, 빗크몬, 프라뱅, 코인엔코인, 보라비트, 캐셔레스트, 텐앤텐, 에어프로빗, 오아시스거래소, 큐비트, 코인빗
△ 기타업자 9곳: 코다, 케이닥, 헥슬란트, 마이키핀월렛, 하이퍼리즘, 카르도, 델리오, 페이코인, 베이직리서치

그 결과 투자자 입장에서는 특정 가상자산사업자가 어떠한 범위의 업무까지 FIU에 신고하였는지, 수리된 범위가 무엇인지 알기 어려웠다.

특정한 가상자산사업자가 지갑서비스만 제공할 수 있는 것인지, 보관 수탁만 할 수 있는 것인지, DeFi를 표방한 가상자산 운용서비스를 할 수 있는 것인지 등을 위 공시 내용만으로는 전혀 파악할 수 없었다.

시중의 많은 사업자들이 제공하고 있는 스테이킹 서비스, DeFi 서비스, 가상자산 투자일임 서비스의 경우 신고수리 대상이 아닌 것으로 보임에도 불구하고, 일부 업체에서는 신고수리된 가상자산사업자임을 강조하며 제도권 내 서비스인 것 같은 외관을 형성하고 있어, 투자자들에게 제대로 된 정보공개가 되지 않았던 것으로 생각된다. 예컨대, 지갑서비스업자가 가상자산 운용서비스 내지 렌딩 서비스를 제공하는 것은 신고수리 범위 밖인 것으로 보인다.

앞서 살펴본 바와 같이 가상자산사업자 신고 매뉴얼[14]에서는 주요 가상자산사업자로 (1) 가상자산 거래업자, (2) 가상자산 보관관리업자, (3) 가상자산 지갑서비스업자를 제시하고 있다. 단, 사업모델에 따라 영업의 범위는 변경될 수 있다고 하며, 단순히 P2P 거래플랫폼이나 지갑서비스 플랫폼만 제공하거나 하드웨어지갑을 제공할 경우에는 사업자에 해당하지 않는다고 설명하고 있다. 이와 같이 신고수리 단계에서부터 특정 가상자산사업자의 영업의 범위를 고려하여, 그 범위 내에서만 가상자산사업을 수행하는 것을 전제로 신고 수리가 되고 있음에도 불구하고, '가상자산사업자 신고에 관한 정보공개 현황'에서는 이러한 영업의 범위를 확인할 수 없었다.

### (2) 가상자산 운용업의 제도화

가상자산 운용업자가 특정금융정보법상 가상자산사업자에 해당하는지, 이에 신고를 해야 하는지도 문제되고 있다.

가상자산 운용의 경우 가상자산의 매매, 중개 등을 포함하는 개념으로 보이므로, 가상자산 운용업체의 경우 특정금융정보법 제7조에 따른 신고 대상에 해당될 수 있을 것으로 생각된다. 그러나, 실무상 가상

---

14 금융정보분석원 · 금융감독원, '가상자산사업자 신고 매뉴얼', 2021. 2.

자산 운용 서비스를 제공함에 있어 가상자산사업자가 반드시 필요하다고 인식되거나 안내되고 있지는 않다. 금융당국 관계자는 "암호화폐 서비스에 대한 통제 권한을 갖고 있으면서, 보관, 관리, 중개 등을 하는 경우 가상자산사업자 대상"이라며 "예치 보상을 지급하는 스테이킹 서비스 사업자나 노드 운영 사업자는 보관·관리업자 혹은 지갑서비스업자로 신청할 수 있다"고 말했다고 하나[15], 스테이킹 서비스[16]에 한정하여 답변한 발언으로 이해된다.

가상자산 수탁업체가 제공하는 일부 상품이나 서비스의 경우 그 내용이 '예치 → 운용 → 운용에 따른 수익(이자로 표현되기도 하고, 고정 수익이 지급되기도 하고, 운용실적에 따른 변동 수익이 지급되기도 함)의 배분'이 이루어지는 구조에 해당되기도 한다. 이러한 점을 고려하면, 자본시장법 적용가능성도 존재한다. 자본시장법상 "집합투자"란 2인 이상의 투자자로부터 모은 금전 등을 투자자로부터 일상적인 운용지시를 받지 아니하면서 재산적 가치가 있는 투자대상 자산을 취득·처분, 그 밖의 방법으로 운용하고 그 결과를 투자자에게 배분하는 것을 의미한다(제6조 제5항). 그런데 가상자산의 경우 재산적 가치가 있는 무형자산으로 취급되므로(대법원 2018. 5. 30. 선고 2018도3619 판결), 가상자산을 운용하는 것은 자본시장법의 집합투자로 해석될 여지가 있다. 실제 2018. 10. 24. 금융당국은 보도자료를 통해 "가상통화 펀드"는 자본시장법 위반 소지가 있는 만큼, 투자자들은 자본시장법상 투자자 보호를 위한 각종 제도가 적용되지 않는 점을 충분히 인식하고, 투자에 각별히 유의가 필요하다는 안내를 한 바 있기도 하다.

15 2021. 4. 18.자 코인데스크코리아 기사 참조.

16 스테이킹 서비스의 경우 블록체인 네트워크 자체에서 보상이 지급되는 구조라면(Pos, DPos 알고리즘에서 작동), 예치 서비스의 경우 사업자 또는 사업자가 그 운용을 맡긴 제3의 사업자가 운용을 하고 그 운용 결과에 따른 수익을 지급하는 구조.

# II 제도 개선 방향

## 1 신고수리 범위의 공시

국민, 투자자들의 권리 보호를 위해 가상자산사업자의 신고수리 범위(행위유형, 영업의 범위)를 구체적으로 공시할 필요가 있다. 즉, 실무 관행을 개선하여, 가상자산사업자 신고수리 현황을 공시할 때 가상자산사업자가 수행할 수 있는 행위의 유형을 공시하도록 하는 것이 바람직하다. 신고서에 아래와 같이 기재한 사항을 공개하도록 하자는 것이다.

표 3-3 **국내 가상자산사업자 신고서에서 발췌**

❸ 가상자산사업자가 수행할 행위의 유형

| 항목 | 선택(O) |
|---|---|
| 1) 가상자산을 매도, 매수하는 행위 | |
| 2) 가상자산을 다른 가상자산과 교환하는 행위 | |
| 3) 가상자산을 이전하는 행위 중 대통령령으로 정하는 행위 | |
| 4) 가상자산을 보관 또는 관리하는 행위 | |
| 5) 1) 및 2)의 행위를 중개, 알선하거나 대행하는 행위 | |
| 6) 그 밖에 가상자산과 관련하여 자금세탁행위와 공중협박자금조달행위에 이용될 가능성이 높은 것으로서 대통령령으로 정하는 행위 | |

* 법 제2조 제호 하목 중 선택하되 복수 기재 가능

위와 같은 실무 개선을 통해 투자자 입장에서는 내가 거래하는 업체가 (1) 가상자산사업자 신고수리 업체인지 여부, (2) 신고수리 업체인 경우 해당 업체가 특정금융정보법의 틀 내에서 합법적으로 영위할 수 있는 사업의 범위는 어디까지 인지 파악할 수 있을 것으로 생각된다.

필자는 위와 같은 제도개선 방안을 2023년 1월 30일 개최된 민당정 간담회 "民·黨·政이 함께 여는 디지털자산의 미래"(국민의힘 정책위원회·정무위원회·디지털자산특별위원회 주최)에서 발표하였고, FIU에서 이를 수용하여, 현재는 아래와 같이 가상자산사업자가 신고한 세부 업무의 내용이 표시되고 있다.[17] 이는 과거에 비해 진일보 한 것으로 평가할 수 있다. 특히, "신고한 업무((1)~(5)) 외 NFT 매매, 가상자산 예치 및 랜딩, DeFi 서비스 등은 「특정금융정보법」상 신고 업무에 해당하지 않음"을 명시함으로써 가상자산사업자가 FIU에 신고한 업무의 범위를 명확히 한정하고 있다.

**표 3-4 FIU, 가상자산사업자 신고에 관한 정보공개 현황** (2023.08.07. 기준)

● 신고한 업무((1)~(5)) 외 NFT 매매, 가상자산 예치 및 랜딩, DeFi 서비스 등은 「특정금융정보법」상 신고 업무에 해당하지 않음

| 서비스명 | 법인명 | 신고한 업무 |
| --- | --- | --- |
| 업비트 | 두나무 주식회사 | (1) ~ (5) |
| 코빗 | 주식회사 코빗 | (1) ~ (5) |
| 코인원 | 주식회사 코인원 | (1) ~ (5) |
| 빗썸 | 주식회사 빗썸코리아 | (1) ~ (5) |
| 플라이빗 | 주식회사 한국디지털거래소 | (1) ~ (5) |
| 지닥(GDAC) | 주식회사 피어테크 | (1) ~ (5) |
| 고팍스 | 주식회사 스트리미 | (1) ~ (5) |
| BTX | 차일들리 주식회사 | (1) ~ (5) |
| 프로비트 | 오션스 주식회사 | (1) ~ (5) |

17 아래 내용은 금융정보분석원의 '가상자산사업자 신고에 관한 정보공개 현황(2023년 8월 7일 기준)'을 편집한 것이다.

| 서비스명 | 법인명 | 신고한 업무 |
|---|---|---|
| 포블 | 주식회사 포블게이트 | (1) ~ (5) |
| 후오비코리아 | 후오비 주식회사 | (1) ~ (5) |
| 코어닥스 | ㈜코어닥스 | (1) ~ (5) |
| 플랫타익스체인지 | 주식회사 플랫타이엑스 | (1) ~ (5) |
| 한빗코 | 주식회사 한빗코코리아 | (1) ~ (5) |
| 비블록 | 주식회사 그레이브릿지 | (1) ~ (5) |
| 비트레이드 | 주식회사 블록체인컴퍼니 | (1) ~ (5) |
| 오케이비트 | 주식회사<br>포리스닥스코리아리미티드 | (1) ~ (5) |
| 빗크몬 | 주식회사 골든퓨쳐스 | (1) ~ (5) |
| 프라뱅 | 주식회사 프라뱅 | (1) ~ (5) |
| 코인엔코인 | (주)코엔코코리아 | (1) ~ (5) |
| 보라비트 | 주식회사 뱅코 | (1) ~ (5) |
| 캐셔레스트 | 주식회사 뉴링크 | (1) ~ (5) |
| 텐앤텐 | (주)텐앤텐 | (1) ~ (5) |
| 에이프로빗 | 주식회사 에이프로코리아 | (1) ~ (5) |
| 코다(KODA) | 주식회사 한국디지털에셋 | (3), (4) |
| 케이닥(KDAC) | 주식회사<br>한국디지털자산수탁 | (3), (4) |
| 헥슬란트 | ㈜헥슬란트 | (3), (4) |
| 마이키핀월렛 | 코인플러그 | (3), (4) |
| 하이퍼리즘 | 주식회사 하이퍼리즘 | (1) ~ (3) |
| 오아시스거래소 | ㈜가디언홀딩스 | (1) ~ (5) |
| 큐비트 | 큐비트㈜ | (1) ~ (5) |
| 카르도 | ㈜카르도 | (3), (4) |

| 서비스명 | 법인명 | 신고한 업무 |
|---|---|---|
| 델리오 | ㈜델리오 | (3), (4) |
| 페이코인(Paycoin) | PayProtocol AG | (2) ~ (4) |
| 베이직리서치 | 주식회사 마인드시프트 | (3), (4) |
| 코인빗 | 주식회사 엑시아소프트 | (1) ~ (5) |
| 인피닛블록 | 주식회사 인피닛블록 | (3), (4) |

(1) 가상자산을 매도 · 매수
(2) 가상자산을 다른 가상자산과 교환
(3) 가상자산을 이전
(4) 가상자산을 보관 · 관리
(5) 가상자산의 매도 · 매수 및 다른 가상자산과 교환하는 행위의 중개 · 알선 · 대행하는 행위

## 2 가상자산사업의 세분화 및 운용업의 제도화

장기적으로는 가상자산을 이용한 거래소업, 예치업, 수탁업, 운용업, 평가업, 공시업을 제도적으로 구분하여, 해당 업에 맞는 진입규제, 행위규제를 별도로 도입할 필요가 있을 것으로 생각된다.

앞서 살펴본 바와 같이 가상자산 운용 서비스를 제공하기 위해 가상자산사업자 신고수리(VASP)를 받아야 하는지 불분명하다. 실제 상당수 업체는 VASP를 받지 않은 상태이며, VASP를 받은 업체라 하더라도, 그 VASP의 범위 내에 위와 같은 가상자산 운용이 포함되는지 불분명한 상태다. 가상자산의 '재산성', '투자성'을 부정할 수 없다면, 가상자산 또한 투자상품의 일종으로 보아, 이에 대한 투자자 보호 제도를 갖출 필요가 있다. 즉 가상자산의 운용도 가상자산사업자 업무 영역에 명시적으로 포함되도록 하고, 진입규제 / 상품 판매 관련한 행위 규제 / 가상자산의 보관 및 관리에 관한 규율 / 설명의무, 부당권유 금지, 약관 보고의무, 광고제한, 이익보장금지 등 영업행위 규칙 마련할 필요가 있다.

한편, 가상자산 거래소, 가상자산 평가 및 공시업도 제도화 할 필요가 있다. 우선, 실무상 거래소는 거래, 예치, 수탁 등을 포괄적으로 수행할 수 있는 것으로 취급되고 있다. 한국금융연구원은 가상자산 거래소가 증권사, 한국거래소, 한국예탁결제원, 은행 등의 역할을 동시에 수행하고 있는 것이나 다름없다고 분석한다. 증권거래와 비교할 때 다수기관 참여를 통한 상호감시 기능이 없으므로 가상자산사업자와 고객의 이해상충이 발생할 수 있으며 내부정보를 통한 거래, 자기자본 거래 문제도 존재할 수 있다고 한다.[18] 따라서 장기적으로 가상자산과 관련된 업종을 구분하고, 이해상충 우려가 있는 업종의 경우 가상자산 거래소의 업무 범위에서 제외되도록 할 필요가 있다(예컨대 운용업, 평가업 등은 수행할 수 없도록 제한하는 것을 생각해볼 수 있다).

가상자산 평가, 공시업의 경우, 현재 규제공백이 있는 바, 새로이 그 업종을 인정하고, 진입규제 / 상품 판매 관련한 행위 규제 / 가상자산의 보관 및 관리에 관한 규율 / 설명의무, 부당권유 금지, 약관 보고의무, 광고제한, 이익보장금지 등 영업행위 규칙을 마련할 필요가 있다.

---

18 2021. 8. 10. 발표한 「가상자산거래업, 이해상충 규제의 필요성」 참조.

# 03 가상자산 거래소와 고객자산 예탁

## I 고객 예치금 분리 제도

### 1 현행 제도의 내용과 한계

특정금융정보법상 가상자산사업자는 고객예치금과 고유재산(자기재산)을 구분하여 관리해야 한다. 이를 위반한 경우 과태료·영업정지·신고 말소 등의 조치가 이루어질 수 있다(제8조, 제20조, 시행령 제10조의20 제2호). 가상자산사업자와 거래를 하는 금융회사등(은행)은 이러한 사항을 확인할 의무가 있다(제5조의2 제3호 마목). FIU의 신고 심사 매뉴얼[19] 서류접수 시 동 사항은 주요 점검사항에 해당한다.

● 법령 상 요구되는 신고 방법·절차 준수 여부 및 제출서류 미비사항 등을 확인하여 필요시 보완 요청

| 구분 | 요건 | 주요 확인사항 |
|---|---|---|
| 신고서 확인 | • 신고서 필수사항 기재 및 구비서류 제출 | • 대표자 및 임원의 실지명의와 국적<br>• 본점, 주사무소 및 영업소의 소재지와 연락처<br>• 전자우편주소, 인터넷도메인 이름, 호스트서버의 소재지<br>• 가상자산사업자가 수행할 행위의 유형<br>• 실명확인이 가능한 입출금계정에 관한 정보 |

19 금융정보분석원·금융감독원, "가상자산사업자 신고 매뉴얼", 2021. 2.

| 구분 | 요건 | 주요 확인사항 |
|---|---|---|
| | | • 신고 유효기간 도과여부(만료 45일전 신고해야 함) |
| 정보보호 관리체계 | • 정보보호 관리체계 인증 | • 한국인터넷진흥원의 정보보호 관리 체계 인증서 내역 사실 확인<br>• 정보보호 관리체계 인증 유효기간 확인 |
| 실명확인 입출금계정 | • 실명확인 입출금 계정 발급 | • 은행법 등에 따른 은행으로부터 실명확인 입출금계정을 발급받았는지 확인<br>- 신고 완료후 조건부 발급 여부 확인<br>• 발급 확인서상 발급요건 심사 결과 충족 확인<br>- AML/CFT 위험 평가 결과<br>- 예치금을 고유재산과 구분·관리<br>- 정보보호 관리체계 인증 획득<br>- 금융관계법률 위반 및 신고 말소 5년 미경과 여부 확인<br>- 고객별 거래내역 분리·관리<br>• 필요시 실명확인 입출금계정 불필요 업종 여부 확인 |

가상자산사업자 신고매뉴얼(2021. 2.) 9면 참조

문제는 어떠한 기관에 어떠한 방식으로 예치금과 고유재산을 구분하여 예치, 신탁, 관리하여야 하는지에 대해서는 별도 규정이 없다는 점이다. 고객예치금의 적정한 운용, 안전한 보관에 미흡한 측면이 존재한다. 이는 주식시장과 비교했을 때 큰 차이가 있다. 자본시장법 제74조에서는 아래와 같이 증권회사로 하여금 투자자예탁금에 대하여 고유재산과 구분하여 증권금융회사에 예치 · 신탁하도록 하고 있다.

> [증권금융회사 예치] 투자자예탁금은 증권회사가 고유재산과 구분하여 증권금융회사에 예치 또는 신탁하여야 함.
> [운용] 증권금융회사가 증권회사로부터 예치 · 신탁받은 투자자예탁금은 국채, 지방채 등 안전한 자산에 운용하여야 함.

[안전성] 투자자예탁금은 누구든지 상계·압류(가압류 포함)하지 못함. "압류할 수 없는 재산"은 파산재단에 속하지 않으므로, 증권금융의 부도 등이 발생하는 경우에도 보호됨.

가상자산 거래소의 경우 이용자로부터 가상자산 투자를 위한 자금을 예치 받는데, 예치금의 입출금에 비하여, 가상자산에 대한 거래가 빈번하게 이루어지므로, 거래소는 이러한 시간차를 이용하여 고객자금을 유용할 유인이 존재한다.

실제 사례도 존재하는데, 대표적으로 "FTX / Alameda Research 유동성 위기"가 여기에 해당한다. 구체적인 사실관계는 추후 미국 당국의 조사, 수사 등을 통해 밝혀져야 하겠지만, 현재까지는 FTX가 고객자금을 유용한 것으로 언론에 보도되고 있다.[20 21] FTX가 고객자금으로 Alameda Research에 자금을 지원하고,[22] Alameda Research는 해당 자금으로 FTX가 발행한 FTX Token(FTT)을 대량 구매한 것으로 보인다.[23] 바이낸스가 지난 7일 FTX 발행 FTT를 매각한다고 밝히자,[24]

---

20 Binance 2022. 11. 10.자 트윗.

21 "바이낸스, FTX 인수 철회… "고객자산 유용, 미국 당국의 조사 때문"(종합)", 2022. 11. 10.자 블록미디어 기사.

22 월스트리트 저널이 2022. 11. 10. 보도한 바에 의하면 FTX는 제휴 거래 회사인 Alamade Research의 위험한 베팅에 자금을 지원하기 위해 수십억 달러 상당의 고객 자산을 빌려주었다고 하며, FTX 고객자금 절반 이상이라 함(https://www.wsj.com/articles/ftx-tapped-into-customer-accounts-to-fund-risky-bets-setting-up-its-downfall-11668093732).

23 "국내외 가상자산 업체들 FTX 쇼크에 잇따라 선 긋기 나서", 2022. 11. 10.자 디지털투데이 기사.

24 @cz_binance 2022. 11. 7.자 트윗.

FTT의 가격 하락세가 나타났고,[25] 이에 Alameda Research의 유동성 문제가 수면으로 부상한 것으로 보이며, FTX가 고객자금을 유용하여 Alameda Research에 100억 달러에 상당하는 자금을 지원했다는 추측이 나오면서,[26] FTX가 파산위기에 몰리게 된 것으로 분석된다.

## 2 제도 개선 방향

고객 예치금을 단순히 분리 보관하는 것을 넘어, 고객 예치금이 안전하게 보관될 수 있도록 신뢰성 있는 제3의 기관에 의무적으로 예탁하는 방안을 고려해 볼 필요가 있다.

관련하여 디지털자산 시장의 공정성 회복과 안심거래 환경 조성을 위한 법률안(윤창현의원 대표발의, 발의일: 2022. 10. 31.)[이하 "윤창현 의원안"], 가상자산 불공정거래 규제 등에 관한 법률안(백혜련의원 대표발의, 발의일: 2022. 11. 10.)[이하 "백혜련 의원안"]에서는 디지털자산사업자 내지 가상자산업자로 하여금 이용자의 예치금을 「은행법」에 따른 은행 등 대통령령으로 정하는 공신력 있는 기관에 고유자산과 분리하여 예치 내지 신탁하도록 의무화하고 있다(윤창현 의원안 제5조, 백혜련 의원안 제5조).

윤창현 의원안의 경우 1차례 수정되었는데, 그 수정안[27]에 의하면 디지털자산사업자에게 고객 예치금에 대한 신탁의무를 부여하는 것에

---

25 "창펑 자오 "FTX 토큰 전량 매도할 것…루나 사태에서 배운 위험 관리"", 2022. 11. 7.자 서울경제 기사.

26 2022. 11. 11.자 월스트리트 저널 기사(https://www.wsj.com/articles/ftx-tapped-into-customer-accounts-to-fund-risky-bets-setting-up-its-downfall-11668093732).

27 국회 정무위원회 법안심사 제1소위원회에 2022. 11. 22.에 제출된 디지털자산 시장의 공정성 회복과 안심거래 환경 조성을 위한 법률안(윤창현 의원 대표발의)에 대한 수정의견을 기초로 작성한 것임.

부가하여, 아래와 같은 의무 조항이 추가로 적용된다(수정안 제5조 제2항 내지 4항). 이러한 조항들은 자본시장법 제74조의 제3항 내지 제5항을 인용한 것으로 보인다.

- 디지털자산사업자는 제1항에 따라 관리기관에 이용자의 예치금을 예치 또는 신탁하는 경우에는 그 예치금이 이용자의 재산이라는 뜻을 밝혀야 한다.
- 누구든지 제1항에 따라 관리기관에 예치 또는 신탁한 예치금을 상계·압류(가압류를 포함한다)하지 못하며, 예치금을 예치 또는 신탁한 디지털자산사업자는 대통령령으로 정하는 경우 외에는 관리기관에 예치 또는 신탁한 예치금을 양도하거나 담보로 제공하여서는 아니 된다.
- 관리기관은 디지털자산사업자가 다음 각호의 어느 하나에 해당하게 된 경우에는 이용자의 청구에 따라 예치 또는 신탁된 예치금을 대통령령으로 정하는 방법과 절차에 따라 그 이용자에게 우선하여 지급하여야 한다.

1. 사업자 신고가 말소된 경우
2. 해산·합병의 결의를 한 경우
3. 파산선고를 받은 경우

윤창현 의원안, 백혜련 의원안에서 가상자산 거래소가 고객 예치금을 공신력 있는 기관에 예치하도록 의무화한 것은 긍정적인 것으로 생각된다. 위와 같은 조항은 내년에 시행될 가상자산 이용자 보호법에도 아래와 같이 반영되었다.

제6조(예치금의 보호) ① 가상자산사업자는 이용자의 예치금(이용자로부터 가상자산의 매매, 매매의 중개, 그 밖의 영업행위와 관련하여 예치받은 금전을 말한다. 이하 같다)을 고유재산과 분리하여 「은행법」에 따른 은행 등 대통령령으로 정하는 공신력 있는 기관(이하 "관리기관"이라 한다)에 대통령령이 정하는 방법에 따라 예치 또는 신탁하여 관리하여야 한다.

② 가상자산사업자는 제1항에 따라 관리기관에 이용자의 예치금을 예치 또는 신탁하는 경우에는 그 예치금이 이용자의 재산이라는 뜻을 밝혀야 한다.

③ 누구든지 제1항에 따라 관리기관에 예치 또는 신탁한 예치금을 상계·압류(가압류를 포함한다)하지 못하며, 예치금을 예치 또는 신탁한 가상자산사업자는 대통령령으로 정하는 경우 외에는 관리기관에 예치 또는 신탁한 예치금을 양도하거나 담보로 제공하여서는 아니된다.

④ 관리기관은 가상자산사업자가 다음 각 호의 어느 하나에 해당하게 된 경우에는 이용자의 청구에 따라 예치 또는 신탁된 예치금을 대통령령으로 정하는 방법과 절차에 따라 그 이용자에게 우선하여 지급하여야 한다.

1. 사업자 신고가 말소된 경우
2. 해산·합병의 결의를 한 경우
3. 파산선고를 받은 경우

현행 특정금융정보법에서는 가상자산사업자로 하여금 고객예치금을 가상자산사업자의 고유재산과 구분하여 관리하도록 하고 있으나, 고객 예치금을 제3자에게 신탁하도록 하거나, 어떻게 안전성을 확보하여야 하는지 그 방안 등에 대해서는 별도 규정을 두고 있지 않다. 이로 인하여 고객예치금의 보호에 한계가 있었는데(예금자보호법의 적용대상도 아니다), 이번에 통과된 가상자산 이용자 보호법은 이를 개선한 것이라는 점에서 매우 긍정적으로 생각된다.

다만, 예치금을 어떻게 운용할 것인지, 그 안전성을 어떻게 구체적으로 보장할 것인지 고민할 필요가 있다. 이러한 내용은 추후 시행령을 제정할 때 충분히 논의 반영되어야 할 것이다.

우선 예치금 관리기관의 범위(제1항), 예치금의 구체적인 관리 방법(제2항), 양도·담보 제공 가능 사유(제3항), 예치금 우선 지급방법과 절차(제4항)에 대해 추후 면밀하게 검토하여 시행령에 반영할 필요가 있다. 특히, 집중예치방식(1곳에 예치)을 취할 것인지 분산예치방식(여러 곳에 예치 가능)도 허용할 것인지 검토가 필요해 보인다. 집중예치방식이 행정적으로 간편할 수도 있겠지만, 위험이 분산되지 않고 집중된다는 점에서 반드시 더 좋다고 말하기 어려운 측면이 있다. 아울러 집중예치방식보다 분산예치방식을 사용하는 경우 신탁기관이 높은 운용수익률과 운용수익을 낸다는 통계적 분석도 존재하므로,[28] 어떠한 예치방식을 채택할 것인지 논의할 필요가 있다.

한 걸음 더 나아간다면, 가상자산거래 전문은행 지정 제도 도입 및 그 연계방안에 대해서도 고민할 필요가 있다. 가상자산 고객예치금을 예탁받는 기관은 사실상 가상자산 거래소를 고객으로 하는 은행의 역할을 하게 되어 가상자산시장의 리스크를 효과적으로 관리할 필요가 있다. 실명계좌 발급의 원활화 차원에서 가상자산거래 전문은행 도입 특정금융정보법 개정안(윤창현 의원 2021. 8. 6. 대표발의)이 발의된 바 있는데, "그 도입취지는 다소 다르더라도 가상자산 거래소로 하여금 해당 은행에 고객예치금을 분리예치 또는 신탁하도록 하는 것도 하나의 방안이 될 수 있을 것이다"는 견해도 존재한다.[29]

# II 고객 가상자산의 예탁

## 1 현행 제도의 내용과 한계

현행법상 가상자산 거래소가 어떠한 기관에 어떠한 방식으로 고객의 가상자산을 예탁하여야 하는지 여부에 대해 아무런 규율을 하고 있

28 증권 거래와 관련하여 미국, 영국 및 일본 등 주요국들은 다수의 신탁회사 또는 은행신탁 계정에 분산되어 운용되는 분산예치방식을 채택하고 있는 것으로 보인다(이석훈, "투자자예탁금 예치제도의 효율성 분석", 자본시장연구원, 2017, 1면, 57면).

29 김범준 · 이채율, "가상자산거래소에 대한 최근의 규제 동향과 개선과제 - 이용자 보호의 측면을 중심으로", 「홍익법학」 제22권 제3호, 홍익대학교 법학연구소, 39면.

지 않다.

가상자산 거래소는 고객이 매입 또는 고객이 전송한 가상자산을 대신하여 보관한다.[30] 이에 가상자산거래소가 고객의 가상자산을 ① 임의로 인출하거나, ② 유용 후 허위 표시하거나, ③ 가상자산의 입출금을 임의로 중단, 제한할 유인이 있다. 특히, 임의적 입출금 금지 · 제한은 거래소 간 가상자산의 가격 차이를 심화시키고, 이로 인한 불측의 손해는 고객의 모두 부담하게 되는데, 거래소에 의한 임의적 디지털 자산 입출금 금지로 인한 시장 조작자의 시장 조작 효과 극대화 문제도 발생할 수 있다.

실제 앞서 살펴본 "FTX / Alameda Research 유동성 위기"에서도 FTX는 2022. 11. 9. 모든 가상자산 출금을 중단한 바 있다.

국내에서도 여러 관련 사례가 존재하는데, ① 해킹사고로 거래소가 관리하는 전자지갑에서 보관되어 있던 이용자들의 가상화폐 중 일부가 유출된 상황에서 거래소 운영회사는 임의로 거래소를 폐쇄한 후 해당 가상화폐를 단계적으로 매입하는 등의 방법으로 유출된 가상화폐를 갚거나 복구할 계획이라고 공지하였으나 유출된 가상화폐를 복구하지 못한 사건(서울중앙지법 2021. 11. 5. 선고 2018가합567582 판결), ② 440억원 상당의 금액을 허위로 충전하고 고객들로부터 382억원 상당의 가상화폐를 사들인 다음 다른 거래소로 이체한 사건에서 거래소 대표에게 가상화폐를 허위 충전하고 이를 이용하여 고객들로부터 다른 가상화폐를 매수한 뒤 다른 거래소로 이체한 사건 등이 있다.

30 법원은 가상자산 거래소와 이용자 사이에 일종의 유상임치계약이 체결되었다고 보고 있음(서울고등법원 2021. 12. 8. 선고 2021나2010775 판결, 울산지방법원 2021. 9. 14. 선고 2020나10152 판결).

## 2 제도 개선 방향

윤창현 의원안과 백혜련 의원안에서는 ① 디지털자산사업자 내지 가상자산업자로 하여금 이용자명부를 작성 · 비치하도록 하고 이러한 이용자명부에 '1. 이용자의 주소 및 성명, 2. 이용자가 소유하는 디지털자산의 종류 및 수량'을 기재하도록 하고 있다(윤창현 의원안 제6조 제1항, 백혜련 의원안 제6조 제1항). ② 아울러 이용자로부터 위탁받은 종류와 수량의 디지털자산 내지 가상자산을 현실적으로 보유하도록 명시하고 있으며(제6조 제2항), ③ 대통령령으로 정하는 비율 이상의 디지털 자산 내지 가상자산은 인터넷과 분리하여 안전하게 보관할 것을 요구하고 있고(제6조 제3항), ④ 대통령령으로 정하는 보안기준을 충족하는 기관에 위탁하여 보관할 수 있다는 규정도 두고 있다(제6조 제4항).

최종적으로 지난 2023년 6월 30일 국회 본회의를 통과한 가상자산 이용자 보호법에서도 관련 규정을 두고 있다. 가상자산 이용자 보호법 제7조에 의하면 ① 가상자산사업자가 이용자로부터 위탁을 받아 가상자산을 보관하는 경우 '1. 이용자의 주소 및 성명, 2. 이용자가 위탁하는 가상자산의 종류 및 수량, 3. 이용자의 가상자산주소(가상자산의 전송기록 및 보관 내역의 관리를 위하여 전자적으로 생성시킨 고유식별번호를 말한다)'를 기재한 이용자 명부를 작성·비치하여야 한다. 아울러, ② 가상자산사업자는 자기의 가상자산과 이용자의 가상자산을 분리하여 보관하여야 하며, 이용자로부터 위탁받은 가상자산과 동일한 종류와 수량의 가상자산을 실질적으로 보유하여야 한다. 또한, ③ 가상자산사업자는 이용자의 가상자산 중 대통령령으로 정하는 비율 이상의 가상자산을 인터넷과 분리하여 안전하게 보관하여야 하며(의무), ④ 가상자산사업자는 이용자의 가상자산을 대통령령으로 정하는 보안기준을 충족하는 기관에 위탁하여 보관할 수 있다(의무는 아니며 재량). 가상자산 이용자 보호법에서는 가상자산에 관한 임의적 입 · 출금 차단 금지 조항도 두고 있는데, 동법 제11조에 의하면 가상자산사업자는 이용자의 가상자산에 관한 입금 또는 출금을 대통령령으로 정하는 정당한 사유 없이 차단하여서는 아니 된다(제1조). 만약, 가상자산사업자가 이용자의 가상자산에 관한 입금 또는 출금을 차단하는 경우에는 그에 관한 사유를 미리 이용자에게 통지하고, 그 사실을 금융위원회에 즉시 보고하여야 한다(제2조).

위와 같은 가상자산 이용자 보호법의 규정을 통해 고객의 가상자산에 대한 안전 보관 문제가 해소될 것으로 보인다.

다만, 이를 원천적으로 차단하기 위해서는 별도의 예탁기관을 통한 보관을 의무화 필요가 있다. 그러나 아래와 같은 이유로 신중한 접근이 필요해 보이며, 실제 이번에 통과된 가상자산 이용자 보호법에서도 이러한 측면을 고려하여 "가상자산사업자는 이용자의 가상자산을 대통령령으로 정하는 보안기준을 충족하는 기관에 위탁하여 보관할 수 있다(제7조 제4항)"고 규정하여 동 사항을 의무가 아닌 재량 사항으로 규정한다.

예탁기관의 경우 신뢰성뿐만 아니라 가상자산 · 가상자산시장 · 관련 기술적 조치에 대한 이해도 또한 높아야 한다. 따라서 예탁기관은 은행 등과 같은 공신력 있는 기관에 한정할 필요가 있다. 다만, ① 업체별 편차가 존재하기는 하나, 현재 가상자산의 보관 등에 대한 이해도와 기술력은 가상자산 거래소가 비교적 높은 것으로 보이는 점, ② 은행 등의 기존 금융기관이 가상자산을 수탁할 경우 가상자산시장의 위험이 금융시장으로 전이될 수 있다는 점 등을 고려해 보았을 때, 수탁의무의 부과 및 수탁기관의 지정은 신중히 접근할 필요가 있다. 특히, ① 가상자산의 경우 국경과 시간을 초월하여 거래가 이루어진다는 점, ② 거래소 고객의 가상자산 전부를 예탁하기 위해서는 오더북 공유 등 정보 공유가 필요한데 이러한 시스템 구축이 쉽지 않다는 점, ③ 고객의 입출금 편의성 등을 고려하면, 단기적으로는 가상자산 거래소로 하여금 고객 가상자산 전부를 외부 기관에 수탁하도록 하는 것은 현실성이 떨어져 보인다. 따라서 단계적 접근이 필요할 것으로 보이고, 이 부분은 은행 등의 겸영 · 부수업무의 확대, 가상자산거래 전문은행 지정 및 육성과 함께 논의 · 검토할 사항으로 생각된다.

다른 한편으로 가상자산 이용자 보호법 제7조 제2항의 실질적 보유 원칙에 대한 세부적인 해석에 대해서도 추후 정리할 필요가 있어 보인다. 가상자산 이용자 보호법 제7조 제2항에서는 "가상자산사업자는 자기의 가상자산과 이용자의 가상자산을 분리하여 보관하여야 하며, 이용자로부터 위탁받은 가상자산과 동일한 종류와 수량의 가상자산을 실질적으로 보유하여야 한다."고 정하고 있는데, 여기서 실질적으로 보유한다는 것의 구체적 의미가 무엇인지 정리할 필요가 있다. 가상자산사업자가 자기가 관리하는 전자지갑에 고객의 가상자산을 보관한다면 큰 문제가 없겠지만, 제3의 업체가 운영하는 전자지갑에 보관을 하거나(예컨대, 예치업체가 거래소의 지갑에 보관하는 경우 또는 그 반대), 단순 보관을 넘어 제3의 업체에 운용을 위탁하는 경우, 실질적 보유 원칙 위반에 해당하는지 여부가 문제될 수 있기 때문이다.

특히 같은 조 제4항과의 충돌가능성에 대해서도 살펴볼 필요가 있다. 가상자산 이용자 보호법 제7조 제4항에서는 "④ 가상자산사업자는 이용자의 가상자산을 대통령령으로 정하는 보안기준을 충족하는 기관에 위탁하여 보관할 수 있다."고 규정하고 있다. 그렇다면, 가상자산사업자가 다른 가상자산사업자에게 고객의 가상자산의 위탁하여 보관하는 것은 가능하다고 볼 수 있는데(제4항), 다른 한편으로 생각해보면, 가상자산사업자가 다른 가상자산사업자에게 고객의 가상자산을 위탁하여 보관하는 것이 실질적 보유원칙(제2항)에 위반되는 것이 아닌가 하는 의문이 생길 수 있다. '실질적 보유'를 지나치게 협소하게 해석하면, 이러한 조항들 간에 충돌 문제가 발생할 수 있는 반면, '실질적 보유'를 지나치게 넓게 해석하면, 고객의 가상자산 보호에 미흡할 수 있다. 이 부분은 시행령을 통해 '보안기준을 충족하는 기관'의 범위를 명확히 하고, '실질적 보유' 원칙과 다른 조항 들 사이에 조화로운 해석을 통해 해결해야 할 것으로 보인다.

Chapter 04

# 디지털자산의 발행 (ICO)

집필: 황석진 (동국대 국제정보보호대학원 교수)

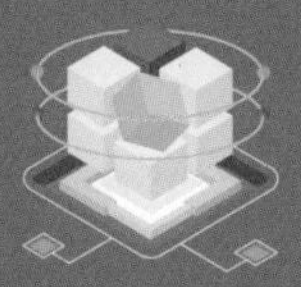

# 01 들어가며

2009년 1월 3일 비트코인이 처음 채굴(mining)된 이후 수많은 코인과 토큰이 발행되어 거래가 이루어지고 있고 기존의 실물자산, 예금자산과 함께 디지털자산이라는 새로운 개념의 자산이 등장하였다. 디지털자산은 우리 금융체계에 많은 변화를 주었고 특히 기존의 실물자산, 예금자산 등의 기초자산과 함께 디지털자산의 거래 및 투자 환경도 변화하였다. 또한 기업의 자금조달 방식도 IPO[1]와 크라우드 펀딩[2]을 통하여 자금을 모집하는 방법에서 가상자산을 통하여 자금을 조달하는 ICO 등 다양한 형태로 진화하였다.

그러나 국내는 2017년 9월부터 ICO에 대한 전면 금지 방침[3]으로

---

1 IPO(initial public offering): 기업이 최초로 외부투자자에게 주식을 공개하는 것으로 한국거래소(KRX)에 공식 상장하는 것

2 크라우드 펀딩(crowd funding): 자금을 필요로 하는 수요자가 온라인 플랫폼 등을 통해 불특정 다수 대중에게 자금을 모으는 방식(후원형, 기부형, 대출형, 증권형 등이 있다)

3 금융위원회는 2017. 9. 29. ICO를 전면금지한다는 방침을 발표하여 ICO로 발행되는 토큰이 증권에 해당됨을 불문하고 모든 형태의 ICO를 금지하고 자본시장법, 유사수신규제법 및 방문판매법 등을 적용하여 처벌할 의사를 밝혔다. 금융위원회, 국무조정실, 기획재정부, 공정거래위원회, 법무부, 방송통신위원회, 국세청, 경찰청, 한국은행, 금융감독원, 한국인터넷진흥원 "기관별 추진현황 점검을 위한 가상통화 관계기관 합동 TF 개최," 2017. 9. 29., 제3면.

새로운 자금조달 방식을 제한하였고 국내 자본은 해외로 유출되어 해외에서 ICO를 진행하여 가상자산을 발행한 후 국내 가상자산거래소로 재상장 · 유통되는 등의 문제점이 발생했다.

급변하는 글로벌 환경 속에서 디지털자산 시장 전반에도 새로운 변화의 바람이 불었고 국제적인 경쟁력과 디지털자산 시장의 선도적인 역할의 수행을 위하여 디지털자산의 발행과 유통의 규범체계를 정립하고 STO, IEO를 통하여 원활한 자금조달과 산업의 육성 · 진흥을 위하여 ICO의 개선 방향을 제언하고자 한다.

# 02 디지털자산 발행(ICO)

## I 개념

주식 발행을 통하여 다수로부터 자금을 모집하는 것을 기업공개 또는 신규주식상장(일명 IPO, Initial Public Offering)이라고 하며 ICO(Initial Coin Offering)는 일정한 권리가 포함된 디지털자산(코인 또는 토큰)을 발행하는 대가로 자금을 조달하는 수단을 말한다. ICO는 IPO에 비하여 자금조달 시간이 절약되며 중개기관을 거치지 않고 인터넷이나 SNS 등을 통하여 전세계 누구나 쉽게 참여할 수 있는 등 접근성이 용이하고 소액으로도 투자에 참여할 수 있는 장점이 있는 반면에, 프로젝트 이행의무의 강제성이 없고 투자금 집행내역 및 회계 보고의무가 없으며, 가상자산의 공개시기, 발행방식, 발행량 등을 가상자산 개발자가 임의로 정할 수 있다는 단점이 있다.

## II ICO 구조

ICO는 주로 4단계 구조로 이루어져 있다고 할 수 있다. 첫째 사업의 아이디어를 작성하고 개발자들이 이를 기술적으로 구현하는 사전 구상단계가 있다. 둘째 사업계획서(백서, White Paper)를 작성하는 단계로 ICO 투자자들은 사업계획서를 바탕으로 사업의 타당성과 실현 가능성, 경쟁력을 판단하여 투자를 결정하므로 사업계획서는 ICO에서 가장 중요한 역할을 차지한다. 사업계획서의 주요 내용은 사업의 목적, 발행인의 재무구조, 총 발행규모 등 발행계획에 대한 부분과 사업모델, 가상자산의 특성 및 기능 등의 사업개요와 발행관련 로드맵, 개발일정에 대한 정보접근성 등의 개발 일정이 포함되어 있다. 셋째는 일반투자자를 대상으로 한 마케팅 단계로, 투자자 계층을 분석하고 프라이빗 세일(private sale)[4], 프리세일(pre-sale)[5], 메인 세일(main sale)[6]의 3단계로 토

---

4 일반인에게 공개되지 않고 특정인만을 대상으로 하는 사전 판매의 성격을 가지고 있다. 기관투자나 비상장주식의 상장 전 IPO에 유사한 것으로 비공개로 진행하며 최소 투자금액이 많은 대신 수익률도 높은 투자방식이다. 법무법인 민후, 이미영 변호사, “ICO 프라이빗 세일과 토큰 분배에 관한 주의점,” 〈http://www.ddaily.co.kr/news/article.html?no=172284〉(2023.2.10. 방문)

5 일반 ICO전에 하는 사전 판매로서 1차 프리세일, 2차 프리세일 등으로 나누어 진행하기도 한다.

6 본격적인 투자를 받는 것으로 누구나 참여가 가능하지만 프라이빗 세일이나 프리세일 보다는 수익률이 낮다. 다만 ICO를 함에 있어서 발행분의 30% 이내로 너무 적게 매각하면 매점매석이나 가격조작의 위험이 있고, 70%를 넘게 너무 많이 매각하면 투자자들은 발행자가 더 이상 토큰에 무관심해질 것을 염려하여 ICO 진행이 원활하지 못할 수 있으므로 30~70% 사이에서 매각비율을 조정하는 것이 필요하다. 손경한/김예지, “신규코인 공모(ICO)의 법적 쟁점”, 이화여자대학교, 「법학논집」 제23권 제1호 통권 63호, 2018. 9., 211면.

큰 매각을 진행한다. 마지막 4단계는 토큰의 가상자산거래소 상장이라고 할 수 있다. 코인이나 토큰의 개발이 완료되면 국내외 가상자산거래소에 상장을 통하여 법정화폐나 다른 가상자산과의 교환도 가능하게 되며 코인(토큰) 서비스의 가치에 따라 시장에서 가치를 인정받을 수 있다.

그림 4-1

**ICO의 기본구조**[7]

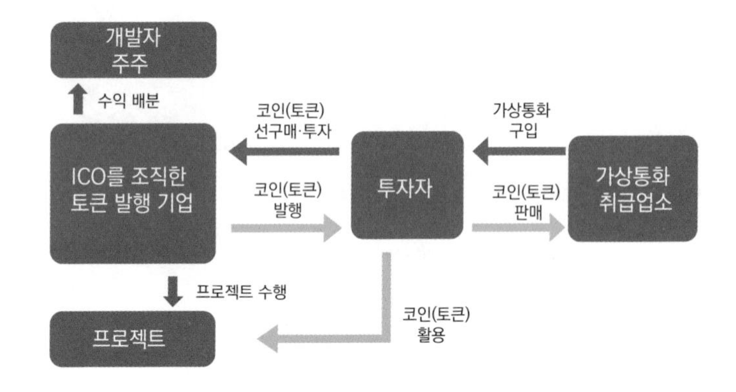


7 출처: 원종현, "ICO의 현황과 과제," 「NARS 현안분석」 제10권, 국회입법조사처, 2018. 6.27. 2면

# III 유사자금조달 방식

## 1 IPO

IPO라 함은 주식회사가 발행한 주식을 신규로 상장하기 위해 모집 또는 매출의 방법으로 주식을 새로이 발행하거나 이미 발행된 주식을 매도하는 것을 말한다. 또한 IPO는 설립된 회사가 일정한 절차에 따라 최초로 주식을 공모함으로써 일반 대중에게 기업의 주식을 분배하고 기업의 자금조달 능력을 확보하는 방법이다.[8]

ICO와의 차이는 실체를 가진 발행인이 회사의 가치(실적, 자산현황 등)를 기초로 증권을 공모하여 자금을 모집하는 부분이다. 투자자 입장에서는 투자위험이 ICO에 비해 상대적으로 낮다는 점이다.

## 2 IEO

IEO는 자금조달의 목적으로 ICO와 동일하다. 그러나 IEO는 자금조달이 가상자산거래소의 관리 하에 이루어지는 것을 말하며 가상자산거래소가 발행인, 중개인, 시장감시인 등이 되어 사업계획과 투자자 사이에서 검증자와 중개자의 역할을 담당하여 ICO보다는 투자자보호와 사업의 실현성을 확인할 수 있어서 안정적이라고 할 수 있다.

IEO는 거래소에서 최초로 대중에게 공개되고 판매되며, 기본적으로 거래소의 회원을 대상으로 한다. 즉 거래소에 가입한 사람이 거래소에 신청하여 거래소 내 개인의 계정(지갑)으로 토큰을 지급받

---

8 김건식/정순섭, 「새로 쓴 자본시장법」 제3판, 두성사, 2016, 169면.; '공모'란 일반적으로 증권을 투자자에게 분산매각하는 행위를 의미한다.

는 방식이다. IEO 프로세스는 다음[9]과 같다.

그림 4-2

**IEO 주요 프로세스**

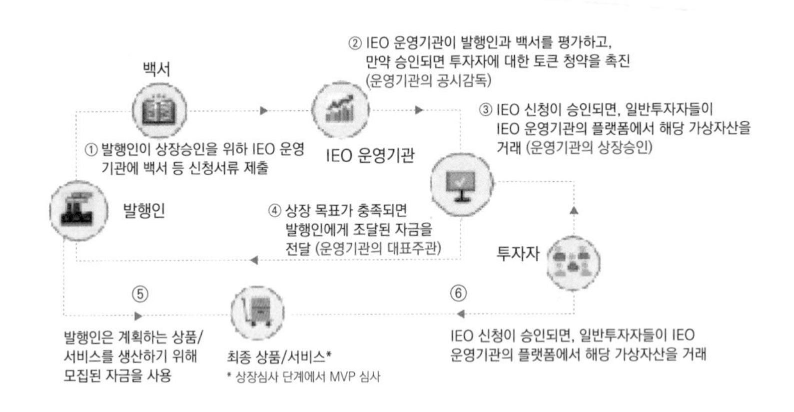


출처: 자본시장연구원

다만 여러 문제점도 발생할 수 있다. 발행여부를 심사하는 가상자산거래소에 모든 권한이 집중되어 인수인, 공시감독기구, 상장심사기구 역할을 동시에 행사하게 되는 것으로서 권한의 집중이 과대하다는 평가가 존재하여 투명성과 건전성에 대한 제고 방안 등 신뢰성 확보도 중요한 문제로 대두된다.

9 김갑래, "국내 ICO 시장과 STO시장의 당면 과제와 발전 방향", 자본시장연구원, 제14면

**표 4-1** ICO와 IEO 비교

| 구 분 | ICO | IEO | 비 고 |
|---|---|---|---|
| 자금조달 창구 | 신생 창업기업 웹사이트 | 가상자산거래소 플랫폼 | |
| 거래상대방 | 신생 창업기업 | 가상자산거래소 | |
| 자금세탁방지(AML) 및 고객확인(KYC)의무 | 프로젝트별 확인이 용이하지 않음 | 가상자산거래소가 수행중 | |
| 자금조달 비용 | 상당히 높음 | 가상자산거래소 지원으로 부담 경감 | |

출처: 제반 언론보도 종합하여 작성

ICO와의 차이는 가상자산거래소의 직접 관리 하에 자금조달과 발행행위가 이루어진다는 것으로 코인 발행 사기와 그로 인한 리스크를 사전 예방할 수 있다.

그림 4-3

**IPO, ICO, IEO 간 비교**

출처: 나이스신용평가 발표자료, 2022. 11. 5.

## 3 다수소액 자금조달(크라우드펀딩, Crowd Funding)

다수소액 자금조달은 군중(群衆)을 뜻하는 영어 단어 '크라우드(crowd)'와 재원 마련을 뜻하는 '펀딩(funding)'이 합쳐진 단어로, 사회연계망 서비스를 이용해 소규모 후원이나 투자 등의 목적으로 인터넷과 같은 플랫폼을 통해 다수의 개인들로부터 자금을 모으는 방식이다.[10] 최근에는 창업 중인 기업의 사업자금모집부터 문화 예술 사업, 선거자금 모집 등에 이르기까지 다양한 분야에서 활용되고 있다.

---

10 금융위원회 · 금융감독원, "중개업자 · 발행인 · 투자자를 위한 알기 쉬운 크라우드펀딩-자본시장과 금융투자업에 관한 법률에 따른 온라인소액투자중개", 2015. 10, 1면.; 천창민, "증권형 크라우드펀딩 제도의 구축방향과 과제", 정책보고서 13-01, 자본시장연구원, 2013, 9면.; 곽관훈, "금융소비자보호와 크라우드펀딩(Crowdfunding)의 활성화-사회적 경제(Social Economy) 관점에서의 접근-", 「금융소비자연구」 제3권 제2호, 한국금융소비자학회, 2013, 40면.; 김연미, "벤처창업과 크라우드펀딩", 「정보법학」 제16권 제2호, 한국정보법학회, 2012, 4-5면.; 남유선, "금융포용 관점과 자본시장에서의 기업금융활성화방안-크라우드펀딩 및 엔젤투자를 중심으로", 「기업법연구」 제27권 제4호,한국기업법학회, 2013, 418면.; 성희활, "지분투자형 크라우드펀딩(Crowdfunding)의 규제체계 수립에 대한 연구", 「증권법연구」 제14권 제2호, 한국증권법학회, 2013, 393면.; 원동욱, "크라우드펀딩 도입방안에 대한 법적검토", 「금융법연구」 제11권 제1호, 한국금융법학회, 2014, 1면; 윤민섭, "투자형 크라우드펀딩의 제도화를 위한 입법적 제언-금액제한, 발행증권의 종류, 발행인의 자격제한을 중심으로", 「증권법연구」 제14권 제1호, 증권법학회, 2013, 194면

**표 4-2 ICO와 크라우드펀딩의 주요특징 비교**

| 구 분 | ICO | (후원형) 크라우드펀딩 |
|---|---|---|
| 대상물 | 블록체인 기술 기반의 추상적인 프로젝트 · 사업이 대부분 | 이해하기 쉬운 실물제품 위주 |
| 중개기관 | SNS와 자체 홈페이지를 통한 홍보 및 자금조달(대부분 중개기관이 없음) | 전문 중개기관 존재 |
| 발행인 | 불분명한 경우 존재(분명한 경우에도 발행주체를 쉽게 추적하기 어려움) | 발행인 명확 |
| 모집장소 | 상당수 국제 모집 | 대부분 국내 모집 |
| 투자위험 | 초고위험(기존 투자상품과 비교불가) | 기존 투자상품 대비 중·고위험 |

출처: 글로벌 ICO 규제동향과 시사점, 자본시장연구원 이슈보고서 18-06, 7면

## 4 STO(security token offering, 토큰증권 발행)

STO(security token offering, 토큰증권 발행)는 새로 발행되는 토큰증권[11]의 취득에 관한 청약을 권유하는 행위를 의미한다. STO는 증권발행의 성격을 가지는 ICO이다. 일반적으로 ICO를 통해 발행되는 토큰은 유틸리티 토큰(utility token)으로 이 토큰의 소유자는 토큰발행사의 상품이나 서비스를 구매할 수 있는 권한을 가지지만 토큰발행사에게 이윤에 대한 지분을 요구할 수 없다. 이에 반해 증권의 성격을 가지는 STO는 자산의 형태에 상관없이 토큰화가 가능하며 STO 토큰의 발행 주체가 영

11 금융위원회, "토큰증권(security token) 발행 · 유통 규율체계 정비방안", 2023.2.에서 토큰 증권은 분산원장 기술을 기반으로 하여 디지털화된 자본시장법상 증권으로 정의하였고 토큰이라는 형태의 특성상 거래단위 분할과 이전이 용이해 높은 유통성을 전제, 투자자에 부여되는 권리의 내용은 현행법상 증권으로 자본시장법상 공시 · 영업 · 시장 규제는 동일하게 적용

향을 받는 국가의 증권거래법 규정에 따라 자금을 조달한다.[12]

ICO와의 차이는 STO는 자본시장법상의 증권발행에 해당하기 때문에 발행인이 명확하고 발행시 공시, 영업의 인가·등록, 불공정거래 제한 등 투자자 보호조치가 이루어지며 이를 위반할 경우 형사적 책임과 각종 제재를 받게 된다. ICO는 미래 가치에 대한 투자로 볼 수 있으나 STO는 현재의 가치에 집중해 투자하는 것으로 기존에 조각 투자가 어려웠던 부동산, 미술품, 음원 등의 비정형적 권리도 거래할 수 있다는 것이다.

**표 4-3 IPO와 STO, ICO의 비교**

| 구 분 | IPO | STO | ICO |
|---|---|---|---|
| 대상물 | 실제 비즈니스 모델 (회사의 실적, 자금 흐름 등) | 실제 비즈니스 모델 이나 실물 자산 | 블록체인 기술 기반의 추상적인 프로젝트 아이디어 |
| 투자자금 형태 | 법정통화 | 법정통화 및 가상자산 | 가상자산 및 법정화폐 |
| 런칭프로세스 | IPO전 많은 의무를 이행 증권 거래 규제 당국의 승인 필요 | 관련된 증권법 준수 국가 금융 감독기관의 승인 및 규제 필요 | 금융 당국의 승인이나 규정 준수 부재, 블록체인에 스마트계약을 설정하기 위한 기술적 지식과 성공적인 마케팅 필요 |
| 발행인 | 명확 | 명활 | 불분명 |
| 비용 | 높음 | IPO 대비 낮음 | 낮음 |
| 관리 | 기업의 수익 지분 소유 | 연동 자산의 지분 및 수익소유 | 발행되는 토큰의 구매 권한 소유 |
| 법적규제 | 적용 | 적용 | 미적용 |

출처: 자본시장연구원 · 키움증권 리서치센터 · 코인텔레그래프 자료 편집

12 윤세영/임주희/김성현/이원경/주종화, 「STO란 무엇인가」 2019년 추계 학술발표대회 논문집 제26권 제2호, 2019.11., 2면

# Ⅳ 주요 국가의 ICO

세계 각국의 규제 체계는 ICO를 허용하는 국가와 허용하지 않는 국가, ICO만을 위한 특별한 법체계를 구축하는 국가 등으로 분류할 수 있다. ICO를 허용하지 않는 대표적인 국가는 중국으로 2017년 9월부터 현재까지 중국내 모든 ICO를 금지하였고 현재까지 동일한 기조를 유지하고 있다. 우리나라도 중국과 동일하게 금지하고 있다.

## 1 미국

미국은 2022년 7월 디지털자산 산업의 불확실성 완화와 소비자 보호를 목적으로 하는 「책임 있는 금융 혁신 법안(Responsible Financial Innovation Act)」[13]을 발의하였으며 이 법안은 디지털자산에 대한 법적 성격, 규제 관할, 스테이블코인 규제 등을 다루고 있으며 관련 산업에 대한 불확실성 완화와 소비자 보호를 목적으로 하고 있다. 현재 미국은 가상자산이 증권성이 있다고 판단되는 것은 SEC(미국 증권거래위원회, U.S. Securities and Exchange Commission-SEC)에서 관리하고 있으며 비증권성의 가상자산은 상품으로 보아 CFTC(미국 상품선물거래위원회, U.S. Commodity Futures Trading Commission-CFTC)에서 관리한다.

---

13 2022년 6월 7일, 미국 신시아 루미스(Cynthia Lummis) 공화당 상원의원과 키어스틴 질리브랜드(Kirsten Gillibrand) 민주당 상원의원이 발의한 법안이다. 「책임 있는 금융 혁신 법안(Responsible Financial Innovation Act)」(이하 "법안")을 발의

### (1) ICO 관련 소송

#### 가. 코인베이스

미국에서 코인베이스를 상대로 한 집단소송[14]이 제기되었는데 청구원인은 미등록 증권 판매에 따른 증권거래소법 위반 혐의이다. 총 79개 가상자산과 관련하여 미등록 증권에 관한 투자자 모집 및 판매에 따른 증권법 제 5조 및 제12(a)(1)조 위반, 증권법 제15조(15 U.S.C. § 77) 위반, 미등록 거래소에 대한 거래수수료 지급을 위한 불법 계약으로 증권거래소법 제5조 및 제29(b)조 위반, 미등록 브로커 또는 딜러에게 거래수수료 지급을 위한 불법 계약으로 증권거래소법 제15(a)(1)조 및 제29(b)조 위반, 미등록 거래소에서 증권 매입을 위한 불법 계약을 이유로 하여 증권거래소법 제5조 및 제29(b)조 위반, 미등록 브로커 또는 딜러에게 증권 매입을 위한 불법 계약을 이유로 하여 증권거래소법 제5조 및 제29(b)조, 증권거래소법 위반에 대한 지배권을 보유하는 자의 책임을 이유로 하여 증권거래소법 제20조 위반을 주장하였고 기타 각 주의 증권법 위반도 함께 주장하였다.

#### 나. 리플

SEC(증권거래위원회)와 리플은 미등록 증권(금융) 판매 여부가 핵심이다. 양 측의 법정 공방은 미국 SEC(증권거래위원회)가 지난 2020년 12월 리플이 미등록 증권을 판매했다는 이유로 소송을 제기하며 시작됐다.[15]

---

14 SOUTHERN DISTRICT OF NEW YORK CHRISTOPHER UNDERWOOD, LOUISOBERLANDER, and HENRY RODRIGUEZ on behalf of themselves and all others s, v. COINBASE GLOBAL, INC., COINBASE, INC., and BRIAN ARMSTRONG **Case No. 1:21-cv-08353-PAE AMENDED COMPLAINT DEMAND FOR JURY TRIAL**

15 더게임스데일리, "데스크칼럼 : 비트코인 상승과 리플 소송전", SEC와 증권 여부를 놓고 다툼 치열, 〈http://www.tgdaily.co.kr/news/articleView.html?idxno=322548〉, 2023.2.10. 방문

리플이 증권이라는 판결이 나온다면 규제가 강한 증권법의 적용을 받아야 하며 불공정거래, 영업규제 등 상당한 규제를 받을 것으로 다수의 코인이 증권으로 분류된 증권법의 적용을 받을 수 있으며 반대로 증권성이 없다고 판결을 받는다면 CFTC(상품선물거래위원회)에서 관리를 받게 되어 디지털자산 시장 활성화에 긍정적인 영향으로 작용할 것이다.

### (2) 하위테스트(Howey Test)

미국은 가상자산의 증권성 판단을 위하여 하위테스트(Howey Test) 기준을 가지고 있으며 대법원과 SEC가 증권성 여부를 판단하는 중요한 판단 기준으로 쓰이고 있다. 하위테스트는 1933년 미국 플로리다에서 대규모 오렌지 농장을 운영하던 "하위컴퍼니(Howey Company)"라는 회사가 진행한 농장 분양 사건[16]에 대해 미국 정부가 투자 여부를 판단하기 위해 만든 테스트 기준에서 유래되었다. 하위테스트는 크게 네 가지 기준으로 ① 돈을 투자한 것이다. (It is an Investment of money), ② 투자자로부터 수익을 얻으리라는 기대가 있다. (There is an expectation of profits from the investment), ③ 투자한 돈은 공동 기업에 있다.(The investment of money is in a common enterprise), ④ 수익은 발기인 또는 제3자의 노력으로부터 나온다. (Any profit comes from the efforts of a promoter or third party) 이다.

## 2 일본

일본은 2017년 4월 자금결제법에 가상화폐의 개념을 추가하고 가상화폐 거래소를 가상화폐교환업으로 명명하여 이에 대한 규제를 신설하였고 2019년 4월 자금거래법과 금융상품거래법을 개정하여 가상자

---

16 Securities and Exchange Commission v. WJ Howey Co., 328 US 293 (1946)

산 관련 규제를 보완하였다. 2020년 5월 자금결제법 2차 개정과 금융상품거래법 개정을 통하여 가상통화를 암호자산으로 명칭을 변경하고 수탁업을 규제 범위로 포함하였으며 지급결제 토큰은 자금결제법, 증권형 토큰은 금융상품거래법을 적용해 제도권으로 편입하였다. 대한민국은 가상자산사업자(VASP)는 금융정보분석원(FIU)에서 신고수리를 받아야 하나 일본은 가상통화교환협회(JVCEA)에서 가상자산(일본에서는 "암호자산"으로 사용)교환업 등록이 가능하다. 일본은 민간협회인 가상통화교환협회(JVCEA)에서 자율규제 규칙을 만들고 회원사에 대한 감사, 모니터링, 암호자산 관련 업무를 수행하며 2019년 9월 "신규 가상화폐의 판매에 관한 규칙에 관한 가이드라인"을 시행하여 신규 가상자산의 발행 · 판매에 의해 자금을 조달하는 ICO와 신규 가상자산의 판매를 가상자산거래소에 위탁하는 IEO에 관한 규칙을 시행하고 있다.[17]

그림 4-4

**일본의 가상자산사업을 관리 감독하는 JVCEA**

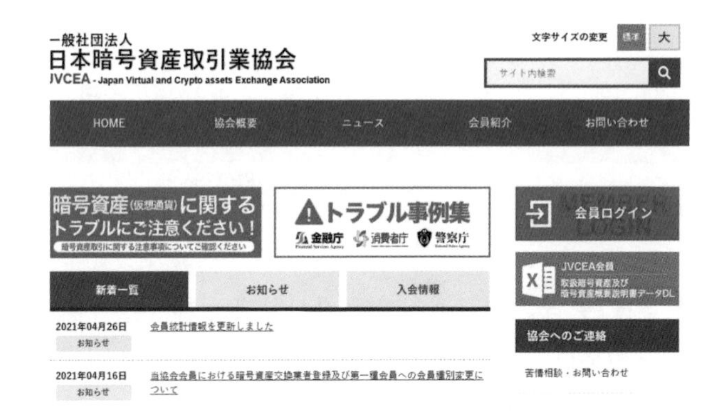


출처: 일본암호자산거래업협회 홈페이지

17 Block Nine News, "일본 가상통화 교환업협회 IEO, ICO 판매 자율규제 시행", 〈https://www.dailycoinews.com/dailycoinews/article/read.do?articleNo=5912&lang=kr〉, 2023. 2.10. 방문

## 3 EU

2020년 9월 EU 집행위원회(European Commission)는 핀테크 분야의 기술 경쟁력을 향상하는 동시에 금융위험을 완화해 유럽 경제의 금융 안정성을 보장하는 것을 목표로 하는 "새로운 디지털 금융 패키지(New Digital Finance Package)"를 채택하였고 새로운 금융패키지에 가상자산에 대한 포괄적인 새로운 입법인 MiCA(Markets in Crypto-Assets)법안의 제안이 포함되었다. 2022년 6월 EC, EU의회(European Parliament), 27개 회원국은 가상자산 기본법인 MiCA 법안에 합의하여 2024년 시행 예정이다. 이 법안은 가상자산의 발행 및 거래에 관한 투명성, 가상자산에 대한 공시의무, 내부자 거래 규제, 발행인 자격요건 규제, 인증 및 관리 · 감독 등이 주요 내용이다.[18]

MiCA는 가상자산 발행과 관련하여 가상자산 발행인은 먼저 특성, 권리, 의무 및 기본 기술에 대한 핵심 정보가 포함된 백서를 발행하여야 하며 백서는 승인대상은 아니지만 발행 최소 20일 전에 당국과 공유해야 한다. 회원국은 가상자산 발행인이 백서 정보에 대해 자국 법률에 따라 책임을 지도록 보장하여야 하며, 소비자가 직접 비상장 가상자산 토큰을 구매한 경우 14일 안에 철회할 수 있도록 하며 별도의 백서(White paper) 발행 요건을 정립하였다.

18 자본시장연구원, "EU의 가상자산시장(MiCA)법안의 주요 내용, 2022-18호

**표 4-4** MiCA 가상자산별 주요 규제 내용

| | | 전자화폐토큰 | 자산준거토큰 | 유틸리티토큰 |
|---|---|---|---|---|
| 발행자 | | • 은행, 전자화폐기관으로 제한 | • EU 내에 설립된 법인으로서 관계당국의 인가를 받은 법인 | • EU내에 성립된 법인으로 제한 |
| | 주요 의무 | • 전자화폐지침에 따른 전자화폐기관 운영 요건 준수(최저 자기자본 규제 등)<br>• 토큰보유자의 상환권 보장<br>• 수취자금 관리(커스터디, 투자 정책 등) | • 주요 정보 공시<br>• 내부통제 및 리스크 관리<br>• 준비자산 관리(커스터디,투자 정책 등)<br>• 자기자본 규제 준수<br>• 대고객 커뮤니케이션, 영업 행위 규제 준수<br>• 이해상충 관리 | • 대고객 커뮤니케이션, 영업행위 규제 준수<br>• 이해상충 관리 |
| 암호자산백서 | | • 관계당국앞 통지 의무<br>• 공표 의무<br>• 내용 및 형식 규제<br>• 부실공시에 대한 손해배상책임 | • 관계당국의 승인 필요<br>• 공표 의무<br>• 내용 및 형식 규제<br>• 부실공시에 대한 손해배상책임 | • 관계당국앞 통지 의무<br>• 공표 의무<br>• 내용 및 형식 규제<br>• 부실공시에 대한 손해배상책임 |
| 중요토큰 추가규제 | | • 자본 요건 및 상호운영성 요건 강화<br>• 정기적 유동성 평가 및 모니터링 | | - |
| 공통 | | • 마케팅 커뮤니케이션 내용 규제<br>• 발행자의 손해배상 책임 | | |

출처: 한국은행, 지급 결제 참고자료, 2022.08.

## 4 독일

독일의 감독당국은 현재 가상자산의 교환이나 파생상품 등 또 ICO에 대해서는 기존의 감독법제의 적절한 해석·적용에 의해 대응 가능하다는 입장에 서 있으나, BaFin(연방금융감독청)은 ICO 토큰에 대한 투자자 보호의 관점에 문제가 있다는 경고를 한 바 있다. 구체적으로 ① 원금 상실 리스크, ② 가격 변동 리스크, ③ 비밀키의 관리 등에 따른 리스크, ④ 해킹 등 기타 남용적 행위의 우려, ⑤ 구조에 대한 이해가 쉽지 않다는 점 등이 지적되어 투자자 보호의 관점에서 문제가 많다는 것이다.[19]

독일의 첫 번째 ICO는 2017년 10월에 개시된 Wys 토큰의 판매이다. 베를린에 주소를 둔 Wys는 이더리움의 블록체인 기술을 이용하여 Wys라는 명칭의 쇼핑 앱을 이용하여 고객의 개인정보를 광고주나 상인에게 알리고 쇼핑을 하면 포인트를 부여하는 사업을 영위하고 있다. 사업자금은 이더(Ether)의 ICO에 의해 조달하였다. 투자자는 1이더를 투자함으로써 18.123 WA의 Wys 토큰을 취득했다. WA는 해당 앱의 지급수단으로서 이용되는 전자적 단위이다. 이용자는 자신의 정보를 광고주 또는 광고주에게 부여하거나 취득하게 했다.

## 5 스위스

스위스 금융감독원(Swiss Financial Market Supervisory Authority, FINMA)의 가이드라인은 토큰을 크게 3가지로 분류하여 규제하고 있으며 지급형, 이용형, 자산형으로 구분한다. 그중 비트코인과 이더리움 같은 지급형 토큰은 전통적인 증권과 같은 기능이 없으므로 증권규제 대상이 아니라고 밝히고 있다.

이용형 토큰은 서비스 이용권한을 부여할 뿐 자본시장과의 연결고리가 없으므로 이 또한 FINMA 가이드라인에 따르면 증권에 해당하지 않는다. 그러나 자산형의 경우는 성격이 다르다고 보고 있으며, 이는 표준화된 형태로 대량거래에 적합하므로 증권에 해당한다는 견해이다. 그리고 토큰이 증권에 해당할 경우 증권거래법의 규정이 적용된다.

---

19 박웅신. "독일의 암호자산 및 ICO의 감독에 관한 법적 규제." 지급결제학회지 12.1 (2020): 23-54면

스위스에서는 통상 비영리법인을 설립하여 ICO를 진행하는데 이더리움이 2014년 최초의 ICO를 할 때 스위스에서 재단을 설립한 바 있다. 스위스는 암호화폐기업에 대한 조세지원제도 또한 갖추고 있는데 Zug 주는 14.6%의 법인세율을 적용하고 있고, 외국기업에 대해서는 9~10%의 저율의 법인세를 부과하여 가상자산 기업을 유치하고 있다.[20]

## 6 몰타

몰타는 2018년 6월 가상자산과 블록체인에 관한 3개 입법을 발효시켰다.(1) Malta Digital Innovation Authority Act, 2) Innovative Technology Arrangements and Services Act, 3) Virtual Financial Assets Act(VFAA))

이러한 입법을 통해 블록체인, 암호화폐 및 ICO에 대한 법적 규제 기반을 공고히 하여 관련 산업 종사자들에게 비교적 높은 규제 투명성을 제공하고 있다. 이 법안들 중 VFAA가 ICO와 그 외 지정서비스제공자, 포트폴리오 관리자, 거래소 및 투자자문역 제도를 규제하고 있으며, 구체적으로 ICO를 통해 자본을 조달하는 회사의 설립요건, 공시요건, 백서양식, 광고규정 등을 규정한다. Binance, Bitbay 등 대형 글로벌 암호화폐거래소들이 본사를 몰타에 두거나 몰타로 사업을 확장하여 몰타의 블록체인 산업 진흥 정책에 응하고 있다.

VFAA상 규정되어 있는 ICO 절차는 1) 투자증권해당여부 심사(Financial Instrument Test) → 2) 금융자산 에이전트의 임명 및 이사회 구성 → 3) 유한회사 또는 재단의 설립 → 4) 기술 감사, 후견인, anti-money laundering 감사 등 임명 → 투자설명서 또는 백서 작성 → 5) 사업등록신청 → 6) 후속 의무사항의 이행으로 진행된다.[21]

20 〈https://blog.naver.com/hotchkiss7/222415107158〉, 2023.2.10. 방문
21 〈https://blog.naver.com/hotchkiss7/222415107158〉, 2023.2.10.

## 7 싱가포르

2017년 싱가포르 통화청(MAS, Monetary Authority of Singapore)은 ICO 가이드라인을 발표하였다. 디지털 토큰을 "소지자가 이익을 얻거나 특정 기능을 수행할 권리에 대한 암호보안화된 표상"으로 정의하고 디지털 토큰의 발행은 SFA(싱가포르 증권선물법)의 '금융시장상품'에 해당하면 SFA(증권선물법, Securities and Futures Act(Cap.289))를 적용하고 있어 ICO를 진행하려며 SFA의 관련 조항에 따라 진행해야 한다. ICO를 통해서 발행하는 디지털 토큰이 SFA에 규정된 금융시장상품에 해당할 경우 토큰 발행인은 신청서를 제출하고 등록 절차를 준수해야 하고 토큰의 2차 거래를 용이하게 하는 플랫폼 또는 교환소를 운영하고자 하는 자는 MAS에 의하여 승인되거나 인정받아야 한다.[22] 2020년 지급형 토큰에 대한 라이선스를 규정하는 등 제도권 편입 후 규제를 강화하고 있다.

## 8 대한민국

2017년 9월 ICO를 전면 금지하였고 현재까지 금지 원칙을 유지하고 있으나 2022년 윤석열 정부의 110대 국정과제에서 STO, IEO를 허용하는 방안을 제시하였고 현재 금융위원회에서 STO 가이드라인[23]을 발표하였다.

---

방문

22 NEPLA, "싱가포르 ICO의 규제와 절차"(2020.12,17.), 〈https://www.nepla.net/post〉, 2023.2.10. 방문

23 금융위원회, "토큰 증권(Security Token)발행 · 유통 규율체계 정비방안", 보도자료, 2023.2.6. -자본시장법 규율 내에서 STO를 허용, 디지털 금융 혁신을 위한 국정과제로, 자본시장법 규율 내에서 STO를 허용하기 위한 토큰 증권 발행 · 유통 규율체계 정비를 추진

**표 4-5 대한민국 가상자산 규제 경과**

| 일 자 | 내 용 | 비 고 |
|---|---|---|
| 2017.09. | ICO 전면금지 | |
| 2017.12. | 가상자산 관련 긴급대책 및 후속조치 발표 | |
| 2017.12. | 가상자산 투기 근절을 위한 특별대책 | |
| 2018.01. | FIU, 가상자산 관련 자금세탁방지 가이드라인 제정 및 시행 | |
| 2018.07. | FIU, 가상자산 관련 자금세탁방지 가이드라인 개정안 시행 | |
| 2018.09. | 금융감독원 ICO 실태점검 관련 질문서 송부 | |
| 2019.01. | ICO실태조사 결과 및 향후 대응방향 | |
| 2020.03. | 특정금융정보법 개정(2021. 3. 25. 시행) | |
| 2020.11. | 특정금융정보법 시행령 입법 예고 | |
| 2021.03. | 특정금융정보법 시행(시행령, 감독규정 개정) | |
| 2023.02. | STO 가이드라인 발표 | |

출처: 언론보도를 바탕으로 구성

## 9 기타

### (1) 'The DAO' 사례

'The DAO'는 블록체인으로 구성된 의사결정 조직체계로서 모집된 자금으로 이더리움 관련 프로젝트들에 지원할 것을 제안했다. 투자자들은 이더리움을 통해 사업제안에 대한 투표권을 포함한 의결권을 행사할 수 있는 증표인 DAO토큰을 매입하였고 'The DAO'에서는 이렇게 모금된 ETH를 통해 이더리움 관련 프로젝트를 지원하고 육성하도록 조직되었다. 어떤 프로젝트에 기부할 것인지는 DAO토큰 보유자들의 투표로 결정된다. 즉 최초의 DAO인 'The DAO'는 조직구성원의 의사결정으로 운영되는 벤처캐피탈을 지향하였다.[24]

'The DAO' 사례는 인터넷을 통한 토큰 판매 및 이를 통해 모집된 자금을 통한 사업수행에 대한 가능성을 제시하였다. 이러한 'The DAO' 사례는 회사의 운영과 자금조달의 측면에서 많은 시사점을 던졌다. 그리하여 이후에 Initial Coin Offerings이라고 하는 수많은 ICO가 나타나게 되었고 DAO를 표방하는 수없이 많은 조직체가 탄생하고 있다.[25]

### (2) DAO의 자금조달

DAO의 자금조달을 위한 ICO의 절차는 우선 백서라고 하는 문서를 조직체가 배포하고 조직체는 일반적으로 법인이 아니라 구성원으로 된 팀 또는 프로젝트의 형태로 운영된다. 이론적으로 이들은 상호 간에 어떠한 구속력을 갖지 않고 이들을 구속하는 것은 오로지 스마트컨트랙트 뿐이다.[26]

프로젝트는 주로 개발자와 운영진으로 구성되는데 개발자가 스마트컨트랙트 설계를 담당하고 스마트컨트랙트를 통해 의사결정이 진행되며 향후 사업의 방향성은 코인 보유자들의 투표로 결정된다. 하

---

24 정경영, 스마트계약에 의한 분산형 자율조직(DAOs)의 회사법제에의 포섭에 관한 시론, 금융법연구. 2019,vol.16, no.3, 통권 38호, 74, 75면

25 천창민, 크라우드세일의 증권법적 쟁점에 대한 고찰 - DAO 사례와 관련하여, 경제법연구 2017, vol.16, no.3, 한국경제법학회, 127면

26 김범준, ICO 토큰발행인의 증권법상 책임과 임원배상책임보험의 역할-ICO의 규제와 투자자 보호의 측면에서, 증권법연구, 2021, vol.22, no.1, 통권 53호, 한국증권법학회, 151, 152면

지만 실제 모집된 자금을 집행하고 사업을 실행하는 것은 프로젝트의 운영진이 하게 된다. 기존의 연구에 따르면 ICO를 통해서 발행된 토큰은 증권이라는 견해가 상당수 존재한다.[27]

---

27 박선종, 증권형 가상자산의 투자자보호에 관한 연구, 법학논총 제51집 숭실대학교 법학연구소 제174면에 따르면 미국과 일본은 가상자산의 규제와 관련하여 증권 규제체계를 활용하고 있다. 또한 김자봉, ICO(Initial Coin Offering) 토큰은 자본시장법상 증권인가?—비정형적 가상자산에 대한 증권법리와 원칙중심 적극 규제의 필요성, 증권법연구, 2019, vol.20, no.3, 통권 49호, 한국증권법학회, 제158면에서는 다음과 같이 언급하고 있다."국내에서도 ICO 토큰에 대하여 증권인지 여부를 판단함에 있어서는 자본시장법상 투자계약증권을 인용하는 것은 당연하고, 또한 미국에서의 최근 확장된 논의를 수용하는 것이 가능할 수 있다".

# 03 제도 개선

## I 개선 방향

가상자산거래소 중심의 IEO를 우선적으로 시행하고 투자자보호 및 시장 활성화 정책의 근간을 마련한 후 ICO의 범위를 확대하여 제도의 정착 및 안정화를 도모하는 방향으로 진행해야 한다.

ICO의 경우 ① 홍보시 거짓 정보를 전달하거나 정보를 은폐·왜곡하는 문제, ② 도덕적 해이, ③ 명백한 사기의 문제점[28]이 발생할 수 있고 2021년 발생한 V글로벌 사선[29]처럼 가상자산 투자를 빌미로 금원을 편취하는 등의 다양한 범죄행위를 선제적으로 차단하고 투자자 보호를 위한 디지털자산 기본법 제정 등 최소한의 안전장치를 마련하고 ICO의 범위를 확대해야 한다.

---

28 아이티조선, 2018.6.11. 보도내용, "홍기훈의 블록체인과 핀테크", ICO문제점 간단 해결 방법, 〈it.chowun.com/site/data/html_dir/2018/06/11/2018061103219.html〉, 2023.2.9. 방문

29 코인데스크코리아, "2조원대 가상자산 사기", 브이글로벌대표 징역 25년 확정, 브이글로벌은 2020년 7월 법인을 성립하고 9개월에 걸쳐 피해자 5만여명으로부터 약2조2497억원을 편취한 혐의로 재판에 넘겨졌다. 〈www.coindeskkorea.com/nesw/articleView.html?idxno=82930〉, 2023.2.10. 방문

# II 개선 과제

## 1 발행인의 지위

ICO(IEO) 발행인의 지위를 법인으로 한정하고 공신력 있는 기관에서 발행인으로의 정합성을 판단하여 지위를 부여(라이센스)하고 운영하여야 한다. 발행인의 지위를 강화하여 ICO 발행 사기나 러그풀(rug pull)[30]을 사전에 방지하도록 하여 최소한 투자자보호 정책을 마련해야 한다.

## 2 이해상충행위 사전 차단

IEO의 경우 가상자산거래소가 발행시장의 인수인, 상장심사, 공시감시 등 다중적인 역할을 수행하기 때문에 투명성에 대한 문제와 상장 과정에도 공정성의 이슈가 발생할 소지가 있다.

이러한 문제를 해소하기 위해 가상자산거래소와 분리된 독립적인 전문 상장지원 전담기구 신설이 필요하다. 독립적인 상장지원 기구를 통하여 발행인과 상장심사, 공시감시 등이 분권화되어 이해상충 행위를 사전에 차단해야 한다. IPO의 경우 증권사가 주관사 역할을 수행하고 있다.

---

30 가상자산 개발자의 투자 회수 사기 행위로 가상자산을 개발한다며 투자자금을 모아 규제가 허술한 점을 노려 갑자기 프로젝트를 중단하고 자금을 가지고 사라지는 수법을 사용한다. 가상자산 시장의 과열로 소규모 신생 가상자산이 증가하면서 발생하고 있으며 투자자의 대규모 피해로 이어져 문제가 된다.

## 3 발행공시시스템 구축

중요투자정보를 통합적으로 공시할 수 있는 공시종합시스템을 구축 및 운영하여 정보비대칭을 해소해야 한다. 투자자가 투자시 공개된 백서나 사업계획서를 보고 거래하는데 종합적인 발행공시 종합시스템의 구축으로 발행인, 거래소, 투자자가 가지고 있는 정보가 모두 상이하고 특히 투자자의 경우 발행인과 거래소보다 적은 정보를 보유하고 있어서 투자의 정확한 판단을 하기가 어려울 수 있으므로 발행공시시스템 구축하여 언제든지 열람 및 접근할 수 있도록 정보 접근성이 용이해야 한다.

## 4 표준백서 제정

ICO 진행에 있어서 가장 중요한 것은 백서(White paper, 사업계획서)라고 할 수 있다. 하지만 백서의 내용과 양식이 발행인과 사업내용에 따라 상이한 경우가 많고 백서의 내용도 부족한 경우가 많아서 표준백서를 제정할 필요가 있다.

표준백서에는 ICO의 개요(사업목적과 사업내용을 요약)와 발행인 소개(법인 소재지, 재무구조, 사업자 등록 내용, 솔루션 개발자 소개, 총발행규모, 투자자구분, 자금조달 방법 등), 사업개요(사업모델, 가상자산의 특성 및 기능 등), 개발 일정(발행 관련 로드맵, 개발일정에 대한 정보접근성 등), 투자위험(원금손실가능성, 투기방지, 투자보장불가), 손해배상항목(계약 및 발행 불이행에 따른 책임, 외부전산침해에 대한 책임, 거짓·허위정보 공지(공시)에 따른 책임 등), 사후관리(가상자산 개발사항 공유, 개발 완료 후 개발 소요시간, 비용 등 공지 등) 등 필수 및 보조 기재사항을 정립하여 표준백서를 제정하여 운영해야 한다.

**표 4-6 표준백서 예시**

| 구 분 | 내 용 | 비 고 |
|---|---|---|
| ICO 개요 | - 사업목적, 요약 등 | |
| 발행계획 | - 발행인 소개(재무구조, 사업자 등록 내용 등)<br>- 솔루션 개발자 소개, 프로그램 등<br>- 총 발행규모, 투자자 구분, 투자한도(1회, 1년)<br>- 자금조달 방법(법정화폐, 가상자산)<br>- All or Nothing 적용 여부 | |
| 사업개요 | - 사업모델, 가상자산의 특성 및 기능<br>- 가상자산 유형(지급형, 기능형, 증권형) | |
| 개발일정 | - 발행 관련 로드맵, 개발일정에 대한 정보접근성 | |
| 개발자 | - 가상자산 개발자 및 개발회사 소개<br>- 전담인력(개발자 신원확인) 및 주요 업무분장 | |
| 투자위험 | - 원금손실가능성, 투기방지, 투자보장불가 | |
| 손해배상책임 | - 계약(발행)불이행에 따른 책임<br>- 외부전산침해에 대한 책임, 거짓 허위정보공지에 따른 책임 등 | |
| 사후관리 | - 가상자산 개발 사항 공유(홈페이지 등 2개 이상 채널)<br>- 개발 완료 후 개발 소요시간, 비용 등 공지 | |
| 기 타 | - 공시방법, 개발완료 후 진행사항, 투자자면책 조항 등 | |

## 5 투자자보호 정책

앞서 언급한 내용도 모두 투자자보호 방안이며 추가적인 방법으로 불완전판매에 대한 발행인의 책임을 강구해야 한다. 투자자는 업체의 신용과 성장가능성, 프로젝트 등을 믿고 투자하였으나 ICO가 정상적으로 이루어지지 않았다던가 심지어 예상 가격보다 유통가격이 현저하게 차이가 나는 경우 불완전판매로 간주하여 발행인이 책임을 부담해야 하며 구체적으로 어떤 방법을 통하여 담보할 것인지도 검토해야 할 것이다.

또한 증권 등 금융투자업자들은 표준투자권유준칙을 제정하여 투자자의 투자성향에 적합한 상품을 권유하는 등의 투자자보호를 하고 있으므로 ICO시에도 별도의 투자권유준칙을 제정하여 운영해야 한다.

그리고 일반투자자의 투자범위(1회, 1일 한도 등)를 마련하여 과도한 투자나 묻지마 투자를 차단할 수 있어야 한다.

## 6 불공정거래 규제

현행 불공정거래행위에 대한 명확한 유형이 정리되지 않았기에 해당 행위에 대한 유형화가 필요하다. 대표적인 불공정행위는 시세조종, 미공개 중요정보이용 행위, 내부자거래, 특수관계인 거래 등으로 분류할 수 있다. 이런 불공정행위를 근절하기 위하여 시장감시시스템을 구축하여 운영하여야 한다.

현재 자율적으로 시장감시시스템이 운영되고 있으나 근거법이 부재한 상태로 향후 불공정거래행위에 대한 제재 시 적법성의 이슈가 발생할 여지가 있으므로 가상자산사업자나 협회 중심의 시장감시시스템을 구축하여 운영할 필요가 있다. 또한 불공정 거래행위에 대한 행정적 제재와 병행하여 금원을 편취한 경우 손해배상 및 몰수 등의 규정을 두어 금전적 제재를 부과할 수 있도록 해야 한다.

## 7 근거법 제정 및 개정, 가이드라인 정립

디지털자산 관련하여 기본적인 근거법령이 불비한 상황으로 디지털자산 근거법 제정이 시급하다. 현행 디지털자산 중 대표적인 가상자산의 경우 특정금융정보법에서 가상자산의 정의와 가상자산사업자의 신고 등에 대하여 규정하고 있으나 특정금융정보법은 자금세탁방지를 위한 법률 체계로서 투자자보호 및 산업의 육성 부분에 대한 사항은 거의 없는 실정이다. 디지털자산 기본법을 제정하여 디지털자산의 범위, 투자자보호 정책, 발행인의 지위, 시장질서 교란행위 및 불공정행위 차단과 디지털자산 산업의 육성을 모두 포괄함으로써 시장의 안정과 발전을 이룰 수 있을 것이다.

그림 4-5

**주요개선과제**

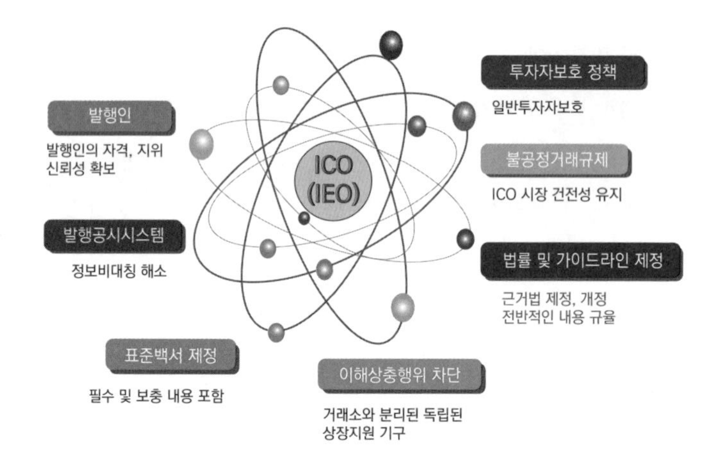

# 04 기대효과 및 맺음말

## Ⅰ 기대효과

ICO의 활성화를 통하여 새로운 투자의 패러다임을 제시할 수 있을 것이다. 현재 ICO를 위하여 해외로 진출하여 ICO 진행하고 다시 국내로 회귀하여 국내 자본의 유출 등이 발생하였는데 원천적으로 국내 자본의 유출을 차단할 수 있고 디지털자산 프로젝트의 국내복귀(Reshoring)가 가속화되어 시장의 활성화와 일자리 창출에 기여할 것이다.

또한 창업시장의 자금 조달 효율성이 제고될 것이다. 자금조달이 IPO에 비해 쉽고 인터넷이나 SNS를 통하여 모금할 수 있어서 스타트업 기업의 다양한 신규사업도 지원할 수 있을 것이며 디지털노믹스를 선도할 수 있는 선도국가로서의 역량도 한층 높아질 것이다.

## Ⅱ 맺음말

가상자산 범죄 및 투기세력 차단을 위한 ICO를 금지하였고 2017년부터 수많은 가상자산관련 법안이 국회에 발의되었지만 통과된 것은 특정금융정보법 개정을 제외하고는 전무한 실정이다.

하지만 시장은 2022년 6월 말 기준으로 660만 명 이상이 가상자산을 거래하고 있으며 시가총액도 코스닥과 비슷한 수준이 되었다. 하지만 디지털자산 시장은 V글로벌사건(2021년 11월), 루나테라사건(2022년 5월), FTX사건(2022년11월) 등이 발생하여 투자자보호에 대한 이슈가 지속적으로 발생하였지만 아직까지 명확한 해결 방안이 부재한 상황이다.

ICO를 시행한다고 해서 투자자보호 문제가 모두 해소된다고 할 수 없을 것이다. 정보의 비대칭 문제 해소와 이해상충행위 차단, 불공정행위 근절 방안 등 여러 문제가 발생할 수 있기 때문에 ICO 시행 전에 투자자를 어떻게 보호하고 불법행위를 근절해야 할 것인가에 대한 문제를 근원적으로 해결해야 할 것이다.

디지털자산의 등장으로 자산의 개념과 투자의 방법 등 모든 생활이 변화하였고 앞으로도 많은 변화를 예상할 수 있지만 가장 근간되는 것은 무엇보다도 이용자나 투자자에 대한 보호 장치가 구비되어 탄탄한 토지에 디지털자산이라는 건물을 세울 수 있도록 해야 한다는 것이다.

제도가 기술을 앞서가지 않아도 기술발전을 위해 제도가 뒷받침할 수 있도록 하여 디지털노믹스의 선도국가로서 거듭날 수 있도록 해야 한다.

Chapter 05

# 디지털자산 시장 생태계 활성화를 위한 자율규제

집필: 채상미 (이화여대 경영학부 교수)

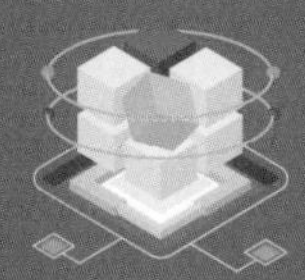

# 01 디지털자산 시장 자율규제 등장배경 및 필요성

미국, EU, 일본 등 글로벌 주요 국가들은 디지털자산 시장의 신뢰성 확보와 산업 활성화를 위한 공적 규제체제를 만들어가고 있다. 미국의 경우 증권법(SEC) 및 상품거래법(CFTC) 등 금융관련 법령으로 디지털자산을 해석하고 있으며, EU의 경우 MiCA(가상자산규제법안)를 제정, 일본은 투자자 보호를 위한 자금결제법 개정(22.3.4)을 추진하고 있다.

그러나 블록체인 기술과 같이 속도가 매우 빠르고 기술의 복잡도가 매우 높은 경우 공적 규제체제가 이를 따라가지 못할 수 있으며 이러한 경우에 산업의 참여자들이 시장의 신뢰성 및 투명성을 강화하는 주체로서 참여하고 책임성을 강화하는 노력이 매우 필요하다.

우리나라를 비롯한 많은 국가들에서 아직 디지털 자산 시장을 규제하기 위한 강력한 프레임워크를 제시하고 못하고 있으며, 따라서 디지털 자산관련 다양한 행위들에 있어 상당부분이 회색영역으로 남아 있는 실정이다. 규제되지 않은 시스템에서 기업가들은 법위반 가능성 때문에 시장에 참여하기를 꺼리게 되고 투자자는 보유자산의 평가에 대한 불확실성으로 인해 투자를 꺼리게 될 수밖에 없다.[1] 산업의 성장을

1 Stephan J, 18.07.17, "Obie and Mark Rasmussen, How Regulating Could Help Cryptocurrencies Grow", Harvard Business Review, https://hbr.org/2018/07/how-regulation-could-help-cryptocurrencies-grow, 최근 접속일자: 23.02.14.

위해서는 규제가 필요한 것이 사실이나 기술적 사업적 복잡성을 이해하지 못한 전통적 규제시스템이나 참여자들이 기존 규제시스템을 통해 산업을 규제하는 것은 규제에 따라 비용을 증가시켜 결과적으로 시장효율성을 저해함으로써 산업의 발전에 부정적인 영향을 줄 수밖에 없다. 따라서 업계가 성장할 수 있도록 하면서 투자자들의 안전장치를 제공할 수 있는 시스템의 하나로서 자율규제 시스템에 대한 필요성이 대두되고 있으며, 디지털자산과 같이 새롭고 복잡한 산업에서 업계 내 기술 요구 사항을 가장 잘 이해한 상태에서 나타나는 거래를 모니터링 할 수 있는 능력을 보유한 거래소들이[2] 자율규제 시스템을 통해 시장의 신뢰성 및 투명성을 제고하는데 기여해야 하는 것은 장기적으로 시장을 활성화함과 동시에 지속가능성을 확보하는 데 매우 필요하다.

이러한 배경을 바탕으로 현재 한국, 미국, 일본 및 영국 등의 국가에서 자율규제 시스템에 대한 필요성이 대두되고 있으며 따라서 SRO(Self-Regulatory Organization) 차원의 조직을 통해 규제프레임워크 이전에 디지털자산 생태계의 지속 가능성을 높이는 차원에서 역할에 대한 논의가 나타나고 있다. 산업의 성장을 위해서는 규제가 필요한 것이 사실이나 기술적 사업적 복잡성을 이해하지 못한 전통적 규제시스템이나 기존 규제시스템을 통해 참여자들을 규제하는 것은 규제에 따라 비용을 증가시켜 결과적으로 시장효율성을 저해함으로서 결과적으로 산업의 발전에 부정적인 결과를 불러올 수 있다.

이러한 부작용을 줄임과 동시에 시장을 규율하는 방법으로서 SRO가 시장참여자들에게 규칙이나 행동 강령과 같은 가이드라인을 만들고

2 Paul Vigna,18.08.20., "Winklevoss Effort to Self-Regulate Cryptocurrency Gets Members", Wall Street Journal, https://www.wsj.com/articles/winklevoss-effort-to-self-regulate-cryptocurrency-gets-members-1534804308?mod=mktw, 최근 접속일자: 23.02.14.

모범사례 등을 제시함으로서 회원사들이나 시장참여자들이 이를 참조하고 실행하고 결과적으로 이를 통해 고객 신뢰를 구축하는 데 도움이 될 수 있으며, 이는 매우 고비용이 수반되는 법률적인 규제 시스템을 통해 시장의 신뢰를 구현하는데 드는 비용을 절감할 수 있다.

특히 공적규제를 도입하는데 필요한 사회적 합의과정은 시간과 비용이 많이 소요됨에 따라 공적 규제가 도입되기만을 기다리기 보다는 법정 협회를 설립 및 불공정거래에 대한 규제근거를 마련하는 등 순수 자율규제가 활성화되도록 여건을 조성할 필요성이 있다.

디지털 자산시장에서 자율규제는 거래소 및 시장 참여자가 자발적으로 거래를 규제하는 것을 의미하며, 이를 통해 거래소는 공적 규제나 감독 기관의 개입을 최소화하고 자율적으로 거래 환경을 조성할 수 있다. 이러한 자율규제 활성화 및 실효성 확보를 위해서는 법정 협회 설립을 통해 공적 규제와 연계하여 불공정거래 감시체계 평가를 수행하고, 인센티브 설계와 공시전략을 통해 불공정거래를 예방하고 감시할 수 있는 방법을 모색해야 해야 하며, 이를 통해 투자자들에서 보다 공정하고 안전한 거래 환경을 제공할 수 있다.[3]

본 장에서는 공적규제 체계 이외의 시장규율에 있어 중요한 역할을 하는 자율규제에 대해 논의하고자 한다. 특히 자율규제조직 및 운영방안, 정보보호강화와 자율규제 그리고 내부통제 시스템 구축을 통한 리스크 관리 측면에서 디지털자산 시장 생태계 활성화를 위해 필요한 자율규제의 발전방향에 대해 살펴 보고자 한다.

---

3 송화윤, "가상자산 시장의 자율규제 활성화를 위한 법적 연구-불공정거래 규제를 중심으로," 증권법연구 제22권 제1호(2021.04), 한국증권법학회, 183-210.

# 02 디지털 자산 시장 생태계 활성화를 위한 자율규제

## I 자율규제

### 1 자율규제의 정의

디지털 자산시장에서 자율규제는 시장 참여자가 생태계 내에서 비즈니스를 운영하기 위한 지침 및 행동강령을 수립하는 것으로 정의할 수 있다. 관련 지침은 고객 파악(KYC)에서 투명성 유지, 해킹에 대한 보안 보장에 이르기까지 광범위한 스펙트럼에 걸쳐 있게 되는데 이를 위해 국제 증권 감독기구인 IOSCO(International Organization of Securities Commissions)는 자율 규제를 구성하는 일련의 요소를 정의하였으며,[4] 관련 요소에는 투명성과 책임, 계약 관계, 조정 및 정보 공유가 포함되어 있다.

---

4 "Model for effective Regulation", Report of the SRO Consultative Committee of the International Organization of Securities Commissions(2000.5), OICU IOSCO. https://www.iosco.org/library/pubdocs/pdf/IOSCOPD110.pdf, 최근 접속일자: 23.2.14.

## 2 자율규제조직 SRO(Self Regulatory Organization)

자율규제조직(SRO)은 일반적으로 특정 산업 또는 부문의 구성원이 해당 산업의 회사를 관리하는데 도움을 주기 위해 만든 비정부 기관이다. 금융 서비스에서 자율 규제 조직의 대표적인 예는 브로커 딜러로 구성되고 법정 파트너인 미국 증권 거래 위원회(SEC)와 협력하는 FINRA(금융 산업 규제 기관)이다. FINRA는 공정하고 효율적이며 투명한 시장을 유지하고 시스템 위험을 줄이며 투자자를 보호한다는 SEC의 광범위한 목표를 실행하고 있으며, FINRA 외에도 SEC 웹사이트에는 뉴욕 증권 거래소(NYSE)와 나스닥 주식 시장(NASDAQ)을 포함한 50개의 다른 자율 규제 기관 목록이 존재하고 있다.

자율규제조직은 일반적으로 특정 산업 또는 부문의 구성원이 해당 산업의 회사를 관리하는 데 도움을 주기 위해 만든 비정부 기관이기 때문에, 특정 산업의 특성, 해당 부문의 경쟁 수준 및 규제 필요성에 따라 자율규제기관이 필요한지 여부가 결정되게 된다. 해당 산업의 회원사들이 합의하여 스스로 조직을 만들거나 정부가 SRO의 생성을 명령할 수 있으나, 많은 경우에 SRO는 해당 산업 내에서 교육 자료를 제작하거나 인증을 관리하기 위한 포럼 역할도 수행하고 있다. 예를 들어 FINRA(Financial Industry Regulatory Authority)는 시리즈 7 시험을 관리하며 이 시험은 일반 증권 대표(브로커)가 되려는 사람은 누구나 통과해야 한다.

규제를 만들고 집행하는 것 외에도 SRO는 산업 감시자 역할을 수행함으로서 해당 업계에서 사기 및 비윤리적 관행을 방지하는 데 도움을 줄 수 있다. 예를 들어 FINRA는 자금 세탁 방지(AML) 및 기타 규정 준수 프로그램을 구성하고 시행하는 데 조력하고 있다.

자율규제조직은 자체 정책을 만들고, 지침과 모범 사례를 유지하고, 정책을 시행하고, 분쟁을 해결할 수 있는 자율성을 가지고 있는 민간 기관이지만 정부의 감독을 받고 있으며, 두 기관의 규칙 사이에 충돌이 있는 경우 정부 기관이 우선하게 되는 모습을 보이고 있다.

## 3 디지털자산 시장 글로벌 SRO 현황

한국, 미국 및 일본 그리고 스위스 등에서 자율규제조직을 통한 자율규제 시스템을 논의하고 있으며 조직을 결성하여 자율규제를 실행하고자 노력하고 있다. 미국의 경우 2018년 8월 미국의 4개 암호화폐 거래소(Bitstamp, bitFlyer, Bittrex 및 Gemini)는 "가상 상품 시장을 감독하기 위해 업계가 후원하는 자율규제조직을 설립"하는 임무로 가상 상품 협회(Virtual Commodity Association)를 결성하였으며, 가상상품시장을 감독하기 위해 미국 암호화폐 시장을 위한 업계가 후원하는 자율규제조직 지정을 확립하였고, 6개 위원회 중 시장건전성(Market Integrity) 위원회와 집행(Enforcement) 위원회는 시장간 불공정거래 모니터링 및 규제 강화와 이를 위한 집행 등을 주요 업무로 수행하고 있다. VCA는 디지털 자산 시장의 안정성과 투명성을 증진시키기 위한 다양한 활동을 수행하고 있는데, 시장 참여자들이 시켜야 할 행동강령(Code of Conduct)을 제정하여 불공정거래 행위를 감시하고 규제하는 체계 구축을 추진하여 이를 통해 시장 건전성 유지와 투자자 보호를 강화하고자 하였다. 그러나 최근 뚜렷한 활동은 보이지 못하고 있다고 평가받고 있다.[5]

이후 10개의 기관 거래 회사가 "디지털 자산 시장의 회사와 규제 기관 간의 격차를 해소하는 데 중점을 둔" 디지털 자산 시장 협회(ADAM)

---

5 Derek Andersen, 22.4.18, "Self-regulatory organizations growing alongside new US crypto regulation", Cointelegraph, https://cointelegraph.com/news/self-regulatory-organizations-growing-alongside-new-u-s-crypto-regulation, 최근 접속일자: 23.2.14.

를 만들었다. ADAM은 10개의 금융 및 기술 회사 그룹이 디지털자산 시장 협회를 구성, 웹사이트에 따르면 ADAM은 현재 31명의 회원과 5개의 파트너 법률 회사를 보유하고 있으며, ADAM은 주로 디지털 자산의 현물 시장을 보호하기 위한 표준 설정 기관으로 활동을 하고 있다.[6]

2020년에 설립된 Global DCA(Global Digital Asset and Cryptocurrency Association)는 시카고에 기반을 두고 있으며 최소 11개국에 70개의 회원 조직을 운영하며, 영국, 유럽 연합, 나이지리아, 인도, 카자흐스탄, 아르메니아, 코소보 등 15개 글로벌 파트너와 협력하고 있다. 회원사들은 자금 세탁 방지 및 고객 파악 프로세스와 글로벌 DCA 행동 강령 준수에 대해 심사를 받고 있으며, Global DCA의 활동은 데이터 수집, 표준화를 위한 연구, 교육 등을 지원하는 것에 있다.

미국에서 SRO의 주요 기능은 서로 다른 주법과 미개발된 연방 규제 프레임워크 전반에 걸쳐 통일성을 제공하는 것으로, 디지털자산의 책임 있는 개발 보장에 대한 조 바이든 대통령의 행정 명령에 필요한 조치들이 수행되기 시작하고 있음에 따라, SRO는 규제 환경의 누락된 부분을 채우기 위해 활동하는 것에 대한 기대가 있으며 상장 요구 사항 정의, 규칙 및 운영 절차 설정 등을 위한 가이드라인 마련 및 규제 간, 산업과 정부 간 연결 조직으로서 활동해야 한다는 사회적 기대가 형성되고 있다.

비슷한 시기인 2018년 4월 결성된 일본가상통화거래소연합회(Japan Virtual Currency Exchange Association, JVCEA)는 일본의 가상통화 거래소들이 자율적으로 가입하여 운영하는 단체로, 법정단체로서 일본 금융

---

6 Derek Andersen, 22.4.18, "Self-regulatory organizations growing alongside new US crypto regulation", Cointelegraph, https://cointelegraph.com/news/self-regulatory-organizations-growing-alongside-new-u-s-crypto-regulation, 최근 접속일자: 23.2.14.

청(FSA)의 감독을 받으며 가상자산 거래소의 자율규제 역할을 수행하고 있다. JVCEA는 가상자산 거래소들이 이용자 보호와 불공정거래 행위 금지 등을 지키도록 지원하고, 이를 위해 가상자산 불공정거래규정을 제정하였으며, JVCEA는 회원사들의 규정 준수 여부를 모니터링하고, 위반 사항이 발생할 경우 적절한 조치를 취할 수 있도록 하고 있다.

JCVEA는 일본 금융청의 감독하에서 회원사의 불공정거래를 예방하고 가상자산 시장의 건전성을 높이고 이용자 보호를 위해 규정인 가상자산 불공정거래규정을 제정 · 운영하고 있으며[7], 2020년 4월 암호자산 관련 파생 상품 거래업에 관한 불공정 거래 등의 방지에 관한 규칙을 제정하였는데, 동 규칙은 불공정거래 행위를 감시하고 예방하기 위한 구체적인 사항을 정하고 있다.

규정에 따르면, 회원사는 제3조 및 제4조에 따라 고객에 의한 불공정거래를 방지하기 위한 내규를 제정하고, 해당 내규를 담당하는 조직을 설치해야 한다. 또한, 제5조에 따라 회원사는 불공정거래 관련 정보를 수집하고 모니터링하여 고객의 특성과 거래 목적 등을 분석하여 판단해야 하는데, 특히, 제6조에서는 회원사가 시세 조종행위를 정량적, 정성적으로 모니터링하는 기준을 마련하고 필요한 경우 해당 고객의 거래를 정지해야 한다고 규정하고 있다. 이러한 모니터링 결과와 조치 내용은 5년간 보관되어야 한다. 또한, 제7조에 따라 악성 행위를 한 고객 정보가 공유되는 경우 해당 정보를 조회하고 거래를 정지하는 등의 조치를 취해야 하며, 제4장에서는 임직원의 불공정거래 방지를 위해 정기적으로 모니터링을 하고 규제 위반 발생 시 적절한 조치를 취해야 하도록 규정하고 있다. 이러한 규정들은 불공정거래에 따른 시장 교란행위를 비교적 엄격하게 규율한다고 볼 수 있다.

---

7 임병화, "일본 암호자산 법제도와 그 시사점에 관한 연구", 금융감독연구 제7권 제2호(2020), 금융감독원, 76-132.

## 4 국내 디지털자산 시장 자율규제 현황

국내에는 현재 가상자산에 대한 규제법이 없어 법정협회가 존재하지 않는 상황이나, 블록체인과 관련한 다수의 민간협회가 존재하며, 한국블록체인협회는 2017년 12월 자율규제안을 발표하여 운영하고 있다. 한국블록체인 협회의 자율규제안은 자율규제위원회, 분쟁조정 등 협회 운영 관련 규정과 가상자산 이용자 보호 규정 등의 내용으로 구성되어 있으며, 거래소 임직원이나 회원사 등 거래소 이용자들에 의해 이루어질 수 있는 불공정거래를 금지하고 이를 감지할 수 있는 시스템과 프로세스를 구축해야 한다는 내용의 자율규제안을 운영하고 있다.

2022년 6월에는 원화 거래를 지원하는 국내 5대 거래소 업비트, 빗썸, 코인원, 코빗, 고팍스는 일명 '루나 사태'를 계기로 디지털자산 거래소 협의체(DAXA)를 구성했으며, 출범 당시 '디지털 자산 거래지원 개시부터 종료까지 투자자 보호 위한 규율 마련', '위기대응 계획수립 통한 공동 대응', '정보제공 및 투자 위험성에 대한 인식 제고' 등을 위해 협력하겠다고 밝히고 있다.

국내 디지털자산 거래소의 불공정거래와 관련한 규제 및 관리방안은 크게 두 가지로 나누어진다.

첫째는 고객과의 약관을 공시하고 고객의 행위를 직접적으로 규제하는 방식인데, 이 방식에서는 거래소가 자체적으로 약관을 마련하고, 고객들이 이를 숙지하고 준수해야 하는 방식으로, 예를 들어 거래소는 불공정거래 행위를 금지하는 규정을 약관에 담아 고객들이 이를 준수하도록 유도할 수 있다. 또한 거래소는 고객의 거래 내역을 감시하고 불공정거래가 발생할 경우 이를 차단할 수 있다.

둘째는 약관은 공시하지 않고 투자유의종목 지정을 통해 시장을 규제·관리하는 방식이다. 이 방식에서는 거래소가 특정 디지털자산에 대해 투자유의종목으로 지정하여, 이를 거래할 때 고객들에게 더욱 주의를 줄 것을 권고하거나, 이를 거래소 내에서 거래하는데 일정한 제한을 두는 등의 조치를 취할 수 있다. 이를 통해 거래소는 고객들이 불공정거래에 노출될 가능성을 최소화할 수 있다.

고객과의 약관을 공시하는 경우, 거래소는 고객과의 약관을 공시하고 이를 준수하도록 유도함으로써 불공정거래를 예방하고, 모니터링 및 조치를 실시한다. 약관에는 거래소에서 금지하는 불공정거래 행위를 규정하고, 이를 준수하지 않을 경우 발생하는 책임과 제재 사항을 명시하고 있다. 거래소는 자체적으로 불공정거래 모니터링을 실시하여 이를 발견하면 적극적으로 조치를 취하기 위해 고객들의 거래 내역을 감시하고, 불공정거래가 발견되면 즉시 조치를 취하여 해당 거래를 차단하거나 취소할 수 있도록 하고 있으며, 이를 위해 거래소는 모니터링 시스템과 함께 인력을 배치하여 신속하고 정확한 조치를 취할 수 있도록 노력해야 한다고 규정하고 있다.

약관은 공시하지 않고 투자유의종목 지정을 통하여 시장을 규제·관리하는 곳의 경우, 불공정거래에 대한 모니터링과 사후 절차에 대한 정책을 공지하고 있는데, 예를 들어 빗썸은 다음과 같은 '가상자산 투자유의종목 지정 정책'에 따라 유동성이 매우 낮아 시세조종 위험이 있거나, 프로젝트의 부실이 의심되는 등의 경우 '투자유의종목'으로 지정하여 공지하며, 공지한 날로부터 30일간의 유예기간 후 상장폐지 여부를 결정하고, 상장폐지가 된 경우 거래지원을 종료한다고 밝히고 있다.[8]

---

8 "투자유의/거래종료", 빗썸(bithumb), https://cafe.bithumb.com/view/board-contents/1640868, 최근 접속일자: 23.2.11.

업비트는 '디지털 자산거래 지원 종료 정책'을 시행하고 있는데, 이 정책에 따라 낮은 유동성으로 인해 투자자에게 피해가 예상되는 경우 해당 자산을 유의종목으로 지정하고 이후 시장 관여율, 특정 계좌의 순매수/매도 수량 등을 모니터링하여 상장폐지 여부를 결정한다.

〈표 5-1〉은 국내 디지털 자산 거래소인 빗썸의 가장자산 투자유의종목 지정 정책을 보여주고 있다.

**표 5-1 빗썸 가상자산 투자유의종목 지정 정책**

| | |
|---|---|
| 1 | 낮은 유동성으로 인해 시세조작에 노출될 위험이 있어 투자자 보호를 위한 조치가 필요한 경우 |
| 2 | 기준 시가총액이 최초 거래지원 시점의 시가총액 대비 크게 하락하고, 그 기간이 1개월 이상 지속되는 경우 |
| 3 | 가상자산이 정부 기관의 규제 및 법령에 위배되거나 형사사건과의 연관, 혹은 해킹 및 보안 이슈로 인한 추가적인 피해가 우려될 경우 |
| 4 | 가상자산의 시세조종 행위를 포함한 부당거래 행위, 혹은 시세에 부정적 영향을 미칠 수 있는 사항을 의도적으로 은폐한 경우 |
| 5 | 가상자산 개발자의 지원이 없거나 프로젝트 사업 진행이 미진한 경우 |
| 6 | 블록체인 또는 가상자산과 연관된 기술에 효용성이 없어지거나 결함이 발견된 경우 |
| 7 | 가상자산이 특별히 보안성이 취약한 블록체인에 기반하고 있는 경우 |
| 8 | 커뮤니티 비활성화 및 지속적인 커뮤니케이션 부재로 인해 투자자 보호가 필요하다고 판단된 경우 |
| 9 | 재단의 급격한 사업적 변동으로 인해 해당 가상자산의 시세에 영향을 주어 투자자보호가 필요하다고 판단된 경우 |
| 10 | 재단의 토큰 발행량 및 유통량을 포함한 토큰 유통 계획, 고유 기술의 변경, 로드맵, 사업적 변동 등의 중요 사항을 공시하지 않거나 허위 또는 불성실하게 공시한 경우 |
| 11 | 또는 상기 각 항목 사유와 유사하거나 가상자산이 거래소의 정책에 위반되는 경우 |

국내 주식시장의 자율 규제는 아직 초기 걸음마 단계에 있는 디지털 자산 시장의 자율규제에 비해 상대적으로 매우 잘 조직된 체계를 가지고 있어 향후 디지털 자산 시장의 자율규제 발전방향에 많은 시사점을 제시할 수 있다.

한국거래소는 자본시장법에 따라 시장감시위원회를 설치하여 주식시장의 불공정거래를 감시하고, 관련된 자율규제 업무를 수행하고 있다. 이를 위해 거래소 회원사들의 시장관리 역량 강화 및 시스템 구축을 지원하고, 불공정거래의 예방 및 탐지를 위한 모니터링 시스템을 운영하고 있으며, 회원사들의 불공정거래 관련 규정 준수 여부를 검증하고, 관련 분쟁의 조정과 해결에도 적극적으로 참여하고 있다.[9] 시장감시위원회는 거래소 회원들에 대한 감시를 수행하고, 필요에 따라 자료제출 및 보고 요구, 출석 · 진술 요구 등을 통해 불공정거래나 부정행위를 파악하고 규제하는 역할을 하고 있다. 이러한 규제 역할은 회원들에게 강력한 압박을 가할 수 있기 때문에 자율규제의 효과를 높이는데 큰 역할을 한다.

한국거래소는 시장법 제402조 및 405조에 기반하여 거래 참가자 및 회원사들의 거래활동을 모니터링하고, 이를 기반으로 한 회원 징계나 거래 참가자에 대한 징계를 결정할 수 있다. 이러한 징계는 자본시장법과 한국거래소 규정에 따라 이루어지며, 회원 징계는 회원사의 자격을 정지하거나 취소할 수 있는 범위에서 이루어진다. 또한 거래 참가자 징계는 해당 거래 참가자의 증권 매매 등을 일시적으로 정지하거나 제한할 수 있다.

금융투자협회는 자본시장법에 따라 회원간 건전한 영업질서유지와

9 송화윤, “가상자산 시장의 자율규제 활성화를 위한 법적 연구-불공정거래 규제를 중심으로,” 증권법연구 제22권 제1호(2021.4), 한국증권법학회, 183-210.

투자자보호를 위한 자율규제와 분쟁조정 업무를 수행하고 있다. 이를 위해 필요한 자료제출 요구, 관계자 출석 진술 등을 요구할 수 있는 권한을 가지고 있다. 이와 함께 금융감독원 등 다른 관련 기관과도 협력하여 불공정거래 및 기타 시장 조작행위 등을 방지하고, 투자자 보호를 위한 규제 및 조치를 취하고 있다.

현재 금융투자협회 규정의 제·개정은 자본시장법 제286조 및 290조에 따라 금융위원회 보고사항이지만 현재 가상자산 시장 협회 자율규제는 법적 자율규제가 아니므로 협회와 그 협회에 속한 회원간의 계약관계로만 집행이 가능하여 주식시장에서 자율규제에 비하여 매우 제한적 효력이 있다고 봐야 한다.

현재 디지털자산 시장은 주식시장과 달리 법적 규제가 부족한 상황이다. 이에 따라 디지털자산 거래소들은 자율적으로 불공정거래를 방지하고 투자자 보호를 위한 규제 및 모니터링 시스템을 마련하는 것이 시급하다. 그러나 이를 위해서는 법적 규제가 필요하며, 관련 법안의 제정이 필요하다. 또한, 이를 위한 산업 자체의 노력과 투자도 필요하다. 향후 디지털자산 시장이 성숙해짐에 따라 불공정거래에 대한 규제와 모니터링 등이 보다 강화될 것으로 예상된다.

국내 자율규제의 경우 관련된 법률조항이나 가이드라인이 부재함에 따라 자율규제 기관이 거래 종목의 상장폐지 등을 결정하는 경우에도 그 신뢰성에 의문을 가지고 결과 또한 공정성 확보가 어려워지는 경우가 생기고 있다. 2022년 10월, 닥사는 유통량 계획 정보와 실제 유통량에 차이가 있는 것으로 확인하고 위메이드의 디지털자산 위믹스를 투자유의 종목으로 지정하며 상장폐지를 결정하였다. 위믹스는 유통량 위반 외에도 투자자들에 대해 미흡하거나 잘못된 정보 제공, 소명 기간 중 제출된 자료 오류 및 신뢰 훼손 등의 이유를 제시하며 상장폐지에 대한 사유를 제시하였다. 그러나 닥사는 위믹스 유의종목 지정 및 거래 지원종료(상장폐지)에 관한 논의 당시 국내 최대 디지털자산 거래소 업비트와 코인원이 강한 찬성을 유도한 것 아니냐는 의심을 받은 바 있는데,[10] 이는 결과적으로 국내 자율규제 조직이 기반할 수 있는 법적인 근거의 부재에 따른 결과라고 볼 수 있다.

최근 닥사는 투자자들로부터 유의종목 연장에 대한 기준이 명확하지 않다는 지적을 받고 있는데 이 또한 가이드라인 부재에 따른 부작용이라 볼 수 있다. 2023년 2월 6일 상폐 가능성으로 하락세를 그리던 페이코인의 가격이 닥사(DAXA)의 유의 종목 지정 기간 연장 발표 후 2시간 만에 3배 넘게 폭등함에 따라 '투자자 농락'이라는 비판까지 나왔다.[11]

페이코인은 국내 상장사인 다날의 자회사 페이프로토콜이 발행한 가상자산으로, 국내에서 유일하게 현금처럼 결제할 수 있는 코인으로, 특히 위믹스와 같이 주요 김치코인으로 꼽혔던 만큼 최근 유의지정에 대하여 국내 가상자산 투자자들의 높은 관심을 받고 있었는데 투자자들은 닥사가 상폐 전망을 흘려 투자자로 하여금 물량을 정리하게끔 하더니, 갑자기 철회 수준으로 상장폐지유예를 발표함에 따라 상정폐지 결정에 있어 기준이 명확하지 않다는 측면에서 투자자를 위한 길은 아닌 것 같다며 비난하는 상황이 나타났다. 특히나 앞서 위믹스 사태를 계기로 마련한다던 상폐 '가이드라인'이 부재한 상태에서 이번 결정을 내렸기 때문에, '기준 부재'가 실제 투자자 사이에서 비난이 거세지는 부분으로 작용하고 있다고 볼 수 있다.

---

10 안정용, 22.11.25, "[위믹스사태① 단독] DAXA, 위믹스 상폐 찬성에 표 던진 업비트와 코인원", NBNTV, https://www.nbntv.kr/news/articleView.html?idxno=65005, 최근 접속일자: 23.2.11.

11 이지영, 23.02.07. ""위믹스 상폐고, 페이코인 연장?"…닥사 '특혜' 논란", NEWSIS, https://newsis.com/view/?id=NISX20230207_0002184444&cID=15001&pID=15000, 최근 접속일자: 23.2.11.

# II 디지털자산업계의 정보보호

## 1 전통 금융업계의 정보보호

금융산업은 근본적으로 안정성이 취약하고 정보의 비대칭성, 높은 수준의 전환비용이 존재하는 시장을 기반으로 이루어짐으로써 여타의 산업과 다른 특수성을 지니고 있다고 볼 수 있다. 이러한 특성 때문에 산업에 있어 경쟁도입 및 도입의 효율성을 보장하기 어렵다. 따라서, 금융 소비자의 보호, 사회 시스템의 안정성의 유지와 독점 방지를 위한 규제의 필요성이 존재하게 된다.

최근 금융 산업 또한 발달하는 IT 기술에 매우 의존하게 됨과 동시에 2011년 농협전산망 사태를 계기로 금융권은 자체적인 정보보호 관련 활동 및 점검 항목을 철저히 준수하여 서비스를 런칭하고 시스템을 운영하고자 많은 자원과 노력을 투입하고 있다. 특히 2021년에는 은행권의 정보보호 상시 평가제를 도입하여 상시적으로 정보보호에 대한 준비 수준을 파악함으로서 정보유출의 사고의 사전예방에 보다 적극적으로 나서고 있는 추세다.

현재 금융권은 시스템 설계단계에서부터 보안요구항목에 대한 점검을 실시하고 있으며 1) 구현단계 보안요구항목 점검(웹 취약점, WEB/WAS/DB) 2) 모의해킹(모바일 앱, 웹서비스) 3) 정보시스템 취약성 점검 및 진단, 소스 점검/오픈소스 점검 4) 클라우드 보안 점검(서버접근제어/DB접근제어, 방화벽 Rule점검 등) 5) 암호화키 관리 6) 개인정보 안정성 확보 조치 점검 6) 아키텍처 점검 7) 계층별(N/W, System/Application/도메인별) 보안관리계획서에 대한 점검을 실시하여 정보보호에 많은 노력을 기울이고 있다.

2014년도 신용카드 3사의 개인정보 유출 사고가 발생함에 따라 사회적으로 개인정보보호 및 정보주체의 권리에 대한 관심이 증가하면서 개인정보보호에 대한 사회적 요구 증가 및 금융회사의 개인정보보호를 위한 명확한 기준 제시 필요성 대두되었다. 이에 따라 금융 분야에서는 개인정보보호 가이드라인을 발간하였다.[12]

금융분야는 개인정보보호 분야 일반법인 개인정보 보호법(2011)과 금융관련 법령인 신용정보법(1995), 금융실명법(1997) 및 전자금융거래법(2007) 등을 통해 개인정보보호 관련 제도를 운영해 왔으나 신용카드 3사의 개인정보 유출 사고를 계기로 범정부 차원에서 마련된 「금융분야 개인정보유출 재발방지 종합대책」에 따라, 신용정보법 등 관련 법령에서 정하고 있는 개인정보보호 관련 제도들이 보완되거나 새로이 도입하였고 금융회사에 개인정보보호 관련 제도들을 정착시키고 금융회사가 자율적으로 개인정보보호 수준을 향상시킬 수 있도록 개인정보보호 관련 제도들을 안내하고 명확한 기준을 제시하였다. 가이드라인에서는 금융업 담당자가 실무에 참고할 수 있는 개인(신용)정보 처리 기준을 제시하고 은행, 보험, 증권 등 금융분야의 개인(신용)정보 처리단계별 기준 및 종합대책을 통해 마련된 개인정보보호 관련 제도에 대한 유의사항 및 관련 질의응답 사례 등을 통해 이해하기 쉽게 설명하였으며, 개인(신용)정보의 개념 및 보호원칙, 개인(신용)정보 처리단계별 관리, 금융권 개인(신용)정보 보호 관련 FAQ, 금융분야 업종별 개인(신용)정보 처리 사례 등으로 구성하였다.

금융감독원이 실시하는 금융회사의 업무활동 및 경영실태 분석 · 평가, 금융회사가 취급한 업무가 관계법규나 지시 등에 위배되었는지의 여부 확인 · 조사하는 일련의 행위 중 'IT 검사'[13] 업무 시의 절차 및 주요 점검항목 등을 안내하기 위해 배포한 IT 검사 업무 안내서에는 'IT보안 및 정보보호'를 한 부문으로 다루고 있으며, 해당 자료는 금융회사의 수검 편의성을 높이고 내부감사 등에 활용할 수 있도록 금융권에 배포되었다.

---

12 "금융분야 개인정보보호 가이드라인", 금융위원회/금융감독원/행정자치부

13 "IT 검사 업무 안내서", 금융감독원

IT 검사의 목적은 IT보안 및 정보보호와 관련된 절차, 리스크 평가, 전략, 통제, 모니터링 등 IT 보안 및 정보보호 전반을 평가하여 금융회사가 IT부문의 안전성 및 건전성을 확보하는데 있으며 〈표 5-2〉에서 보이는 평가 항목에 따라 검사를 진행하고 있다.

**표 5-2 IT보안 및 정보보호 부문 체크리스트**(대형은행 기준)

| 평가항목 | 세부평가항목 |
|---|---|
| IT보안절차 | IT보안체계 확보 |
| | 보안체계에 대한 경영층의 역할 |
| | 보안절차 모니터링 및 보완 등 |
| IT보안 리스크 평가 | 정보와 정보시스템의 명확화 |
| | 정보 수집 및 분석, 위험도 평가, 관리방안 |
| | 정보보호 수준 자율평가 |
| IT보안 및 정보보호 전략 | 정보보안 정책과 규정 |
| | 기술적 설계 |
| | 외주용역 보안 서비스 관리 등 |
| IT보안통제 구현 | 관리적 정보보안 운영 실태 |
| | 기술적 정보보안 운영 실태 |
| | 물리적 환경적 통제 |
| | 해킹 및 악성코드 감염 방지 |
| | 인적보안 |
| | 데이터 보안 등 |
| | 자동화기기 보안 |
| IT보안 모니터링 | 효율적인 모니터링을 위한 네트워크 구성 |
| | 모니터링 결과 분석 및 대응 등 |

데이터 3법이 개정되고, 정보보호의 복잡성도 증가하는 시점에서 지속가능한 정보보안의 대응전략 수립은 매우 중요하며, 특히 비대면의 금융 활동을 기반으로 하는 디지털자산의 경우에는 정보보호가 더욱 더 강조되어야 할 부분이다. 따라서, 현재 VASP 대상 ISMS인증 업계의 회사들이 갖추어야 할 최소한의 요구사항이라 볼 수 있다. 특히 업계전체가 참고할 수 있는 가이드라인의 필요성은 두말할 필요가 없을 것이다. 이를 통해 가장 약한 고리를 통해 공격 및 침해당하는 정보를 디지털 자산 산업전체의 정보보호 수준을 제고시킬 필요가 있다.

## 2 디지털자산업계의 정보보호

디지털자산의 경우 IT에 대한 의존도가 상대적으로 매우 높은 산업에 속하고 있으며 따라서 정보보호를 통제수단이 아니라, 새로운 사업추진의 핵심 기본요소로 이해하고 이를 조직 전체의 차원에서 내재화하는 노력이 절대적으로 필요하다. 이는 정보보호를 "법적 요구사항"이 아닌 "위험관리 관점" 즉, 리스크 관리 중심으로 바꿔야 하며 따라서 지속가능한 보안체계를 갖추는 노력이 필요하다.

해외 VASP의 경우 국내의 ISMS와 같은 인증규제는 존재하지 않으나 ISO/IEC 27001, 27701 등의 표준 및 인증 획득으로 정보호호 시스템을 구축하고 있다. 크립토닷컴의 경우 암호화폐 거래소 중 최초로 ISO/IEC 27701을 획득하였으며 PCI:DSS 3.2.1(level1)도 동시에 취득한 거래소이다.

바이낸스와 크립토 닷컴의 경우 CCSS(Crypto Currency Security Standard)를 준수하기 위해 level3를 획득하였는데 이는 암호화폐 저장, 전송 및 사용에 중점을 둔 공개된 보안 표준이다. 더불어 스마트 컨트랙트 감사의 경우 해외 투자자들에게 새로운 DeFi 프로젝트에 투자하고자 할 때 필수적으로 체크해야 할 표준으로 인식되고 있으며 DeFi 생태계에서 매우 일반적으로 진행하고 있다고 볼 수 있다.

국내 디지털 자산 업계의 경우 아직까지 컴플라이언스 측면에서 정보보호 활동을 전개하고 있으며 따라서 ISMS 인증을 통해 최소한의 정보보호 요구사항을 만족하고 있는 상황임이 비추어 볼 때, 향후 기업 및 산업의 리스크 관리 측면에서 정보보안 활동을 전사적인 리스크 관리 차원에서 접근하고 글로벌 표준에 맞출 수 있도록 보다 적극적인 글로벌 인증 획득 활동 및 내부 통제활동과 결합하여 적용하고자 하는 노력이 필요하다고 볼 수 있다.

해외업체들의 경우 글로벌 시장을 대상으로 서비스를 제공하기 때문에 정보보호를 컴플라이언스 측면이 아닌 보다 적극적으로 고객의 자산을 보호한다는 개념으로 접근하고 있다. 해외거래소인 바이낸스의 보안시스템[14]을 살펴보면 ISO/IEC 27701:2019 및 ISO/IEC 27001:2013 인증을 받았으며, 독립적인 제3자 감사 기관 ANSI National Accreditation Board(ANAB)에서 인정한 ISO/IEC 27701 인증기관 A-LIGN으로부터 기술 통제력, 개인 정보 및 IT 보안 정책 및 절차를 공식화했음을 인증하는 증서 취득하였으며, 투명성과 책임에 대한 국제 표준을 충족하거나 능가하는 PCI DSS(Payment Card Industry Data Security Standards)를 획득하였고, FinCEN(Financial Crimes Enforcement Network)에 Money Services Business(MSB)로 등록되었는데 이는 기존 금융 서비스 플랫폼과 동일한 FinCEN 요구 사항이 적용된 정보보호 체계를 가지고 있다는 것을 보여 준다. 또한 미국 NIST(National Institute of Standards and Technology) 및 CIS(Center for Internet Security) 사이버 보안 프레

14 Binance.US Awarded Elite ISO and IEC Accreditation for World-Class Security Measures", Binance, https://blog.binance.us/binance-us-awarded-elite-iso-and-iec-accreditation-for-world-class-security-measures/, 최근 접속일자: 23.2.12.

임워크를 도입하여 적용함으로서 상대적으로 전통금융권과 비슷한 수준에서 정보보호 글로벌 표준에 맞도록 다양한 인증 및 표준을 도입하여 정보보호에 대한 적극적인 노력을 기울이고 있다.

# III 내부통제를 통한 리스크 관리

## 1 내부통제시스템 정의

내부통제제도는 조직 내부에서 발생할 수 있는 오류나 부정행위를 예방하고 발견하여 수정함으로써 내부 리스크를 최소화하는 것이 목적이다. 내부통제제도는 조직의 목표를 달성하기 위해 필요한 정보를 신속하게 수집하고, 적절하게 분석하여 조직의 의사결정에 활용하도록 하며, 조직 내부의 자원을 효율적으로 활용하고, 조직 내부에서 발생할 수 있는 위험을 사전에 예방하고, 발견된 문제점을 신속하게 개선함으로써 조직의 성과를 향상시키기 위해 설계 및 운영되는 제도이다.

이에 조직은 기업은 내부통제제도를 구축하고 운영함에 따라, 1) 내부 부정방지, 업무 효율성 및 유효성 제고, 2) 재무보고 신뢰성 향상, 3) 법규 준수 장려[15]를 촉진하게 된다.

국내의 내부통제제도는 기업을 운영함에 있어서 업무의 유효성과 효율성을 확보하고, 재무정보 작성과 보고의 신뢰성을 확보하며, 관련 법규와 내부 정책 절차의 준수 등의 유효한 계획 수행을 통해 기업이

15 Committee of Sponsoring Organizations of the Treadway Commission. Internal control, integrated framework: Executive summary. Vol. 4. Committee of Sponsoring Organizations of the Treadway Commission, 1992.

안정적으로 운영될 수 있도록 수립되었다. 따라서, 내부통제제도는 기업이 조직 목표를 효과적으로 달성하고 합리적인 보증을 제공하기 위하여 조직 자체적으로 제정하고 조직 내 구성원들이 이행하도록 조치하는 포괄적인 시스템을 말한다고 볼 수 있다.[16]

국내 금융감독원의 정의에 따르면, '내부통제'는 영업의 효율성, 재무보고의 신뢰성, 법규 및 정 준수 등의 조직 목표를 효과적 · 효율적으로 달성하기 위해, 조직 자체적으로 제정하여 이사회, 경영진, 감사(위원회) 및 중간관리자와 일반 직원에 이르기까지 조직 내 모든 구성원들이 이행하여야 하는 절차를 의미한다. 이에 따라 실효성 있는 내부통제는 실무를 수행하는 직원, 중간관리자, 기업의 최종 의사결정을 수행하는 경영진 및 이사회, 감사기구의 기업 소속의 전원이 유기적으로 협력하고 각자의 위치에서 올바로 기능할 때 달성될 수 있다.[17]

기업은 내부통제제도의 운영을 통하여 법적 책임 문제와 기업의 손실이 발생할 가능성을 사전에 차단하여 조직의 취약 문제점을 미리 파악하고 그에 따른 통제 방법을 마련함으로써 내부통제 기능을 강화할 수 있으며, 이를 통하여 기관의 합리적인 의사결정 증대, 기업 내부의 청렴성과 투명성 확보와, 기업의 대내 · 외적 활동에 대한 이해관계자로부터의 신뢰를 확보할 수 있다.

국내의 내부통제제도는 크게 회계 관리 통제와 업무관리통제의 두 가지로 구분된다. 먼저, 회계 관리 통제는 기업의 자산보호, 회계기록의 적시성 및 신뢰성 유지가 주요 목적이다. 업무관리통제는 기업 내

16 Committee of Sponsoring Organizations of the Treadway Commission. Internal control, integrated framework: Executive summary. Vol. 4. Committee of Sponsoring Organizations of the Treadway Commission, 1992.

17 김유경, "올바른 기업지배구조와 회계투명성 확보를 위한 감사위원회 및 감사의 역할", 삼정KPMG, (2017).

부정과 오류의 사전 예방과 적시발견, 경영진의 정책 및 규정준수에 의한 업무수행의 효율성 및 효과성 증진을 목적으로 한다.

디지털자산업계의 경우 FTX파산 및 위메이드 사태 등에서 기업운영에 있어 내부통제의 필요성이 심각하게 대두되고 있으며 금융당국 또한 2022년 11월 16일 5개 가상자산 사업자 대표들과 진행한 간담회에서 이용자 자산의 보관정보를 실시간 확인할 수 있는 시스템 구축을 주문하는 등 내부통제시스템의 강화 필요성을 강조하고 있으며, 업계 또한 자발적인 내부통제시스템 구축을 시작하겠다고 밝히고 있다. 결과적으로 디지털 기업의 내부통제시스템 강화를 통해 시장에서의 투자자의 신뢰를 회복할 수 있다.

## 2 내부통제를 통한 리스크 관리

COSO는 1992년 내부통제 통합 프레임워크(Internal Control - Integrated Framework, 이하 ICIF)를 발표하였다. COSO는 내부통제의 개념을 회사의 운영이나 보고절차, 법규준수 등의 목적을 달성하기 위해 회사의 이사회, 경영진, 임직원들이 수행해야 하는 모든 절차로 정의하고 있다.[18]

ICIF는 2004년 전사적 위험관리 통합 프레임워크(Enterprise Risk Management-Integrated Framework)로 개정되었으며 2013년에 다시 한번 개정되었다. ICIF에서 전사적 위험관리는 기업 전략 수립시 전사적 리스크 관리를 기업 전체적인 시각에서 반영하여 기업에 영향을 미칠 수 있는 잠재적인 사건 등을 발견하고 일정 허용 수준 내의 선호도에서 리스크를 관리하며 기업 목적 달성을 위해 합리적인 대응 방안을 찾는 과정

---

18 이효섭/이석훈/안수현, "주요국 내부통제 제도 현황 및 한국 내부통제 제도 개선 방향", [KCMI] 연구보고서 22-01(2022.1), 자본시장연구원.

으로 정의하고 있다.[19]

뉴욕 주에서는 내부통제법에서 규정한 내용과 '미국 경기부양 및 재투자법(ARRA, American Recovery and Reinvestment Act)'을 통해 지원된 사업 활동을 관리 및 통제하기 위하여 뉴욕주 감사관실의 내부통제지침과 COSO 모델에 기초하여 질적 위험평가모델(qualitative risk assessment model)을 개발하여 운영 중이다.

위험평가 모델의 운영 방식은 개별 부서의 장이 직무를 수행하는 과정에서 유발될 수 있는 위험요인을 평가하기 위하여 위험모델을 정확하게 파악한 후, 소속 직원들과 위험평가보고서를 작성하여 내부통제관과 자체감사관에게 제출한다. 내부통제관과 자체감사관은 제출된 위험평가보고서를 검토하여 인증하고 있다.

위험 평가요소 및 측정 방법은 다음과 같다. 뉴욕 주정부에서는 위험평가의 평가요소로 발생 가능성과 영향을 활용하고 있는데, 위험 발생 가능성은 내부통제 구성요소의 효과성과 관련되어 있다. 내부통제 구성요소들이 효과적으로 작동될수록, 모니터링이 효과적으로 이루어질수록 위험의 발생 가능성은 감소하게 되는데, 이에 뉴욕 주정부에서는 위험요인의 발생 가능성을 추정할 때 ① 관리자와 감독자의 청렴성과 윤리적 가치 ② 기관 구성원들의 역량 ③ 관리자의 철학과 운영방식 ④ 승인, 허가, 검증, 대사, 자산보호, 업무분장 등의 통제활동 ⑤ 적시에 정확하고 유용한 데이터를 제공하는 정보시스템 ⑥ 내·외부적으로 효과적인 의사소통 채널 ⑦ 시간의 흐름에 따라 내부통제시스템을 평가하는 모니터링 등의 효과적인 작동 유무를 고려하는 한편 위험의 파급효

19 위험관리 PD, "후원 기업 위원회(Committee of Sponsoring Organizations of the Treadway Commission, COSO)의 전사적 리스크관리 프레임워크", KMAS 한국경영자문원 대표 블로그(2022. 3. 3), https://blog.naver.com/ing6651/222663115534, 최근 접속일자: 23.2.14.

과는 가능한 금전 단위 또는 기타 계량적인 수치를 통해 측정하고 있다.

## 3 미국 증권시장의 내부통제 효과성과 디지털자산시장에 주는 시사점

디지털자산산업에 속한 기업들의 경우 전사적인 차원에서 내부통제 시스템을 구축하고 전사적 위험관리차원에서 업무 및 비즈니스 프로세스 상에서 일어날 수 있는 다양한 리스크를 사전에 정의하고 평가모델을 통해 리스크스의 위험성을 사전에 평가하여 보고하는 활동을 통해 기업 및 산업을 넘어 시장의 신뢰성과 투명성을 제고함과 동시에 기업의 지속가능성을 높일 수 있다.

일례로 시장에 적용된 내부통제의 효과성에 있어서는 미국 증원회사의 양향 가이드라인(United States Sentencing Guidelines: USSG)을 들 수 있다.[20]

1980년대 초까지 미국에서도 위법행위에 대한 기업에 대한 제재금은 대체로 위법행위로 초래된 손실보다 작았으며, 기업은 직원의 위법행위 시에 이를 방지하려는 노력 여하와 무관하게 책임을 져야 하는 무과실 책임의 원칙 하에서 제재를 받고 있었기 때문에 직원의 위법행위를 정부에 알리기보다는 은폐할 유인이 컸다고 볼 수 있다. 이에 미국의 양형위원회는 양형 기준의 대폭적인 상향과 함께 공정한 제재와 기업 내 위법행위의 방지를 강조한 양형 가이드라인(United States Sentencing Guidelines: USSG)을 도입하였는데, USSG하에서는 기업의 범죄 방지 노력에 따라 제재를 경감해 주는 정책을 제시하고 있으며, 기업이 적절한 컴플라이언스 프로그램을 운영하고 있었는지, 자체 조사로 발견한 직원의 위법행위를 당국에 자진해서 신고하였는지, 연방정부의

---

20 이석훈, "미국 증권회사의 내부통제 발전과정과 특징", [KCMI] 자본시장 포커스 21-09(2021.5), 자본시장연구원.

조사에 대해 적절히 협력하였는지 등이 주요한 경감 요건으로 작용하는데 이는 위법행위와 관련한 정보의 접근, 감시 및 색출에 있어 기업의 협조가 필요하고 기업의 사후적인 조치도 직원의 위법행위를 방지하는데 중요하다고 보기 때문이다. 예를 들면 적절한 컴플라이언스 프로그램을 마련한 기업은 거액의 제재금을 경감 받을 수 있으며, 이 경우 제재 경감은 온전히 주주들의 이익으로 돌아가게 됨에 따라 CEO뿐 아니라 이사회는 주주의 이익을 위해 컴플라이언스 프로그램을 적극적으로 마련할 유인을 가지게 되며 주주들도 이러한 비용 지출에 긍정적일 수 있게 됨으로서 결과적으로 컴플라이언스가 비용으로 인식됨에 따라 이를 위반하거나 혹은 이를 준수하기 위한 비즈니스 프로세스를 적용하는 것을 꺼리는 것을 줄일 수 있게 되었다.

실제로 USSG를 계기로 많은 기업들이 컴플라이언스 프로그램을 채택하고 있으며, SEC는 증권법 위반이 의심되는 사건에 대해 행정 또는 민사 소송을 통해 법원으로 가기보다는 제재금과 이행조건을 근거로 브로커딜러 등의 조사당사자와 화해(settlement) 방식으로 대부분 합의하고 있다.

국내의 주식시장에도 국내 여러 언론매체를 통해 사모펀드 판매와 관련한 금융회사의 내부통제 문제가 이슈로 부각되고 있으며, 특히 내부통제 위반에 대한 법리적 해석과 금융회사 CEO들에 대한 제재가 대두됨에 따라서 내부통제의 중요성이 부각되고 있다. 그러나 이와 관련된 법률인 「금융회사의 지배구조에 관한 법률」에 따르면 내부통제는 법령의 준수, 경영의 건전성 그리고 주주 및 이해관계자를 보호하기 위해 금융회사의 임직원이 직무를 수행할 때 준수해야 할 기준 및 절차를 의미하고 있으나 해당 법률에서는 금융회사가 내부통제기준을 마련할 것을 요구하고 있을 뿐, 금융회사가 지켜야 할 범위나 그 기준에 대해서는 명확하지 제시하지 않고 있다. 금융당국은 금융회사의 영업행위와 관련하여 많은 법률과 규제를 집행하고 금융사고를 예방해야 하는 임무를 맡고 있으나, 실제로는 금융회사 임직원의 직무를 세세하게 감독하기에는 한계가 있기 때문에 금융회사의 내부통제는 특히 금융 감독의 차원에서 요구되고 있다.

결과적으로 효과성에 측면한 내부통제 개선 방안을 논의하는데 있어서는 직원들의 법규 준수를 위해 마련한 절차와 자문, 위반행위를 감시하고 보고하는 일련의 과정인 컴플라이언스 프로그램이 필수적인 요소 중의 하나로서 중요하게 다루어져야 하며, 증권회사의 컴플라이언스 프로그램이 가장 발전한 미국의 USSG 사례는 우리나라 금융시장뿐만 아니라 디지털자산 시장의 내부통제 개선에 대한 논의에 중요한 참고 대상이 될 수 있다. 특히 미국 증권회사의 컴플라이언스 프로그램은 법과 규정보다는 양형 가이드라인(USSG)에 따른 제재방식과 증권거래법의 감독자 책임 하에서 발전하였으며, 기관제재와 경감정책, 감독자 책임에 있어서 면책조항 등이 효과적인 유인정책을 제시함으로서 컴플라이언스 프로그램의 마련에만 집중하기보다는 자진 신고하거나 정부 조사에 협조하는 증권회사의 조치들이 자발적으로 시행될 수 있도록 하였다는 점에서 매우 중요한 시사점을 가지고 있다.

1964년 개정된 미국의 증권거래법 또한 증권 브로커딜러와 그 직원에 대해 감독자 책임을 명시적으로 부여하였으며, 감독자 책임은 브로커딜러를 비롯하여 CEO, 지점장 등 직원을 감독해야 할 지위에 있는 자에게 법규 준수의 감독 의무를 부과하는 것으로, 다음과 같은 면책조항을 통해 제시하고 있다. (i) 직원의 위법행위를 방지하거나 실무적으로 이를 적발할 것으로 기대할 수 있는 절차나 시스템이 마련되어 있고, (ii) 그러한 절차와 시스템이 준수되고 있지 않다는 합리적인 의구심이 없는 상황에서 감독자가 자신에게 부여된 절차와 시스템을 적절히 이행한 경우, 감독자는 감독 책임으로부터 면할 수 있다. 실제 감독자 책임의 면책조항은 브로커딜러 내 직원의 위반행위가 있더라도 감독자 또는 브로커딜러가 위에서 제시한 감독 책임의 의무를 다할 경우 행정제재로부터 면제받거나 감면될 수 있음을 의미하는데 이러한 이유로 브로커딜러나 감독자들은 적절한 컴플라이언스 프로그램을 마련하거나 합리적 수준의 감독 책임을 다하려는 인센티브를 가지며, 브로커딜러나 CEO는 이 같은 면책조항에 의해 감면될 수 있는 경우 자기의 적극적 방어를 위해 형식적이기보다는 실질적이고 합리적인 컴플라이언스 프로그램을 추구할 유인이 큰 것으로 볼 수 있다.

미국의 증권시장 자율규제조직인 FINRA는 원칙적으로 Rule 3110을 통해 문서화된 감독절차(Written Supervisory Procedures: WSPs)의 마련과 감독자의 지정을 요구하고 있으며, Rule 3120과 3130은 이에 더하여 감독통제 장치를 마련한 책임자가 감독시스템의 점검과 WSPs를 수정하고 이를 경영진에게 보고할 것을 비롯하여 CCO(Chief Compliance Officer)의 지정, WSPs의 마련과 조정 등에 대한 CEO의 인증, CCO와 CEO 간 1년 1회 이상의 감독절차 논의 등을 요구하고 있다.FINRA가 제시한 규정들은 컴플라이언스 프로그램이나 감독시스템과 관련한 내부통제를 좀 더 구체화하고 있으며, 이는 면책조항으로만 제시되어 명백한 기준이 충분하지 않은 증권거래법 상의 감독자 책임을 자율규제의 형식으로 보완하고 있는 것으로 보아야 한다.

2020년, 미국 증권거래위원회(SEC)가 디지털자산 수탁업체가 연방규제당국의 승인을 받은 브로커딜러가 될 수 있도록 허가함에 따라, 디지털자산 기업들이 증권 토큰을 포함한 디지털자산을 합법적으로 자유롭게 거래할 수 있게 되었다.[21]

이에 맞추어 FINRA의 CEO인 로버트 쿡(Robert Cook)은, 암호화폐

21 Nikhilesh De, 20.12.28, ""미 SEC, 암호화폐 수탁업체에 브로커딜러 허가한다" 디지털자산 전문 브로커딜러로 승인 가능성 담은 규제안 발표", CoinDesk KOREA, http://www.coindeskkorea.com/news/articleView.html?idxno=72319, 최근 접속일자: 23.2.11.

증권(Digital Asset Securities)을 거래하려는 기업이 늘고 있음을 언급하며 비즈니스 모델이 암호화폐 증권인 벤더 수는 약 20개 정도이며, 현재 브로커딜러 라이선스 등록 중인 벤더는 이보다 훨씬 많다고 언급[22]함으로서 결과적으로 디지털자산 브로커딜러 또한 관련된 내부통제를 따르게 될 것임을 시사하고 있다.

## 4 국내 금융권의 내부통제제도 개선안

국내에서도 금융권을 중심으로 내부통제제도 개선을 위한 작업이 진행 중에 있다. 2022년 8월, 금융위는 금융감독원, 법조계 · 학계 · 업계 등과 '금융권 내부통제 제도개선 태스크포스(TF)'를 꾸리고 제도개선 작업을 진행하고 있다.[23] 이를 위해 사모펀드 불완전 판매, 대규모 횡령 등 금융사고가 잇따라 발생함에 따라 향후 이러한 사고 발생을 줄이기 위한 방안으로 임직원이 준수해야 하는 각종 기준과 절차인 내부통제를 강화해야 할 필요성이 제기되고 있으며, 금융위는 지난해 8월부터 수차례 내부통제 제도 개선 관련 간담회, 정책 세미나를 통해 금융업권 의견을 듣고 있다.

관련된 개선 내용으로는 CEO에겐 가장 포괄적인 내부통제 관리의무를 부여해 금융사고 방지를 위해 적정한 조치를 할 의무를 부과할 계획이며, 이에 대한 책임범위는 중대 금융사고로 한정(사회적 파장이나 소비

---

22 코인니스, 22.10.15, "미 FINRA CEO "브로커-딜러 라이선스 등록 신청 기업, 증가 추세", 코인리더스, http://www.coinreaders.com/48608, 최근 접속일자: 23,2.11.

23 노희준, 23.2.10, "내부통제 개선 중인 금융당국, 내주 유럽 출장", 이데일리, https://www.edaily.co.kr/news/read?newsId=03745766635509208&mediaCodeNo=257&OutLnkChk=Y, 최근 접속일자: 23.2.11.

자 및 금융사 건전성에 미치는 영향이 심각한 사고), 사고 예방이 가능할 것으로 기대할 수 있는 합리적 조치에 나설 경우 책임을 경감·면책해 내부통제에 대한 인센티브를 부여할 방침이다. 더불어 이사회엔 경영진의 내부통제 관리업무를 감독하도록 내부통제 감시 및 감독의무 명문화 계획이며 이를 위해 이사회에 CEO 등의 내부통제 관리업무 감독, CEO에 대한 내부통제 의무 이행현황 보고요구 권한을 부여하고, 임원에겐 각 소관업무에 대한 내부통제 관련 역할과 책임을 하도록 임원별 책무구조를 명확히 할 방침이다.

금융위는 이러한 내용을 담은 지배구조법 개정안을 2023년 1분기 중 마련하고, 입법예고에 나설 예정이며 이의 일환으로 올해 금융감독원은 은행권의 대규모 횡령사고 등을 예방하기 위해 내부통제 강화 및 지배구조 감독 강화를 위해 당국과 은행 이사회 간 소통 정례화 추진하고 있다.[24]

특히 금감원은 은행 지주·은행과 정례면담 추진 등 금융회사 지배구조에 대한 감독 강화할 예정이며 감독 당국과 은행 이사회 간 직접적인 소통 정례화 및 면담을 통해 최근 금융시장 현안 및 은행별 리스크 취약점에 대한 인식, 정보를 공유하고 이사회의 의사결정을 지원할 예정이다. 금감원은 은행별로 최소 연 1회 면담 실시하며, 은행 이사회 구성의 적정성, 이사회의 경영진 감시기능 작동 여부 등에 대해 면밀한 실태점검도 실시할 것을 개정안에 담고자 한다. 특히 은행 등 경영진의 성과 보수체계 적정성 등 점검, 금융 그룹 사업부문장의 권한과 책임 범위 및 사업 부문 내 의사결정 절차 등을 포괄하는 '사업부문제' 운영 관련 개선방안을 검토할 예정이라고 한다.

---

24 김정훈, 23.2.6, "'은행권 횡령, 더는 없다'...금융당국, 올해 내부통제 강화 추진", 이코노미스트, https://economist.co.kr/article/view/ecn202302060023, 최근 접속일자: 23.2.11.

더불어 금감원은 금융 그룹 계열사 간 공동투자도 점검할 예정이다. 금감원은 공동투자의 투자의사 결정, 투자실행, 투자 사후관리 등 단계별 관리 절차를 점검하고 업계와 협의 과정을 거쳐 공동투자 리스크 관리 가이드라인을 마련하고, 임직원 횡령 등 금융권의 금융사고 재발 방지를 위한 내부통제 강화를 추진하고 있다.

금융위는 1분기 내 개선방안을 담은 '금융회사 지배구조에 관한 법률(지배구조법)' 개정안을 입법예고할 예정이며 핵심은 금융회사의 규모에 따라 내부통제 규율을 차등 적용[25]하는 것에 있다.

개정안에는 금융회사의 규모에 따라 다른 내부통제 규율을 적용하는 방안이 담길 가능성이 큰 것으로 알려졌으며, 회사 규모에 따른 내부통제 제도의 차이를 법령에다 구체적으로 명시할지, 개별 회사 측에 위임할지 등 세부적인 규율 방법에 대해 검토 중이며 대형 시중은행부터 소규모 자산운용사까지 규모가 천차만별이라 금융사고에 대한 책임도 정도가 다를 수밖에 없어 회사 규모별 내부통제에 대한 법적 규율 적용의 차별화 필요성에 대해 논의 하고 있다. 그러나 이러한 논의에 대해 중대 금융사고의 법적 책임 기준을 업체 규모에 따라 차등 · 세분화할 경우 형평성 논란이 야기될 수 있다는 우려도 나타나고 있다.

## 5 EU 디지털 업무 탄력성 법(The Digital Operational Resilience Act)

유럽연합(EU)은 지난 2020년 10월 금융 주체의 정보통신기술(ICT) 통합 위험 관리 규정 '디지털 업무 탄력성 법'을 상정, 2022년 11월, 유

25 유하영, 23.2.7, "금융위 "내부통제 제도 금융사 규모 따라 차등 적용 검토 중", 이투데이, https://www.etoday.co.kr/news/view/2219605, 최근 접속일자: 23.2.11.

럽연합 의회를 통과, 시행 시기는 오는 2025년이 될 전망이다.[26]

DORA는 2025년 1월 17일에 발효되며, DORA의 범위에 속하는 금융 기관은 새로운 기준을 시행하는 데 2년의 유예기간을 두고 있다. 디지털 금융 및 가상화폐 서비스 제공 업체에 대한 사이버 보안 사항을 담고 있으며, 모든 금융 업체가 정보통신기술의 위험을 완화하는 표준을 준수해야 한다는 것이 '디지털 업무 탄력성 법'의 주요 내용이다. 디지털 금융 및 가상화폐 서비스 제공 업체 외 클라우드 플랫폼 또는 데이터 분석 서비스 제공자도 '디지털 업무 탄력성 법' 준수 대상자이다. DORA는 금융 기관이 ICT 사고발생 시 신속한 대처 및 복구할 수 있도록 ICT 위험 관리, 보고 및 테스트에 대한 구체적 목표 및 규칙을 도입[27]하고 있다.

DORA는 금융 기관에 다음과 같은 수행을 요구하고 있다.

- **내부 조직 검토:** 디지털 운영 탄력성 전략을 수반하고, ICT 위험 발생 시 신속 및 효율적인 해결을 위한 ICT 위험 관리 프레임워크의 초안 작성
- ICT 관련 사고를 관리, 분류 및 보고하는 방법을 설정, 규제 체제 준수 여부 확인
- 독립 당사자(금융 기관의 내부 또는 외부)가 ICT 도구 및 시스템을 테스트하는 디지털 운영 탄력성 테스트 프로그램 수립, 유지 및 검토 여부

26 유동길, 22.11.11, "유럽연합, '금융기관 통합 위험 관리 규정' 법 통과", 경향게임스, https://www.khgames.co.kr/news/articleView.html?idxno=205691, 최근 접속일자: 23.2.17.

27 "Digital Operational Resilience Act (DORA) Digital Operational Resilience (DORA) introduces key obligations and broad ICT Risk Management Framework for Finance Sector", KPMG, https://kpmg.com/mt/en/home/services/advisory/digital-adoption-and-transformation/digital-operational-resilience-act.html, 최근 접속일자: 23.2.17

또한 제3자 기업과 관련된 위험을 완화하기 위해 금융 기관은 다음을 수행하도록 하고 있다.

- ICT 제3자 위험 전략을 채택하고 정기적 검토, 모든 ICT 제3자 공급 계약과 관련된 정보 등록부 유지
- 새로운 계약 체결 시 최신 정보 보안 표준을 준수하는 ICT 제3자 서비스 제공업체와만 독점적으로 계약 체결
- ICT 제3자 서비스 제공업체와의 계약에 관한 보고 의무 준수
- ICT 제3자 서비스 제공업체와의 몇 가지 주요 계약 요소 요구

금융 서비스 제공 업체의 ICT 및 사이버 위험 관리 규정 구체화를 위한 명확한 기준 제시, 템플릿 및 지침 제공, 〈그림 5-1〉에서 보는 바와 같이 다음의 5개 영역으로 나누어 포괄적인 디지털 탄력성 프레임워크를 제공[28]하고 있다.

---

28 "Introducing the Digital Operational Resilience Act Harmonising security across the EU financial sector", PWC, https://www.pwc.com/mt/en/publications/technology/dora.html, 최근 접속일자: 23.2.17

그림 5-1

**디지털 탄력성 프레임워크**

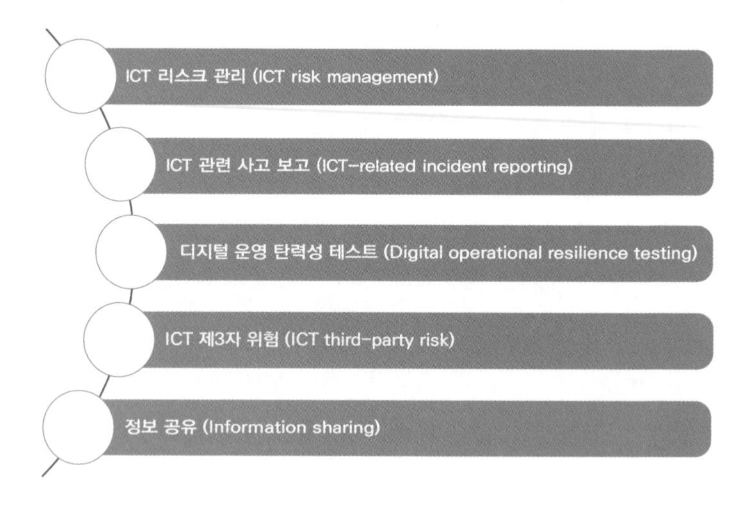


## 6 내부통제 강화 및 시장교란방지를 위한 기술적 해결방안

디지털 자산시장의 경우 블록체인 플랫폼 상에서 지갑 간에 거래되는 데이터를 활용하여 시장교란 행위를 탐지할 수 있으며 내부통제에도 활용가능하다. 특히 블록체인 상의 온체인 데이터 활용 및 머신러닝 기반 탐지 시스템 구축 등이 내부통제 강화를 통해 디지털 자산 시장 투명성 및 신뢰성을 제고할 수 있는 기술적 해결 방안으로 주목 받고 있다.

온체인 데이터는 블록체인 네트워크에서 발생하는 모든 거래 내역을 기록한 정보, 탈중앙화의 기반이 되는 '정보의 투명성'을 보장하는 핵심 개념으로 모든 시장 참여자에게 개방되어 있다. 일반적으로 시장 참여자들이 많이 이용하는 이더스캔(Etherscan)의 경우 이더리움 블록체인에서 일어나고 있는 모든 활동과 정보를 쉽게 검색할 수 있는 사이트(〈그림 5-2〉)로서 이더리움 블록체인에서 발생하는 모든 활동과 정보를 검색할 수 있는 대표적인 사이트 중 하나이다. 이더스캔에서는 이더리움 블록 생성 내역, 트랜잭션 조회, 지갑 정보 조회, 이더리움 기반의 토큰 검색 등 다양한 정보를 제공하고 있어 이더리움 블록체인을 사용하는 블록체인 개발자, 트레이더, 투자자, 일반 사용자 등에게 유용한 정보를 제공하고 있다.

온체인상에서 발생하는 데이터 검색을 통해 스마트 컨트랙트 생성 추이, 트랜잭션 및 거래량 추이, 지갑의 트랜잭션 내역 등을 활용하여 시장의 활성화 추이, 특정 프로젝트의 실제 수요 및 공급 정도, 투자기관이나 거래소의 실제 자산 운용 현황 등을 추적할 수 있어, 온체인 데이터를 활용한 머신러닝 기반 탐지 시스템 구축 시 부정거래 패턴 분석을 통한 자전거래 및 자금세탁 의심 경로 등을 추적 및 이상거래 사전 탐지를 위한 도구로 쓰일 수 있을 것으로 기대할 수 있다.

그림 5-2

**이더스캔(Etherscan) 예시 화면**

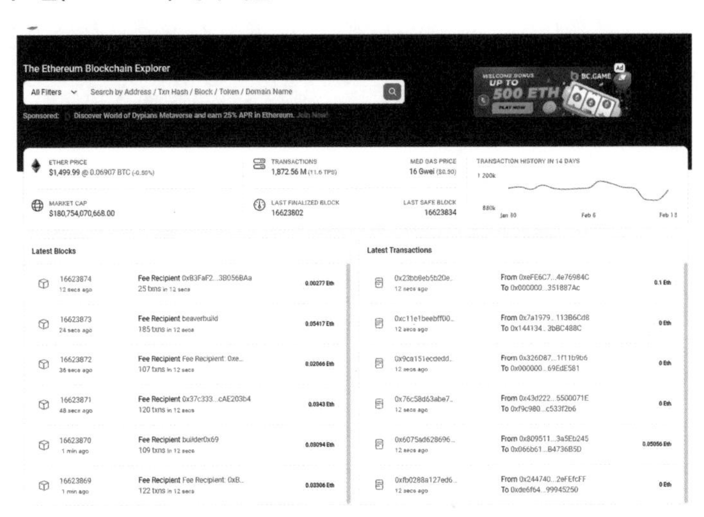

Chapter 06

# NFT 규제 및 올바른 정책 방향

집필: 김정민 (법무법인 경세 파트너 변호사)

# 01 서론

## I 현황 및 2023년 전망

블록체인 업계에서 2022년을 관통하는 키워드는 단연 대체불가토큰(Non-Fungible Token: NFT)이었다. 2021년부터 전 세계적으로 NFT 시장이 급성장하였고, 지금도 그 열기는 식지 않고 있는 상황이다. 국내 NFT 시장 또한 한차례 붐업이 있은 후 잠깐의 소강상태를 지나 관련 업체의 수가 점차 늘어나고 있고, 언제든지 2차 붐업이 일어날 수 있는 토대가 조성되고 있다.

현재, 업계에서는 다양하고 복잡한 유형의 NFT가 생성되고 있고, 이렇게 생성된 NFT는 전 세계에서 거래되고 있으나, 관련 법적 제도와 규정이 미비하여 NFT에 대한 명확한 정의나 법적 성격도 정의되어 있지 않다보니 NFT 시장 전체가 규제의 사각지대에 놓여 있는 상황이다.

특히, 다양한 분야에서 활용되고 있는 NFT에 대하여 통일된 규제를 적용할지, 각각 다른 규제를 적용할지에 대해서도 의견이 대립되고 있는데, 이러한 환경 속에서도 소비자들은 소비자의 보호를 위한 입법을 청원하고 있고, 관련 기업에서는 NFT 산업의 진흥을 위한 입법을 청원하는 목소리가 점점 커져가고 있다.

2023년 NFT 시장의 미래를 예측하는 것은 상대적으로 새롭고 빠르게 진화하는 분야이기 때문에 매우 어려운 일이다. 그러나 2023년 NFT 시장을 몇 가지 키워드로 그 추세를 예측할 수는 있다.

NFT가 전체 블록체인 시장에서 더 큰 주류로 채택될 것이다. 시장에서 NFT에 대한 이해와 그 수용형태가 증가함에 따라 더 많은 회사와 개인이 디지털 아트, 수집품, 게임 아이템 등과 같은 더 광범위한 목적을 위해 NFT를 사용하게 될 것이다.

NFT 관련 규제와 조사가 강화될 것이다. NFT의 인기가 점차 높아짐에 따라 규제 기관은 시장에 더 많은 관심을 기울일 가능성이 높으며, 소비자를 보호하고 공정한 거래 관행을 보장하기 위한 새로운 규제로 이어질 것으로 예상된다.

NFT의 새로운 사용 사례가 개발될 것이다. NFT 기술이 계속 발전함에 따라 새로운 사용 사례가 등장할 가능성이 높으며, 잠재적으로 NFT 제작자와 구매자를 위한 새로운 시장과 기회로 이어질 것으로 예상된다.

NFT 시장이 성숙될 것이다. NFT 시장은 아직까지는 초기 단계이지만 점차 성숙함에 따라 새로운 플레이어가 시장에 진입하고 기존 플레이어들은 각자의 위치를 찾아가거나 통합의 움직임이 일어날 가능성이 높다. 이는 NFT에 대한 보다 안정적이고 예측 가능한 시장으로 이어질 수 있다.

NFT 기술이 지속적으로 혁신될 것이다. NFT와 그 이면의 기술은 계속 발전하고 개선되어 잠재적으로 NFT를 생성, 관리하고 거래하는 것이 더욱 쉬워짐에 따라, 이런 과정을 더 새롭고 더 정교하게 해주는 NFT 애플리케이션이 생겨날 것이다.

전반적으로 2023년의 NFT 시장은 새로운 NFT가 등장하고 NFT가 새로운 방식으로 사용되고 인식되는 애플리케이션, 새로운 플레이어가 등장할 것이다. 이로 인해 NFT의 새로운 사용 사례 및 새로운 기술이 선보일 것이고, 오늘날의 NFT 시장과 매우 다르게 진화할 것이다.

## II 문제점

정부가 NFT 규제 또는 진흥을 구체화하기 위해서는 먼저 NFT에 대한 명확한 정의를 내려야 하고, 특히 NFT가 가상자산에 해당하는지 여부에 대해 하루빨리 결론을 내려야 한다. 2023년 현재, 우리나라에는 NFT에 대한 구체적인 규정이 없다. 그리고 암호화폐 및 블록체인 기술에 대한 법적 명확성 부족은 국내 NFT 시장에 잠재적인 문제를 유발할 수 있다. 즉 NFT가 자금 세탁 및 기타 불법 활동에 사용될 가능성에 대한 우려가 현실화될 수 있다는 것이다.

우리가 구체적으로 NFT에 대한 규제를 지금 시작한다고 하면, 다양한 NFT의 법적 성격을 동일하게 규정하는 바탕 위에 단일 법령으로 규제할 것인지, 다양한 NFT의 법적 성격이 제각기 다를 수밖에 없고, 단일 법령으로 규제하기 어려운 측면이 있음을 인정하고, 각기 다른 NFT를 각기 다른 법령으로 규제할 것인지에 대해서 먼저 판단해야 한다.

그리고 각기 다른 NFT에 대해서 단일한 법령으로 규제할지, 각기 다른 법령으로 규제할지를 떠나서, 그 규제 법령을 어떤 기관이 담당할지도 문제가 될 수 있다.

# III NFT 규제 분석

본 장에서는 외국의 NFT 관련 규제 및 규제 시도를 분석하여, ㉠ NFT가 가상자산에 해당하는지 여부, ㉡ NFT의 증권성 여부에 대해 분석해보고, 나아가 ㉢ 각기 다른 NFT의 법적 성격에는 어떤 것들이 있는지, ㉣ 법적 성격이 각기 다른 NFT에 어떠한 규제가 적용되어야 하는지에 대한 연구를 하고자 한다.

NFT의 규제 이슈는 다양한 유형의 NFT의 각기 다른 고유한 특성을 고려해야 하는 복잡한 문제이다. 예술, 음악 및 수집품과 같이 각기 기능과 용도가 다를 수 있으므로 모든 NFT에 동일한 규정을 적용하는 것은 적절하지 않을 수 있다. 따라서 다양한 NFT와 관련된 특정 기능 및 잠재적 위험을 고려한 다양한 규정을 개발해야 할 것으로 보인다. 그러나 어떻게 규정하든, 모든 규제 프레임워크는 NFT의 진화하는 특성과 더 광범위한 블록체인 생태계에 유연하게 적응할 수 있는 것을 목표로 해야 하고, 따라서 개방되어 있는 유연한 규정 체계가 필요하다.

# 02 NFT가 가상자산인지

## Ⅰ NFT의 분류

### 1 한국금융연구원의 NFT의 분류

한국금융연구원의 연구용역 보고서[1]에서는 NFT를 1) 게임아이템, 2) NFT 아트, 3) 증권형 NFT, 4) 결제수단형 NFT, 5) 실물형 NFT, 5가지 유형으로 분류하고 있다. 이 분류에 따라 각각의 NFT의 법적 성격을 동일하게 규정하기 어렵고 단일 법령으로 규제하기도 힘들다는 결론을 내렸다. 또한 각각의 NFT가 활용되는 방식에 따라 그 유형이 가상자산, 수집품, 금융자산 등 완전히 달라질 수 있다는 분석을 내놓았다.

연구용역 보고서를 구체적으로 살펴보면

1) 게임아이템 NFT의 경우, 경제적 가치를 지닌 것으로서 전자적으로 거래 또는 이전될 수 있는 전자적 증표에 해당되어 가상자산에 해당할 가

---

1 한국금융연구원, '대체불가능토큰(NFT)의 특성 및 규제방안' 연구용역 보고서 2021. 12.

능성이 있다고 보고서에서 설명하고 있지만, NFT가 발행되는 구체적 인 과정에 따라 달라질 여지는 있다.

2) NFT 아트의 경우, 결제수단이나 투자목적으로 거래가 되는 대상이 아니므로 가상자산의 정의에 해당하지 않는다고 설명하지만, 실제 시장에서 거래되는 목적물이 NFT 그 자체라면 가상자산의 정의에 해당할 수도 있어 보인다.

3) 증권형 NFT는 기능적으로 투자계약증권 등 증권의 속성을 가지는 것으로 판단될 경우 대부분 증권(금융자산)으로 분류될 것인데, 증권 관련 법규가 적용될 수 있도록 가상자산의 정의에서는 제외하는 것이 바람직해 보인다.

4) 결제수단형 NFT는 그 자체로 가상자산의 정의를 충족한다고 볼 수 있다.

5) 반면 훈민정음 해례본과 같이 실물로 존재하는 대상물을 디지털화해서 발행하는 실물형 NFT는 수집품에 가까워 가상자산의 정의를 충족한다고 보기는 어렵다.

## 2 업계의 NFT의 분류

글로벌 NFT 플랫폼들을 분석하고 이를 시각화하는 Nonfungible.com 사이트에 따르면, NFT 시장의 카테고리를 크게 6가지 영역으로 분류하고 있는데, 아트, 컬렉터블, 게임, 메타버스, 스포츠, 유틸리티가 그것이다.

아트, 스포츠, 게임, 메타버스는 NFT가 다루는 컨텐츠에 따라서 분류한 것으로 보인다. 다만, 컬렉터블(Collectable)은 분류의 기준이 조금 달라 보이는데, 컬렉터블의 경우 투자적인 성격이 강하고, 기술적인면, 게임화 성격이 가미된 영역이기 때문에 별도로 분류하고 있다. 유틸리티도 기준이 달라 보이는데, 현재는 NFT내에서도 시장이 작지만 어떤 기능을 가지는지에 따라서 성장가능성이 큰 시장으로 보인다. 상품권,

공연 티켓 등 중고거래에 적용하거나, 오프라인과 NFT를 연결하는 다양한 시도가 유틸리티 분류에 들어갈 수 있다.

업계에서는 보다 다양하게 NFT를 분류하기도 하는데, 크게는 5가지로 분류한 후 각각을 다시 여러 개의 분류로 나누는 2단계 분류 방식을 사용한다.[2]

그림 6-1

| Community | Membership NFT | Social NFT | Event NFT |
|---|---|---|---|
| Asset | De-Fi NFT | Real World NFT | Liquidity NFT |
| Game | In-game NFT | Wearable NFT | Land NFT |
| Engagement | ID NFT | PFP NFT | POAP NFT |
| New | Dynamic NFT | Personalized NFT | |

먼저 크게 커뮤니티형(Community NFT), 자산형(Asset NFT), 게임형(Game NFT), 참여형(Engagement NFT), 새로운 형태(New NFT)로 나눈 후 각각을 다시 세부 분류로 나눈다. 특히 NFT의 기능이 계속해서 발전하므로 새로운 형태의 NFT를 따로 분류하는 방식이 신선하게 보인다.

첫째, 커뮤니티형 NFT, 커뮤니티는 NFT의 대표적인 기능이다. 특정 프로젝트나 각종 채널에서 회원 등급에 사용되어 행사 등 콘텐츠에 대한 독점적인 접근 권한을 부여하고 있다. 이 NFT는 커뮤니티 구성원을 위해 생성되는데 커뮤니티를 구축하기 위해 크리에이터가 만들거나

2 https://medium.com/@chris_yoon/nft-분류하기-70e635ae446e

DAO에서 만들기도 한다.

커뮤니티형은 1) 멤버십 NFT(보유자에게 상품 할인, 콘텐츠 열람, 투표자격을 제공), 2) 소셜 NFT(커뮤니티 내에서 등급표시 용도로 사용되는 뱃지, 이모티콘 등 제공), 3) 이벤트 NFT(온-오프라인 이벤트 입장권)로 나누어진다.

둘째, 자산형 NFT, 자산형 NFT는 판매(양도), 임대 등이 가능하고 NFT를 통한 수익, 소유권 확인의 목적으로 사용된다.

자산형은 1) De-Fi NFT(소유자가 NFT를 스테이킹 하여 수익을 얻거나, 담보대출용으로 사용), 2) Real World NFT(실물 자산의 소유권과 연결되어 소유권을 보증함), 3) Liquidity NFT(하나의 NFT를 여러개로 분할하여 유동성 확보에 사용), 4) License NFT(저작권, 상표권 등 각종 라이선스를 양도하거나 사용권을 부여하는데 사용)로 나누어진다.

셋째, 게임형 NFT, 게임형 NFT는 게임 상의 캐릭터와 아이템을 NFT로 만든 것을 말하며, 메타버스와 같은 가상 세계의 공간에서 사용되는 캐릭터 아이템을 포함한다.

게임형은 1) In-game NFT(게임 내의 아이템, 능력, 캐릭터 등 다양한 콘텐츠를 NFT로 만들어서 사용, 거래를 통해 수익을 창출하고 수집 목적으로 도 사용), 2) Wearable NFT(메타버스 내 아바타를 꾸미는데 사용하는 옷, 액세서리 등), 3) Land NFT(샌드박스, 디센트럴랜드 등 블록체인 기반 가상 세계의 토지, 부동산)로 나누어진다.

넷째, 참여형 NFT, 참여형 NFT는 주로 신원 증명의 목적으로 사용되는데, 커뮤니티 내에서 활용되면 커뮤니티 NFT와 거의 동일하며, 다양한 소셜 활동에 하나의 NFT로 참여하고 인증하는 목적으로 사용된다.

참여형은 1) ID NFT(다양한 사이트에서 아바타, 캐릭터로 자신의 신원을 나타내고 증명하는데 사용), 2) PFP NFT(소셜 미디어의 프로필 사진으로 많이 활용), 3) POAP NFT(온-오프라인의 각종 이벤트에 참여했을 때 발행되어 참석을 증명하거나 프로그램 이수를 인증하는 용도로 사용)로 나누어진다.

다섯째, 새로운 형태 NFT, 새로운 형태의 NFT는 아직 대중화되지 않았거나 앞으로 탄생할 형태의 NFT인데, 1) Dynamic NFT(한번 발행되면 그 내용이 고정되는 것이 아니라 외부 조건에 따라 NFT의 스마트 컨트랙트 내 메타 데이터가 변경되는 것), 2) Personalized NFT(양도 불가능하고 특정 개인에게 주어지는 굿즈, 영상, 이미지 등에 사용)로 나누어진다.

NFT는 최첨단의 새롭고 진화하는 기술이며 기술이 성숙해지고 더 널리 채택됨에 따라 새로운 사용 사례가 나타날 가능성이 높다는 점은 주목할 가치가 있고, '새로운 형태의 NFT'의 등장에 항상 관심을 기울여야 한다.

아직까지 NFT의 분류를 전문적으로 맡아서 하겠다는 조직이나 개인은 보이지 않는다. 각자 자신의 기준이나 관점에 따라 다르게 분류할 수 있고, 그렇게 분류하고 있는 것이 현실이다. 다만 그 분류 기준에 있어서는 일반적으로 기본 사용 사례 또는 응용 프로그램과 기술 및 경제적 특성에 따라 나눠져 있다.

NFT를 다루는 다양한 온라인 플랫폼, 협회 및 마켓플레이스가 있으며 자체 분류 시스템을 사용하여 사용자 또는 고객에게 NFT를 구성하고 제공할 수 있다. 그러나 NFT 시장은 여전히 새롭고 역동적인 분야이며, NFT의 분류는 새로운 사용 사례와 애플리케이션이 등장함에 따라, 그리고 시간이 지남에 따라 진화하고 바뀔 가능성이 매우 높다.

# II NFT가 FATF 가이드라인에 따른 가상자산인지

## 1 FATF 가이드라인에서 가상자산의 범위

국제자금세탁방지기구(Financial Action Task Force: FATF)는 2021. 10. 28. 발표한 '가상자산 및 가상자사업자 관련 가이드라인'을 통해 '가상자산'을 그 해당 자산 자체의 성격상 전자적 방식의 거래 및 이전이 예상되며 지급결제 또는 투자 목적으로 사용될 수 있는 것이라고 규정하고, 수집품과 같이 활용되는 디지털자산을 NFT로 정의하였다.

### 2 NFT가 가상자산에 포함되는지 여부

위 가이드라인에 따르면, NFT는 기본적으로는 FATF가 규정하는 가상자산의 범위에 해당하지는 않으나, NFT가 결제(지불)나 투자목적에 사용되는 경우 가상자산에 해당할 수 있고, 경우에 따라 금융자산(증권 등)에 해당할 수도 있다며, 개별 사례별로 따져보아야 한다고 설명하고 있다.

또한, FATF는 위 가이드라인 개정을 통해 '가상자산이 대체가능한(fungible) 자산을 다룬다'는 표현을 삭제하고, '가상자산이 전환가능한(convertible) 또는 상호 교환이 가능한(interchangeable) 자산을 다룬다'로 수정하면서 NFT를 가상자산으로 해석할 여지를 두고 있다.

특히, FATF는 위 가이드라인 발표를 통해서 어떤 용어를 사용하는지가 핵심이 아니라, NFT의 기능과 실질을 고려하여 각국이 개별 사안에 따른 규제를 만들어야 한다고 권고하고 있다.

## III NFT가 일본법상 가상자산인지

### 1 일본법상 가상자산의 범위

일본은 가상자산을 규제함에 있어 하나의 통일된 법을 제정하여 이에 의해 규율하는 것이 아니라 현행 법률을 각각의 가상자산이 가진 기능과 사용례에 따라 맞춤형으로 규제를 하고 있다.

'유틸리티토큰'의 경우, '자금결제법'에 따라 '암호자산'[3]으로 분류되어 규제를 하고 있고, '증권형토큰'의 경우 '금융상품거래법'에 따라 '암호자산(또는 전자기록이전권리)'로 규정되어 '제1종 금융사업자'로 등록된 자만 발행 및 거래가 가능하다. 특히, 스테이블코인의 경우, 각각의 기능에 따라 '암호자산'으로 분류되거나, 현금으로의 환전여부에 따라 송금수단으로도 분류되기도 한다.

## 2 NFT가 가상자산에 포함되는지 여부

일본의 경우, NFT를 가상자산으로 의율하여 금융법제에 따른 규제를 직접적으로 받는다고 보지는 않고 NFT에 특화된 법규도 없는 실정이다. 다만, '이익 분배'를 하는 경우, 금융상품거래법 상 '유가증권'에 포섭될 가능성이 있고, 이에 해당되지 않더라도 결제수단 등 경제적 기능이 있다면 자금결제법에 따른 '암호자산'이나 '선불식 결제수단'에 포섭될 가능성이 있다.

특히 일본은 최근 자율규제를 시작했는데, 지금까지 가상자산시장에서 법이 그 권한을 정하는 '법정 자율규제'라는 것을 해왔던 것과 다르게, NFT 시장에서는 민간이 자율적으로 규제하는 '민간 자율규제'를 하고 있다. 2020년 민간 자율규제기관인 BCA(Blockchain Contents Association)에서 가이드라인을 제정하였고, 2021년에는 가상자산협회(Japan Cryptoasset Business Association: JCBA)가 NFT와 관련한 '자율규제 가이드라인'을 제정하였다. 위 가이드라인에서는 NFT를 기존 암호자산 및 증권과 구별할 수 있는 차트를 제안하고 있다.

---

3 일본에서는 암호화된 자산이라는 것을 강조하여 암호자산(Crypto Asset)이라는 용어를 사용.

# IV NFT가 MiCA에 따른 가상자산인지

## 1 MiCA에 따른 가상자산의 범위

유럽연합은 가상자산 규제 기본법안인 「Markets in Cryto-Assets Regulation」(MiCA) 법안[4]이 2022. 3. 14. 통과되어, MiCA 법안이 시행되는 2024년부터 유럽연합 전체 회원국은 가상자산에 대한 단일 규제체계를 갖추게 될 것으로 보이나, NFT에 대한 논의는 이 법안에서 제외되어 있다.

MiCA는 최초의 가상자산에 관한 단독 입법안인데, 가상자산의 발행, 거래에 관한 투명성, 가상자산 관련 공시의무, 내부자거래 규제, 발행인 자격요건 규제, 인증 및 관리 · 감독에 관한 내용들로 구성되어 있다. 다만, MiCA에는 기존에 없던 스테이블 코인, 전자화폐 토큰, 유틸리티 토큰 등 대부분의 가상자산에 대한 규제를 기재하면서도 NFT에 대한 내용은 없다.

## 2 NFT가 가상자산에 포함되는지 여부

NFT가 시장에서 거래되고 투기수단이 되며, 제한적으로 교환 수단으로 사용될 수는 있지만, 각각의 NFT가 고유하기 때문에 서로 교환할 수 없고, 특정 NFT의 가치는 다른 NFT의 가치나 기존 NFT 시장의 상태에 영향을 주지 않아, 이러한 성질의 NFT가 금융거래 목적으로 사용될 수 있는 범위가 제한적이므로 사용자와 시스템에 대한 위험이 적다라는 이유로 규제 내용에서 제외되었다.

---

4 한국은행, “EU 암호자산시장 법률안(MiCA)에 대한 번역본 발간” 보도참고자료, 붙임 “EU 암호자산시장 법률안 1부” 2022. 8. 30.

이런 내용에도 불구하고, MiCA 제3조는 '분산원장 기술 또는 유사한 기술을 사용하여 전자적으로 이전되고 저장될 수 있는 가치 또는 권리의 디지털 표현'을 '암호자산'으로 정의하고 있고, 일부 NFT는 위 '암호자산' 정의규정에 부합할 수 있으므로 MiCA의 규제 대상에 포함될 가능성이 있다.

# V NFT가 우리 특정금융정보법상 가상자산인지

## 1 특정금융정보법상 가상자산의 범위

특정 금융거래정보의 보고 및 이용 등에 관한 법률(이하 "특정금융정보법")은 '가상자산'을 "경제적 가치를 지닌 것으로서 전자적으로 거래 또는 이전될 수 있는 전자적 증표(그에 관한 일체의 권리를 포함)"로 정의하면서(특정금융정보법 제2조 제3호), 선불전자지급수단, 게임물의 이용을 통하여 획득한 유·무형의 결과물, 전자등록주식, 전자어음, 전자증권 등을 제외하고 있다.

즉, 블록체인 기술이나 분산원장 방식을 사용하는 것을 가상자산으로 개념으로 포섭하는 것이 아니라, 적용기술, 방법, 명칭과는 상관없이 '가상자산'의 개념을 포괄적으로 규정하고, 다른 법률에 의해 이미 규율되고 있어 자금세탁방지 관점에서 규제의 필요성이 적은 항목들을 '가상자산' 의 범위에서 제외하는 구조로 가상자산의 범위를 정하고 있다.

## 2 NFT가 가상자산에 포함되는지 여부

이에 대한 국내 연구자들의 견해는 크게 2가지로 나누어지는 듯 보이는데, 즉 일부는 가상자산으로 포섭하여야 한다고 주장하는 반면, 나머지는 NFT의 법적 성격을 따져 각기 다른 규율을 해야 한다고 주장하고 있다.

이러한 다툼이 있음에도, 각각 NFT의 발행 형태나 기능에 따라 가상자산에 포함 되는지 여부에 대한 결론은 달라질 수 있다는 의견이 설득력이 있다. 즉, 특정금융정보법이 가상자산의 개념을 포괄적으로 규정하고 있고, FATF의 가이드라인의 내용 등을 고려해 볼 때, 적어도 개별 NFT가 결제의 수단이나 투자의 수단으로 활용되는 경우에는 차후에라도 특정금융정보법상의 가상자산에 해당한다는 판단이 내려질 가능성이 커 보이는게 사실이다.

실제로 금융위원회는 2021. 11. 23.자 보도자료[5]를 통해 "NFT는 일반적으로 가상자산이 아니며, 다만 결제 · 투자 등의 수단으로 사용될 경우에는 해당될 수 있습니다."고 하면서 "NFT가 일반적으로 가상자산으로 규정하기 쉽지 않은 측면이 있으며, 개별 사안별로 봤을 때 일부 가상자산에 해당할 가능성이 있다"는 입장을 내보였다.

5 금융위원회, "NFT는 일반적으로 가상자산이 아니며, 다만 결제 · 투자 등의 수단으로 사용될 경우에는 해당될 수 있습니다. (머니투데이 11.23일자 보도에 대한 설명)", 보도설명자료. 2021. 11. 23.

# 03 NFT의 증권성

## I 증권성 판단의 방법

NFT가 증권성이 있는지에 대한 판단은 NFT의 종류에 따라 개별적으로 판단해야 한다. 우리 「자본시장과 금융투자업에 관한 법률」(이하 '자본시장법')은 금융투자상품에 대해서 다루는데 금융투자상품은 크게 증권과 파생상품으로 나누어지고, 다시 증권은 채무증권, 지분증권, 수익증권, 투자계약증권, 파생결합증권, 증권예탁증권으로 나누어진다.

NFT가 증권성이 있는지 판단하기 위해서는 위 각 증권 및 파생상품에 해당하는지 여부를 개별적으로 검토해야 하는데, NFT는 그 성질상 '자본시장법'에서 정의하는 전통적인 증권으로 분류하기 힘든 경우가 대부분이다. 따라서, 증권의 정의에 대해서 포괄적으로 규정하고 있는 투자계약증권조항에 해당하는 경우 NFT가 증권성을 가진다고 판단할 수 있다.

## II 투자계약증권의 개념과 그 적용

'자본시장법'은 투자계약증권을 "특정한 투자자가 그 투자자와 타인(다른 투자자를 포함한다) 간의 공동사업에 금전 등을 투자하고 주로 타인이 수행한 공동사업의 결과에 따른 손익을 귀속받는 계약상의 권리가 표시된 것"[6]이라고 정의하고 있다. 이 정의는 미국 증권법의 투자계약증권의 정의와 크게 다르지 않다.

미국은 소위 'Howey Test'[7]와 이후의 판례를 반영하여 투자계약증권의 개념을 발전시켜왔다. '금전 등을 투자'라는 요건, '주로 타인이 수행한 공동사업의 결과에 따른 손익이 귀속' 요건은 미국법과 동일하고, '투자자와 타인, 투자자와 투자자 간의 공동사업' 요건은 투자자 간의 수평적 공동성뿐만 아니라 투자자와 타인 간의 수직적 공동성도 포함하므로 미국법보다 완화되어 있다.

미국이 우리와 다른 점은 미국 증권거래위원회(Securities and Exchange Commission, SEC)는 투자계약증권 개념을 적극적으로 활용하는 반면, 우리는 자본시장법에서 투자계약증권 개념을 보충적으로 적용[8]해 왔다는 점이다.

그러나 최근 획기적인 전환이 있었는데, 바로 금융위원회가 2022. 4. 20. '뮤직카우'의 '저작권료 참여청구권'에 대하여 투자계약증권(이 개

---

6 '자본시장법' 제4조 제6항.

7 어떤 거래가 투자에 해당하는지 여부를 판단하는 테스트. 이 기준에 따르면 △이익을 기대해서(expectation of profit) △공동사업에(common enterprise) △금전을 투자하고(investment of money) △타인의 노력 결과 그 대가를 받는 계약에 해당할 경우(through the effects of the promoter or third party) 증권으로 분류될 가능성이 높음.

8 금융위원회, "투자계약증권의 성격에 대한 질의"에 대한 유권해석, 2014. 3. 16.

념을 최초로 적용하여)에 해당하는 것으로 판단하였고,[9] 이후 이어진 '조각투자 등 신종증권 사업 관련 가이드라인'[10]을 통하여 NFT와 가상자산 특히 조각투자에 대해 '자본시장법' 적용 가능성을 적극적으로 검토하겠다고 하였다.

위 가이드라인에서는 이에 더해 증권성이 있다고 판단된 조각투자는 '자본시장법' 및 관련 법규를 적용하되, 혁신성과 필요성이 인정되는 경우에는 금융혁신지원 특별법에 따라 금융규제 샌드박스를 통해 규제 특례를 적용받을 수 있도록 하였다.

## III NFT가 투자계약증권에 해당하는지

원칙적으로 NFT 구매자가 현금 또는 가상자산을 투자하기는 하지만, 투자자들끼리 또는 투자자와 타인이 공동사업을 하는 경우가 아니므로, 증권으로 분류하기 힘들어 보인다. 특히 대부분의 NFT는 미술품 등 한정판, 수집품, 게임아이템의 기능을 가지고 있으므로 공동사업과는 무관하다. 나아가, 수집품이나 다오(DAO, 탈중앙화자율조직) 입장권 등 유틸리티적 성격이 주된 것은 증권으로 분류되기는 힘들어 보인다.

다만, 이익을 기대하고 투자의 목적으로 NFT를 구매한다면 적용이 조금 달라질 수 있다. 특히 대체불가능토큰인 NFT를 분할해서 발행하는 경우가 늘어나고 있는 현실에 비추어 보면, 이는 NFT를 통해 자산을 유동화(또는 집합투자)하는 경우에 해당하므로 증권으로 분류될 가능

---

9 금융위원회 보도자료, "저작권료 참여청구권의 증권성 여부 판단 및 ㈜뮤직카우에 대한 조치", 2022. 4. 20.

10 금융위원회 보도자료, "조각투자 등 신종증권 사업 관련 가이드라인", 2022. 4. 29.

성이 매우 크다. 즉 하나의 NFT를 다수가 공동소유하거나, 특정 기초자산에 대한 NFT를 복수로 발행하여 각 NFT가 내용이 거의 동일한 경우 증권에 해당할 가능성이 커진다.

앞서 살펴본 NFT의 분류에 따라 각각의 NFT가 증권성이 인정될 것인지 판단해보면 다음과 같다.

먼저, 커뮤니티형 중 멤버십 NFT, 소셜 NFT, 이벤트 NFT는 수집품이나 입장권이 주된 용도이므로 증권으로 분류되기 힘들어 보인다.

둘째, 자산형 중 Liquidity NFT는 그 성질상 증권성이 인정될 가능성이 크고, De-Fi NFT, Real World NFT, License NFT도 권리를 분할하거나 복수로 발행하는 형태라면 투자계약증권으로 포섭될 가능성이 크다.

셋째, 게임형 중 In-game NFT, Wearable NFT, Land NFT는 디지털 자산의 소유권을 표창하는 형태라면 증권성이 부정되겠지만, 그 소유권을 분할하거나 복수로 발행하는 형태라면 투자계약증권으로 포섭될 가능성이 크다.

넷째, 참여형 중 ID NFT, PFP NFT, POAP NFT는 신원증명, 프로필, 이벤트 참여를 인증하는 용도가 주된 것이므로, 이렇게 유틸리티가 강조되는 경우에는 증권성이 부정될 가능성이 크다.

마지막으로, New NFT 중 Dynamic NFT, Personalized NFT는 기초자산이 있지도 않고, 개인화 경향이 강하여 증권성이 부정될 가능성이 크다.

# IV 소결

NFT가 증권성이 있는지 여부에 대한 질문은 간단히 답할 수 있는 성질의 것은 아니며, 복잡하고 변경가능성이 큰 법의 적용 문제로 보인다. 따라서 각 사안에서의 NFT 특징과 관련된 규율체계 내에서의 해석에 따라 답변이 달라질 수 있다.

일반적으로 NFT가 증권으로 취급되는지 여부는 증권의 법적 정의를 충족하는지 여부에 따라 달라지는데, 다른 사람의 노력으로 이익을 얻을 수 있다는 기대와 함께 일반 기업에 돈을 투자하는 것을 포함한다.

NFT가 투자 기회임을 내포하고 있고, 타인의 노력에 따른 수익을 약속하는 방식으로 마케팅 및 판매되는 경우 잠재적으로 증권으로 취급될 가능성이 크다. 반면에 NFT가 단순히 투자 기회나 수익 기대를 포함하지 않는 고유한 디지털 자산인 경우 증권으로 취급되지 않을 수 있다.

결국, NFT가 증권에 해당하는지 여부에 대한 결정은 각 사안에서 NFT의 특징과 규제 상황에 따라 달라지며 해당 법률 및 규정에 따라 규제 기관 또는 법원에서 결정할 일이다.

# 04 NFT 관련 올바른 정책방향

먼저, '특정금융정보법'의 가상자산의 개념은 자금세탁방지의 목적을 달성하기 위해 도입된 개념이며, 전통적인 증권의 개념과 증권시장에 대한 규제는 디지털 시대, 특히 웹 3.0 기술, 블록체인 기술에 그대로 적용하는 것은 합리적이지 않다고 생각된다.

그럼에도 불구하고 NFT에 과거의 개념을 적용하기 위해서는 우선, 다양한 NFT 중에 어떠한 NFT가 가상자산에 해당하는지, 또한 어떠한 NFT가 증권성이 있는지 여부에 대한 명확한 기준을 설정하는 것이 필요하다.

가상자산의 정의에 관해서 우리 '특정금융정보법'은 그 개념 정의를 포괄적으로 하고 있는바, NFT를 각 유형별로 달리 취급하려면, 하위 법규에서 NFT의 종류와 유형을 먼저 명확하게 나눌 필요가 있다. 이를 위해서는 현재까지 시중에서 거래되는 NFT를 전수조사하여 각각의 유형을 정확하고 배타적으로 구분하는 작업을 선행하여야 한다.

특히, NFT 시장에서는 지금 이 순간에도 새로운 유형의 NFT가 등장하고, 또한 NFT가 새로운 방식으로 사용될 수 있고, 나아가 새로운 플레이어가 등장하고 있다. 덩달아 NFT의 새로운 사용 사례 및 새로운 기술이 선보일 것이다. 이러한 NFT의 진화에 맞추어 NFT의 유형별 구분은 유연하고 개방성이 있게 진행되어야 한다. 즉 새로운 유형의 NFT를 지속적으로 포섭할 수 있는 구조가 되어야 한다.

이를 통해 NFT의 유형이 명확하게 나누어지면 각 유형에 적용되는 법규를 정치하게 나누고 법규에 규정된 규제가 시장에 미치는 영향력, 각 규제가 정말 필요한 규제인지 여부에 대해 종합적으로 검토하여, 소비자의 보호와 산업의 진흥이라는 두 마리 토끼를 잡을 수 있는 묘안을 고민하여 이를 정책방향으로 잡아야 한다.

이번 책에서는 NFT에 대해서 그 기능에 따라 가장 세부적으로 나누고 있는 분류에 따라, 가상자산에 해당하는지 여부, 증권에 해당하는지 여부를 검토하였다. 이러한 세분화된 분류는 기존의 법제도를 적용하기 위해서도 필요하지만 새로운 통합된 입법을 하는데 있어서도 매우 중요한 기초를 제공한다.

그리고, 이렇게 세분화된 분류의 바탕이 기초가 되어야만 정부의 규제가 필요한 영역과 업계의 자율규제로 대체될 수 있는 영역이 구별될 수 있다. 앞서 살펴본 분류에서 New NFT라는 영역이 있듯이 앞으로 새로운 기능을 가진 새로운 NFT가 계속해서 등장할 것인데, 새로운 기술과 수요를 반영한 새로운 NFT에 정부의 규제를 적용할 것인지, 자율규제로 대체할지에 대해서는 지속적인 정책적 판단이 가미가 되어야 할 것이다.

Chapter 07

# 미국, 일본, 유럽 등 각국의 디지털자산법제 비교법적 검토와 제도 개선 방향

집필: 이지은 (법률사무소 리버티 대표 변호사)

# 01 서론

블록체인과 비트코인은 중앙집권화된 국가와 기업으로부터 개인의 프라이버시를 보호하기 위해 암호화 기술로 익명성을 보장하는 탈중앙화 금융시스템을 만들어 보려는 사이버 펑크의 철학적 배경에서 탄생되었다. 글로벌 금융위기 상황에서 기존 금융시스템의 약탈적 관행에 대한 불신에서 비롯해 권력을 가진 하나의 그룹이나 사람이 모든 것을 결정하는 것이 아니라 다수가 동의하는 방향의 변화가 이루어지는 점, 악의적 데이터 변조를 위한 (과반수의) 노드 해킹이 필요해 사실상 해킹이 불가능하고, 블록체인 네트워크 참여자라면 누구나 투명하게 거래상황을 확인할 수 있으므로 스마트하고 공정한 계약이 가능하다는 점 등이 블록체인 분산원장 기술의 이상적 장점이라고 칭송되어졌다.

그러나, 가상자산 시장의 불안정성 및 단기간의 과도한 가격등락, 투자자와 발행자간 정보 불균형, 해킹이나 스캠 등에 따른 투자자 피해 발생 등이 상존해 왔음에도 금융시장의 투자자보호 장치에 비해 가상자산시장의 이용자보호를 위한 장치는 미흡했다. 2021년 기준 거래소 등록 가상자산의 전체 달러가치가 1조 5천억 원에 달하는 규모로 수년간 급속도로 성장해오면서 10,000여 개에 달하는 가상자산이 거래소에 신규 등록되었음에도 이 중 약 50%는 등록 폐지되었고, 등록 폐지된 가상자산의 90%는 약 3년을 넘기지 못했다. 특히 2022년 5월 글로벌 거래량 6위까지 이르렀던 알고리즘형 스테이블 코인인 테라, 루나의 폭락, 같은 해 11월 글로벌 3위 거래소인 FTX의 파산 신청 등 글로벌 가상자산 시장에 충격을 주는 사태들이 발생되면서 가상자산 시장의 신뢰를 확보하기 위한 규제 및 이용자 보호의 필요성은 더욱 커졌다.

그림 7-1

**전자공지 시스템**

스테이블 코인 관련 제도 현황

| | 유럽 | 미국 | 한국 |
|---|---|---|---|
| 논의 법안 | 7월 MCA (Markets in Crypto-Assets · 가상자산 규제)법 | 美 하원, 스테이블 코인 신규 발행 2년간 금지 법안 논의 중 | 국회 및 금융당국, 디지털자산기본법 논의 중 |
| 특징 | 스테이블 코인 종류별 규제책 마련 | 제롬 파월 의장 포함 금융당국, 스테이블 코인 규제 수차례 시사 | 국회 계류 중인 관련 법안 10여 개, MCA 및 미국 규제 참고해 글로벌 스탠다드 따를 전망 |
| | 안전자산에 기반하지 않은 알고리즘형 유틸리티 코인 ex, 테라·루나)은 사실상 퇴출될 전망 | 금융안정감시위원회(FOSC) "규제 기관 권한에 기업 및 계열사 활동에 대한 규제와 자본금 요구 기준, 보안 관행, 데이터 및 (정보) 공개 포함할 것" 권고 | 국내 5대 거래소, 거래 심사 자율 규제 방안 마련 및 시행(스테이블 코인 위험 모니터링 방식 협의) |

※ 스테이블 코인이란? 기존의 화폐 또는 실물자산과 연동해 가격 안정성을 보장하는 암호화폐다.
법정화폐 담보형, 암호자산 담보형, 그리고 무담보형으로 구분되며 보통 1코인이 1달러의 가치를 갖도록 설계돼 가격 변동성을 최소화했다.
목적은 암호화폐 거래자가 비트코인 및 이더리움 가격의 변동성을 겪지 않고 암호화폐 생태계에서 토큰을 유지할 수 있도록 하는 것이다.

이투데이 "제2테라 · 루나사태 막아라"…각국 '스테이블 코인' 연착륙 '총력' 2022. 10. 6.

각국은 가상자산에 대한 규제에 있이 기술중립적 접근을 기본으로 하되 기존의 금융법제를 중심으로 한 법제 정비 및 제도개선을 추진해 오고 있다. 미국과 일본, EU의 경우, 기존의 금융법제하에서 가상자산을 금융투자상품인 가상자산과 비금융투자상품인 가상자산으로 나누고, 전자는 기존의 증권법 체계로 규제하고 후자는 자본시장 규제에 유사한 법령을 제정하며 규율하려 한다. 이처럼 가상자산의 금융투자 상품성 여부에 따라 규제체계를 이원화하여 적용하는 접근방식은 이미 글로벌 기준으로 자리 잡았다.[1]

1 김갑래, "미국과 EU의 가상자산거래자 보호제도의 시사점", 이슈보고서 21-13, 2021. 6. 22. 자본시장연구원

# 02 미국의 가상자산사업 정책과 법제

## I 미국의 금융감독기구[2]

미국의 금융감독기구는 금융기관의 유형에 따라 다음과 같이 감독기관이 달라진다.

표 7-1

| 금융기관의 유형 | | | 금융감독기관 |
|---|---|---|---|
| 지주회사 | 은행 | | 연방준비제도이사회(Federal Reserve Board of Governors; FRB) |
| | 저축기관 | | FRB |
| | 투자은행(대형) | | FRB |
| 은행 | 연방인가은행 | | 미국 재무부 산하의 통화감독청(Office of the Comptroller of the Currency; OCC), FDIC |
| | 주인가은행 | FRB가입 · FDIC가입/ FDIC가입 | FRB, 연방예금보험공사(Federal Deposit Insurance Corporation; FDIC) 주정부/ FDIC, 주정부 |
| | 외국은행 | | FRB, OCC |

2 정대, "미국의 디지털 금융법제 현황" 국회발제 자료, 2022. 11. 23.

| 저축기관 | 연방인가 저축기관 | OCC, FDIC |
|---|---|---|
| | 주인가 저축기관 | FDIC, 주정부 |
| 증권회사 | | SEC, CFTC, FRB* |
| 보험회사 | | 주정부, 연방보험국(Federal Insurance Office; FIO), FRB* |
| 신용협동조합 | | 전국신용협동조합청(National Credit Union Administration; NCUA) |
| 소비자보호 | | 금융소비자보호국(Bureau of Consumer Financial Protection; CFPB), 주정부 |

# II 미국의 가상자산규제

## 1 SEC의 감독

미국은 암호화폐 등 가상자산에 대해 기존 연방 증권법을 통한 금융감독체계내의 SEC 등의 증권 감독 기구, 사기나 자금세탁방지 등의 집행을 통해 암호화폐 시장의 불법성 여부를 감독해왔다. 즉, 증권형 암호자산을 증권으로 포섭하게 됨에 따라 1934년 증권거래법에서 규정하고 있는 시세 조종 행위 금지 등 불공정거래 행위규제도 적용되어 암호자산을 이용한 불공정거래 행위도 규제하면서 SEC 등 감독당국의 적극적인 해석에 대해서 소송 제기 등 법적 논란이 제기될 수도 있는 증권감독당국 입장에서는 관련 법률의 개정이 없는 상태에서 투자자 보호를 위한 적극적인 법 집행을 시도하면서 법원의 판단에 따르거나 증권법 위반 회사와의 합의를 통해 시장의 규칙을 만들어가고 있는 상황이다.

미국은 가상자산을 증권 또는 상품 등의 관점에서 각기 다른 규율을 적용하고 있다.

증권거래위원회(SEC)는 가상자산이 증권의 정의를 충족할 경우 증권 감독 규율을 적용하며(증권이 아닌 경우에도 ETF와 같은 투자상품에 편입된 경우 증권으로 취급하여 규율), 증권인 가상자산의 거래자 보호에 대해서는 증권거래위원회(Securities and Exchange Commission: SEC)가 주무 부서로 증권거래 규제체계가 적용되며, 상품 또는 파생상품인 가상자산의 거래자 보호에 대해서는 선물, 선도, 옵션, 스왑 등의 파생상품시장을 규제하는 감독기관인 상품선물거래위원회(Commodity Futures Trading Commission:CFTC)를 주무 부서로 하여 상품거래 규제체계가 적용된다.

미국 연방증권관련법은 전통적으로 포괄주의적인 입장에서 증권을 정의(1933년 증권법 Section 2(a)(1) 및 3(a)(10))해 왔는데 전형적인 증권의 유형이 아닌 경우에는 투자계약으로 분류한다. 1933년 증권법에서 열거하고 있는 증권의 유형들은 주식, 사채 등 명확한 명칭을 지니고 있으나, 투자계약에 대해서는 그 의미가 분명하지 않아서 문제가 되었다.

증권거래법(The Securities Exchange Act of 1934) 상 투자계약에 해당하는지 여부는 Howey 판결에 따라 이루어졌다. SEC v, Howey 판결에서 "투자계약은 타인의 노력으로 인한 투자수익을 기대할 수 있는 공동사업에 금전을 투자하는 구조("[A]n investment of money in a common enterprise with profits to come soley from the efforts of others")(SEC v.Howey o.,328U.S.293,301(1946))라는 입장에 기초해 다음의 요소를 추출하여 증권성 판단의 기준으로 삼아 왔다.

SEC v. W. J. Howey Co., 328 U. S. 293 (1946)

① 공동의 사업(common enterprise)일 것

② 금전의 투자가 있을 것

③ 오로지 사업자나 제3자의 노력(solely from the efforts of the promoter or a third party)에 의할 것

④ 수익의 기대가 있을 것

SEC는 가상자산을 연방증권관련법상 '증권(securities)'에 해당되는 '투자계약(investment contract)으로 보아서 등록신고서(registration statement)를 제출하게 하는 등 증권법상 규제준수를 요구한다. 이러한 SEC의 입장은 증권형 가상자산과 그 외 가상자산을 구분하고, 증권형 가상자산만 증권으로 취급하는 스위스, 싱가포르 등 다른 국가의 입장과는 다소 다르다.[3] 1933년 증권법(The Securities Act of 1933)에 따라 증권 특히 투자계약에 해당하는 모든 종류의 청약과 거래는 SEC에 등록하거나, 등록을 면제 받는 예외 사유에 해당하여야 한다. 만약 위와 같은 의무를 위반하게 되면 당연히 1933년 증권법에 따라 SEC는 판매중단명령, 가처분, 과태료 및 과징금, 벌금까지 부과할 수 있다.

SEC는 2017년 7월 발간 보고서(SEC, Report of Investigation Pursuant to Section 21(a) of the Securities Exchange Act of 1934: The DAO, SEA of 1934 Release No. 81207(July 25, 2017)에서, 디지털자산거래에 대한 규제 여부는 Howey 판례의 기준을 사용하여 사안별로 판단하여야 한다고 하면서 탈중앙화 자율기구(Decentralized Autonomous Organization; DAO) 토큰(token)은 증권에 해당할 수 있다고 하였다. 또, SEC는 2018년 비트코인과 이더리움은 원칙적으로 증권이 아니라는 입장을 밝혔다.[4]

그러나 최근 SEC는 이더리움이 2022년 말 그레이드 '더머지(The Merge)'를 통해 채굴 방식을 작업증명(PoW · Proof of Work)에서 지분증명(PoS · Proof of Stake)으로 전환함에 따라 이더리움에 대해서도 증권성이 있다는 입장으로 볼 수 있다는 입장을 선회한 듯 보여 이더리움에 대한

3 김병연, 권오훈, "가상자산의 법적 성질 - 미국과 한국의 증권규제를 중심으로 -" 상사판례연구, 2021, vol.34, no.3, pp. 361-422 (62 pages)

4 Reuters, U.S. SEC Official Says Ether Not a Security, Price Surges(Jun. 14, 2018)

제재 가능성을 열어두었다. 즉, 지분증명은 보유한 지분 양에 따라 코인 채굴 과정에 참여함으로써 추가적인 코인 보상을 받게 되어 코인을 많이 갖고 있을수록 받게 되는 보상도 커진다. SEC는 이러한 방식으로 코인 보상을 받는 것에 대해 증권과 비슷한 성격을 지니고 있다고 꾸준히 지적해왔고, 2022. 3. 게리 갠슬러 SEC 위원장은 "투자자는 사실 PoS 토큰 여부와 관계없이 수익률을 기대하며 투자하는 경향이 있다"며 "이러한 모습이 증권성 판단 여부에 부합한다"는 의견을 내놓았다.[5] 현재 이더리움 외에도 PoS 방식을 택하고 있는 대형 코인으로는 시총 7위 규모의 카르다노, 10위의 솔라나 등이 있어 POS방식의 가상자산에 대한 증권성 인정시 시장에 큰 충격이 예상된다. 또한, 2023. 3. 9. 뉴욕검찰은 법무장관실에 신고하지 않고 증권에 해당하는 코인을 제공해 증권법을 위반한 혐의로 쿠코인(KuCoin)을 기소하면서 루나, 테라와 마찬가지로 이더리움을 증권성이 있다고 보았는데, 이더리움의 가치가 공동 창립자 비탈릭 부테린을 포함한 다른 사람의 노력에 달려 있기 때문에 마틴 법(뉴욕 검찰 당국이 증권 관련 사기 용의자들을 조사하고 기소할 수 있는 권한을 부여한 102년된 법안)[6]에 따라 증권이라고 주장했다.

SEC는 가상자산의 증권성 판단과 관련해 2019년 4월 3일 "디지털 자산의 '투자계약' 분석 체계(Framework for 'Investment Contract'Analysis of Dig-

---

5 [금융포커스] 이더리움, 美 제재 대상 오르나… 코인시장 대혼란 불가피, 美 SEC, 이더리움 · 스테이킹 서비스에 압박. 이더리움 제재 시, 디파이 금융 붕괴 가능성. 가상자산업계, SEC 추후 행보에 '촉각', 이정수, 조선비즈, 2023.4.5. https://biz.chosun.com/stock/finance/2023/04/05/M26IBUO7V5EHXG3KRJBIAI2FQM/

6 뉴욕 검찰, 쿠코인 기소…"이더리움은 증권" 쿠코인, 미등록 증권 판매 혐의로 법원 기소 뉴욕 검찰 "이더리움, 테라 루나, 테라USD 등 모두 증권", 강주현 기자, 디지털투데이 2023.3.10. https://www.digitaltoday.co.kr/news/articleView.html?idxno=471683

ital Assets)"라는 가이드라인[7]을 제시함으로써 증권성의 범위를 광범위하게 판단하고 있다. 위 가이드라인에 따르면 Howey 사건의 요소 중 '금전의 투자'에서 '금전'의 범위에 법정화폐뿐만 아니라 '전자자산'도 포함하고 '타인의 노력' 판단에 있어서 '적극적 참여자'(active participant)라는 개념을 도입하여 암호자산이나 운영체계(network)의 개발자(developer)나 운영자(operator) 등을 포함한다. 또, 가상자산거래소에서 투자자가 토큰을 팔아 이익을 보는 것 또한 '수익의 배당'이라고 보고 있다.

그림 7-2

**전자공지 시스템**

**C. Reasonable Expectation of Profits Derived from Efforts of Others**

Usually, the main issue in analyzing a digital asset under the *Howey* test is whether a purchaser has a reasonable expectation of profits (of other financial returns) derived from the efforts of others. A purchaser may expect to realize a return through participating in distributions or through other methods of realizing appreciation on the asset, such as selling at a gain in a secondary market. When a promoter, sponsor, of other third party (or affiliated group of third parties) (each, an "Active Participant" or "AP") provides essential managerial efforts that affect the success of the enterprise, and investors reasonably expect to derive profit from those efforts, then this prong of the test is met. Relevant to this inquiry is the "economic reality" of the transaction and "what character the instrument is given in commerce by the terms of the offer, the plan of distribution, and the economic inducements held out to the prospect." The inquiry, therefore, is an objective one, focused on the transaction itself and the manner in which the digital asset is offered and sold.

다만, SEC는 가이드라인과 경제적 현실을 고려하며, 개별 가상자산에 Howey 기준을 적용한 결과는 아래 〈그림 7-3〉과 같다.[8]

7 Statement on "Framework for 'Investment Contract' Analysis of Digital Assets" https://www.sec.gov/news/public-statement/statement-framework-investment-contract-analysis-digital-assets

8 김갑래, 각주1) 제15면.

그림 7-3

**가상자산에 대한 Howey 기준의 적용**

| Howey 구성요건 | TKJ Token[1] 등 다수 (해당 없음) | DAO Token, MUN Token, Grams Token[2] 등 다수 (해당) |
|---|---|---|
| 금전의 투자 | 해당 (토큰당 1달러) | 해당 |
| 공동사업 | 해당 (항공전세서비스 플랫폼) | 해당 |
| 타인의 노력에 의존 | 해당 없음 (AP가 플랫폼의 성공적 운영에 핵심 역할을 하지 않음) | 해당 |
| 투자수익의 합리적 기대 | 해당 없음 (토큰의 가격상승이 아닌 의도된 기능에 중점을 둔 마케팅, 플랫폼 외부유통가능성 제한) | 해당 |

주: 1) SEC, 2019, TurnKey Jet, inc., No-Action Letter
2) SEC, 2017, Release No. 81207; SEC, 2017, Release No. 10445; SEC v. Telegram (2020)

출처: 김갑래, 각주1) 21면

* SEC의 가상자산 증권법 위반 판단 관련 사례

SEC의 가상자산 증권법 위반 판단과 관련된 사례들을 살펴볼 필요가 있다.

### (1) AirFox, Paragon의 ICO 사건

2018년 SEC는 Air Fox와 Paragon의 ICO 사건에서 1933년 증권법에 따른 증권신고서 제출의무위반을 이유로 25만 불의 벌금을 부과하고 피해자들에 대한 보상명령을 내렸고 회사는 이에 합의하였다. 또한 해당 증권토큰을 1934년 증권거래법에 따라 등록하고, 정기 공시 의무를 부과하도록 했다.[9]

9 https://www.sec.gov/news/press-release/2018-264

### (2) 리플랩스와의 소송(SEC v. Ripple Labs, Inc. et. al.; 20-cv-10832)

2020년 12월 SEC는 리플(XRP) 암호자산을 발행한 리플랩스(Ripple Labs Inc.) 브래드 갈링하우스 최고경영자(CEO)와 크리스 라슨 공동창업자를 SEC에 등록하지 않고 토큰 엑스아르피(XRP) 146억 개를 발행해 투자자들에게 약 13억 8000만 달러(약 1조 7000억 원)의 자금을 조달해 미등록 증권발행 및 판매 혐의로 기소했다. SEC는 1946년 연방 대법원 판례인 '타인의 노력으로 이익이 발생할 것을 기대해 투자자가 넣은 돈이 공동의 사업에 쓰였다면' 증권으로 볼 수 있는 Howey Test를 근거로 △엑스아르피 판매에 실제 돈이 오갔고 △투자자의 돈을 한데 모았고 △기업의 노력이 성공하면 투자자들이 수익을 낼 수 있다고 기대했고 △그렇게 노력한 기업은 바로 리플랩스라고 판단했다.

반면, 리플은 엑스아르피를 증권으로 보려면 투자계약이 존재하고, 공동 사업체가 있다는 점 등을 입증해야 한다는 주장을 하는 반면, SEC는 "리플에 실제로 투자계약이 존재했는지 여부가 중요하지 않고, 문서 계약이 없어도 정황이 있다면 증권으로 봐야 한다"하는 반박을 하는 상황이다. 리플은 설사 법리적으로 증권으로 판명되더라도 증권거래위가 지금까지 명확한 가이드라인을 제시하지 않았기에 무효라는 입장으로 약 3년에 걸쳐서 소송이 진행되었다. 2023. 7. 13. 뉴욕지방법원의 아날리사 토레스 판사는 "리플이 기관 투자자들에 판매될 때는 증권이지만, 일반 대중에는 증권이 아니다"는 입장을 밝히면서 리플의 일부 승소판결을 내렸다. 본 판결에서는 기관투자자 대상의 리플 판매는 투자자들이 향후 리플 가격 상승을 기대할 수 있어 투자계약증권에 해당한다고 본 반면, 거래소에서의 개인 투자자 대상 판매 행위는 리플 이익에 대한 합리적 기대를 할 수 없어 증권으로 볼 수 없다는 게 이유다. 1심 법원은 리플 증권성 판단에 Howey test에 입각해서 거래소에서 산 리플에 대해서는 증권성을 곧바로 입증할 수 없다는 것, 프리세일-블록딜 등의 토큰 구입 권리를 판매하는 것이 투자목적의 계약인지 여부를 본 것으로 거래소를 통해 구입한 개인투자자들은 리플랩스에 직접 투자한 돈이 없기 때문에 증권성을 인정하지 않았다. 이에 따라 증권성 리스크로 리플 XRP을 상장폐지한 코인베이스나 크라켄 등 거래소는 다시 리플을 재상장했고, 위 판결은 SEC가 코인베이스를 상대로 벌이는 다른 소송에도 영향을 줄 것으로 예상된다. 그러나, 위 판결이 가상자산의 법적 지위를 규정하는 증권성 판단을 한 것이 아니므로 새로운 입법기준을 세울 필요가 있다는 의견이 크다. SEC는 본 판결에 불복하여 항소할 예정이다.

| SEC · 리플 소송 타임라인 | |
|---|---|
| 일자 (현지시각) | 내용 |
| 2020년 12월 22일 | SEC가 리플랩스에 소송 제기 |
| 2021년 01월 30일 | 리플랩스 'XRP가 증권'이라는 것에 정면 반박 |
| 2021년 03월 05일 | 리플랩스 자료 제출 '거래소들이 XRP 상장 전 SEC와 상의를 거쳤음' |
| 2022년 09월 18일 | SEC와 리플이 법원에 약식 판결 요청 |
| 2022년 10월 11일 | 법원, 리플의 아미쿠스 브리프(제3자 의견) 제출 요청 승인 |

출처: "'증권성' 판단 가늠자 SEC-리플 소송전 관심", 2023. 2. 1. 선소미, 코인데스크 코리아

### (3) 코인베이스의 내부자거래와 미등록증권판매

2022년 7월 미국 뉴욕 남부연방지방검찰청은 가상화폐 내부자거래 혐의를 받는 암호화폐거래소 코인베이스(Coinbase)의 전 직원 이샨 와히(32) 등 3명을 연방증권법 위반으로 기소했는데, 코인베이스 자산상장팀에서 상품매니저로 근무하던 이샨이 동생 니킬 와히(26), 친구 사미르 라마니(33)와 공모해 2021년 6월부터 지난 4월까지 코인베이스 상장 예정 25종 가상화폐들을 상장 직전에 구매해 총 150만 달러(약 19억 7,000만 원)의 수익을 냈다고 혐의를 받았던 이들은 최근 2023년 1월 코인베이스 전 직원의 동생은 징역 10월 선고를 받았고, 2월 전 직원은

위 혐의를 인정했다.[10] 이들이 증권법 위반에 대한 유죄판결을 받거나 혐의를 인정한 것은 코인베이스의 내부 정보를 통해 사전 구매한 가상화폐의 증권성을 인정한 것을 전제로 한 것인데 이들이 구매한 가상화폐의 종류는 트라이브, 알케믹스, 갈라, 이더리움 네임서비스, 파워레저, 오라클네트워크 등이 있다. SEC는 이러한 코인베이스 내부자거래 기소 과정에서 코인베이스가 증권으로 분류되는 가상자산 7종을 거래소에 상장했다는 걸 확인했고 2022년 7월에 조사에 착수하게 되었다. 현재 SEC는 비트코인을 제외한 대부분의 암호화폐를 증권으로 보고 있어 코인베이스를 미등록 증권판매로 기소하여 재판이 계속 중인 상황이므로 이에 따른 결과에 이목이 집중되는 중이다.

### (4) 크라켄의 스테이킹 서비스

2023년 2월 9일 SEC는 암호화폐거래소인 크라켄(Kraken)과 스테이킹 서비스 프로그램(staking as service)[11]의 증권법상 미등록 증권 판매와

---

10 https://www.khgames.co.kr/news/articleView.html?idxno=207906
https://www.reuters.com/legal/ex-coinbase-managers-brother-sentenced-10-months-insider-trading-case-2023-01-10/

11 크라켄 서비스형 스테이킹 프로그램은 미국 사용자들이 스테이킹에 대한 보상으로 21%까지 이자를 벌 수 있도록 한다. 리테일 사용자들이 보유하고 있는 암호화폐를 크라켄 스테이킹 프로그램을 통해 블록체인 밸리데이터들에게 제공하면 밸리데이터들은 이를 네트워크 관리에 사용한다. PoS 합의 메커니즘을 사용하는 블록체인 운영에 필수적인 메커니즘인 스테이킹을 통해 PoS 블록체인은 거래를 검증하는데, 스테이킹과 PoS 블록체인 네트워크 보안은 비례 관계이다. 사용자들이 스테이킹을 하려면 해당 블록체인 네이티브 토큰을 네트워크에 묶어 둬야 한다. 이에 대한 대가로 적정 보상을 받게 된다. 일반인들이 블록체인 스테이킹에 참여하려면 많은 자금과 기술적인 노하우가 필요하다. 예를 들면 이더리움의 경우 최소 32개 이더리움(ETH) 토큰이 있어야 스테이킹이 가능하다. https://www.coindeskkorea.com/news/articleView.html?idxno=83233

관련해 3,000만 달러 상당의 벌금을 지불하기로 합의하였는데, 스테이킹 서비스가 증권성이 있다고 판단한 근거인 '제3자에 의한 노력'과 '공동의 사업 영위'가 있다고 보았기 때문이다. SEC는 크라켄이 수익(Earn), 보상(Reward), 연금리(APY) 등 서비스로 고객들에게 이자를 지급하지만 이는 증권법 규제 범위에 포함되며 투자자는 해당 상품과 관련된 기업의 공시를 확인할 수 있어야 플랫폼과 기업이 고객의 예치 토큰으로 무엇을 하는지, 수익 배분은 공정한지, 투자된 자산을 기반으로 플랫폼이 제대로 가치를 창출하고 있는지 확인할 수 있어야 한다고 보았다. SEC는 암호화폐 스테이킹 서비스는 고객에게 이자를 지급하며 수익을 제공하는 것이므로 연방증권법을 준수해야 한다고 본다.[12]

증권성을 넓게 해석하는 SEC의 입장은 연방증권법상 증권의 개념 정의는 '투자'로 판매되는 사실상 모든 매체를 포함하며, Howey 판결에 근거한 기준에 따라 투자계약이 증권으로 판명되면, 주식, 사채 등과 마찬가지로 법상 예외에 해당하지 않는 한 투자계약의 발행은 SEC에 등록하여야 한다. 증권성이 인정되는 가상자산은 금융투자업 규제를 받기 때문에 증권에 해당되는 가상자산을 판매하기 위해서는 증권신고서를 제출하거나 사모 발행 등을 통해 발행 공시 의무를 면제받아야 한다. 또한, 일정 규모 이상으로 불특정 다수에게 유통되는 경우, 정기공시 등 유통공시를 하여야 한다.

### (5) 테라루나의 증권법 위반 기소

2023년 2월 16일 SEC는 테라폼랩스의 권도형 대표와 테라폼랩스를 미등록 증권 거래 및 사기 방지 조항 위반 등의 혐의로 기소하면서, 권 대표와 테라폼랩스가 등록되지 않은 증권 자산을 판매하고, 스테이블 코

12 Kraken to Discontinue Unregistered Offer and Sale of Crypto Asset Staking-As-A-Service Program and Pay $30 Million to Settle SEC Charges https://www.sec.gov/news/press-release/2023-25

인 '테라' 등 디지털자산의 위험성을 알리지 않은 채 투자자들을 상대로 계획적으로 수십억달러 규모의 사기 행위를 벌였다고 주장했다.[13]

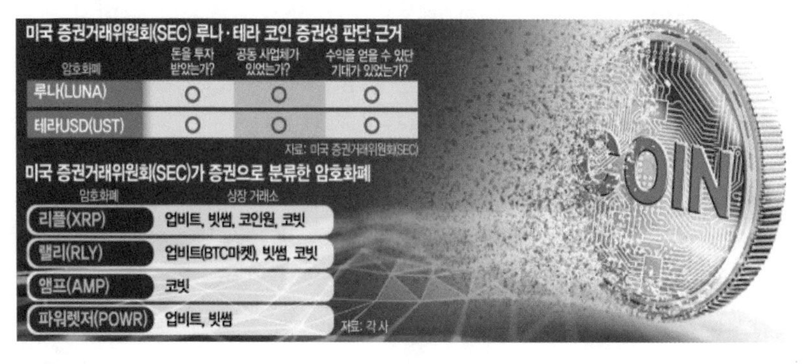

미국 증권거래위원회(SEC) 루나·테라 코인 증권성 판단 근거

| 암호화폐 | 돈을 투자 받았는가? | 공동 사업체가 있었는가? | 수익을 얻을 수 있단 기대가 있었는가? |
|---|---|---|---|
| 루나(LUNA) | O | O | O |
| 테라USD(UST) | O | O | O |

자료: 미국 증권거래위원회(SEC)

미국 증권거래위원회(SEC)가 증권으로 분류한 암호화폐

| 암호화폐 | 상장 거래소 |
|---|---|
| 리플(XRP) | 업비트, 빗썸, 코인원, 코빗 |
| 랠리(RLY) | 업비트(BTC마켓), 빗썸, 코빗 |
| 앰프(AMP) | 코빗 |
| 파워렛저(POWR) | 업비트, 빗썸 |

자료: 각 사



출처: "韓도 테라 · 루나 '증권 인정' 가능성…'알트코인 빙하기' 또 오나", 서울경제 2023.2.19 조윤진 기자 · 천민아 기자

SEC는 루나, 테라USD, 루나 가치와 연동되는 래핑토큰 wLUNA, 미러프로토콜(MIR) 등을 Howey test에 기해 증권성이 있다고 보고 "피고인들은 SEC에 등록하지 않고 '암호화폐증권(crypto asset securities)'을 투자자들에게 제공 및 매도했다"며 "또 지분증권에 기반한 'm자산(mAssets)' 형태의 증권 기반 스와프 거래를 등록되지 않은 투자자들에게 제공 · 판매했다"고 지적했다. 이들 암호화폐에 대해 실제로 돈이 투자됐고 공동 사업체가 있었으며 경영 성과에 따라 투자 이익을 얻을 수 있겠다는 기대도 유효했다는 것이다. 앞서 SEC는 리플(XRP), 랠리(RLY) 등에 이어 바이낸스 스테이블코인(BUSD)의 증권성도 인정하는 등 '증권'의 범위를 적극적으로 넓혀왔다.[14]

---

13 SEC Charges Terraform and CEO Do Kwon with Defrauding Investors in Crypto Schemes https://www.sec.gov/news/press-release/2023-32

14 "韓도 테라 · 루나 '증권 인정' 가능성…'알트코인 빙하기' 또 오나", 서울경제 2023.2.19 조윤진 기자 · 천민아 기자 https://www.sedaily.

이에 따라 최근 한국에서 권도형에 대해 자본시장법 혐의로 구속영장을 발부했으나 기각된 사건이 다시 재고될 수 있으며[15], SEC의 가상자산에 대한 광범위한 증권성 해석은 비트코인을 제외한 나머지 코인들이 대부분 투자계약증권으로 포섭될 가능성이 있으므로 한국 감독당국에도 미치는 영향을 주시할 필요가 있다.

* 적격수탁자 자격 강화 및 암호화폐 거래소의 영향

2023년 2월 SEC는 헤지펀드, 연기금 등 등록 투자자자문사(RIA)가 자격을 갖춘 관리인에 한해 암호화폐를 보관하도록 하는 수탁 요건을 강화한 규정안(SEC Proposes Enhanced Safeguarding Rule for Registered Investment Advisers)[16]을 제안했다. 위 SEC 규정은 1940년 투자자문사법 206(4)-2의 수탁자 규정 및 관련된 장부 및 보고 의무 규정을 개정한 것으로 적격 관리인은 일반적으로 공인 은행 또는 신탁 회사, SEC에 등록된 중개인-딜러 또는 상품선물거래위원회(CFTC)에 등록된 선물커미션 업체를 의미한다.

적격 관리자들은 독립적인 감사, 정기적인 공시, 고객 자산 분리 관리 등 조건을 이행해야 한다. 최근 비트코인과 같은 자산을 도난이나 해킹으로부터 안전하게 보호한다는 특성으로 코인베이스(NAS:COIN) 등 유사 암호화 플랫폼이 전통적인 자산수탁 관리 서비스를 제공하기 시작했는데, 위 개정안은 암호화폐와 관련한 투자를 제공하는 투자자문사들의 자산 수탁 및 관리에 대한 요구 사항이 더욱 강화될 전망이다.

---

com/NewsView/29LT8OK4B6

15 한편, 2023.3.31.에는 배임수재 혐의를 받은 유모 티몬 전 대표의 구속영장도 기각됐다. 법원은 이 때도 "일부 혐의는 다툴 여지가 있어 방어권 행사가 필요하다"고 판단

16 https://www.sec.gov/news/press-release/2023-30

SEC의 개리 겐슬러 SEC 위원장은 "암호화폐 회사의 자산수탁 관행은 파산 시 고객의 자산을 안전하게 보호하는데 필요한 법적 장애물을 뛰어넘지 못할 수 있다" "파산한 셀시우스나 보야져, FTX 등으로 이미 투자자문사들이 손실을 보았다"며 암호화폐거래소들은 고객 자산과 자신의 고유 자산을 혼합했기 때문에 이를 개선해야 한다는 입장을 밝혔다.[17] 이에 코인베이스는 즉각 자신들은 적격 수탁관리인으로 "코인베이스 커스터디 트러스트(Coinbase Custody Trust)는 현재 자격을 갖춘 관리 업체이며 SEC의 최근 움직임에도 불구하고 앞으로도 그렇게 유지될 것"이라고 밝히면서 공방이 오가는 상황이다.[18]

## 2 CFTC의 감독

CFTC는 상품거래법(Commodity Exchange Act; CEA)의 집행기관으로서 디지털자산도 상품으로 간주하여 관할권을 갖는데, 법 규정상 상품은 "유형(tangible)"자산에 한정되지 않기 때문이다. * CEA, 7 U.S.C. §1a (9): 상품(commodity)은 미래에 인도될 계획이나 현재나 미래에 처리될 모든 물품, 서비스, 권리,,,를 포함한다.[19] 상품 또는 파생상품인 가상자산은 CFTC의 불공정거래 규제를 받는다. CFTC는 가상자산(원문 표현상

---

17 "美 SEC, 금융기관 암호화폐 투자 더 어렵게 만든다", 강수지 기자, 2023.2.16. 연합인포맥스 https://news.einfomax.co.kr/news/articleView.html?idxno=4254845

18 "코인베이스, 美SEC의 암호화폐 수탁 제안에 반격", 한지혜 기자, 2023.2.16., 블록체인투데이

19 In 2015, the CFTC found: "Bitcoin and other virtual currencies are encompassed in the [commodity] definition and properly defined as commodities." See In the Matter of: Coinflip, Inc., d/b/a Derivabit, and Francisco Riordan, CFTC Docket No. 15-19[CFTC, Digital Asset Primer(December 2020)]

"Virtual Currency")을 "교환 매체, 회계의 단위, 가치저장 등의 기능을 하는 가치의 전자적 증표"로 정의한다. CFTC는 가상자산이 본질적 가치가 없다는 점을 인지하면서도 상품거래법상의 상품(commodity)으로 유권해석함으로써, 가상자산에 대한 불공정거래 규제 권한을 바탕으로 불법 피해사례 등에 관해 투자자 주의를 고지하고 시세조종행위 신고자에 대한 포상 제도도 운영하고 있다. 연방 제2항소법원은 McDonnell 사건(CFTC v. McDonnell, 287 F. Supp. 3d 213(2018))에서, 비트코인 등 가상자산은 균일한 질과 가치로 시장에서 교환되는 재화(goods)로서 일반적인 상품의 용례에 부합하므로 상품거래법의 적용 대상인 상품(commodity)으로 규제될 수 있다고 판결한 바 있다.

한편, 가상자산이 교환의 매체로 기능할 경우 「은행비밀보호법(Bank Secrecy Act of 1970)」을 통해 법정화폐와 유사한 규제 대상으로 취급한다.

## 3 뉴욕주의 비트라이센스-코인베이스의 사례

한편, 미국은 연방 및 주별 감독규제로 나뉘어 있는데, 증권 토큰을 취급하는 매매·중개업자는 연방증권법상의 금융투자업자자격 외에 해당 영업 관할 금융감독기관의 가상자산업자자격을 취득하여 영업을 하는 경우가 많다. 2015년 뉴욕금융서비스국(Department of Financial Services: 이하 DFS)은 가상자산과 관련된 별도 규정을 마련하여 가상자산 관련업을 영위하기 위해서는 인가를 받도록 하고, 인가 신청(Application), 자본금 요건(Capital requirements), 고객 자산의 보호(Custody and protection of customer assets), 광고 규제(Advertising and marketing), 소비자 보호(Consumer protection) 등 다양한 규제를 적용하고 있다.

대표적인 예로 2015년 뉴욕주가 도입한 비트라이센스(BitLicense)[20] 제도에 따라 2017년 가상자산거래소인 코인베이스(Coinbase)가 자발적으로 제도권 규제로 편입하여 영업하고 있는 사례를 살펴볼 필요가 있다. 코인베이스는 2017년 비트라이센스를 취득하여 뉴욕주 금융서비스국(NYDFS)으로부터 고객자산보호, 자산건전성 유지, 자금세탁방지, 사이버보안, 기타 각종 영업행위에 관한 규제를 받고 있다. 그런데, 코인베이스는 2023. 1. 충분한 신원조회 없이 고객 계좌를 개설할 수 있도록 한 것이 미국 뉴욕주 금융감독청(NYDFS)에 적발되어 자금세탁방지

---

20 New York Codes, Rules and Regulations
Title 23 - Financial Services
Chapter I - Regulations of the Superintendent of Financial Servieces Part 200 - VIRTUAL CURRENCIES Section 200.3 - License.
**(a) License required.**
**No person shall, without a license obtained from the superintendent as provided in this Part, engage in any virtual currency business activity.** Licensees are not authorized to exercise fiduciary powers, as defined under section 100 of the Banking Law.
(b) Unlicensed agents prohibited.
Each licensee is prohibited from conducting any virtual currency business activity through an agent or agency arrangement shenthe agent is not a licensee.
(c) Exemption from licensing requirements. The following persons are exempt from the licensignrequirements otherwise applicable under this Part:
(1) persons that are chartered under the New York Banking Law and are approved by the superintendent to engage in virtual currency business activity; and
(2) merchants and consumers that utilize virtual currency solely for the purchase or sale of goods or services or for investment purposes.

법 위반에 따른 1억 달러의 벌금 부과에 합의한 바 있다.[21]

한편, 코인베이스는 SEC와 FINRA(Financial Industry Regulatory Authority)의 승인을 받아 2018년 브로커-딜러로 등록된 회사를 인수하여 매매·중개업자 자격을 취득하였다. 금융투자업자가 이익을 얻을 목적으로 금융투자상품 인가업무, 가상자산에 대한 중개, 자문, 집합투자 등의 행위를 계속적·반복적으로 하는 경우, 중개업자, 자문업자 등으로 금융감독기관의 승인(인가, 등록, 신고)을 받아야 하며, 가상자산관련 금융투자업자가 되는 경우, 해당업자는 금융당국의 재무 건전성 및 지배구조에 관한 규제 대상이 되며, 엄격한 영업행위 규정을 적용받고 FINRA와 같은 자율규제기구의 관리를 받는다. 금융투자업자는 시장 신뢰성 유지 및 투자자 보호를 위한 높은 수준의 신의성실의무를 부담하고, 다양한 형태의 이해상충행위 및 불건전영업행위가 금지된다. 금융투자업자인 회사의 임원은 엄격한 자격요건을 충족하여야 하며 해당 금융투자업자의 규제 위반에 관한 손해배상책임에 있어 연대책임을 부담한다. 가상자산사업자인 코인베이스가 금융투자업자를 인수하는 행위는 증권토큰 발행·유통을 위한 법적 자격을 얻기 위한 수단이었을 것으로 보인다. 나아가 코인베이스는 2021년 4월 14일 미국 나스닥에 직상장했는데, 상장을 기점으로 미국 내에서 다양한 가상화폐 관련 서비스 및 금융상품들이 출시되었고 제도권 편입으로 상징적 주목을 받은 한편, 규제 준수의 부담은 커진 것이다.

다만, 자발적 상장을 통해 증권시장의 규제 준수를 선언한 코인베이스의 경우에도 코인베이스에 상장된 토큰 등이 증권인지에 따라 증권법 위반 이슈가 첨예하게 발생하기 때문에 SEC와의 충돌은 불가피

21 박수용, "코인베이스, 자금세탁방지법 위반으로 벌금 1억달러", 2023.1.5. 코인데스크 코리아 https://www.coindeskkorea.com/news/articleView.html?idxno=82828

한 상황이 발생되고 있다.

미국에서는 가상자산에 대하여 복수의 용어(가상통화(Virtual currency, NYDFS), 디지털자산(Digital Asset, SEC), 암호통화(Cypto-currency, CFTC) 등)를 다양하게 지칭하여 사용 중이다.

뉴욕주 금융서비스국(NYDFS)의 BitLicense 관련 규제조항에서는 가상통화 정의규정을 포괄적으로 보되, 게임 플랫폼 사용 등 제외 사유를 나열하고 분산원장기술사용 여부는 정의 규정에 포함하지 않았다(23 NYCRR part200.2 definitions (p), under the New York Financial Services Law).

가상자산(정의) ① 중앙집중형저장소 또는 관리자를 가지고 있는 디지털 단위 ② 분산형디지털 단위이거나 중앙집중형저장소 또는 관리자가 없는 디지털 단위 ③ 컴퓨팅 또는 노력을 통해 생산될 수 있는 디지털 단위를 말한다.
(예외) ① 게임플랫폼에서만 사용가능하거나, 게임플랫폼 외 사용가능한 시장이 없거나, 현실의 교환, 환불 가능한지 확실하지 아니한 경우 ② 이용자 정책 일부로서 교환 불가능한 경우, ③ 선불카드의 일부인 경우

## 4 금융범죄 단속네트워크(FinCEN)

미국 재무부 산하의 금융범죄 단속네트워크(Financial Crimes Enforcement Network, 이하 FinCEN)는 은행비밀보호법(Bank Secrecy Act; BSA) 관련 자료를 활용하여 범죄 의심행위를 추적, 기소한다. BSA는 범죄자의 자금세탁 및 범죄수익의 은닉방지를 위해 제정된 것으로 금융기관은 10,000달러를 초과하는 금액의 수상한 거래가 발생한 경우 자금거래보고서(Current Transaction Report)를 감독기관에 제출해야 한다.

2013년 3월 18일 발표된 FinCen의 가상통화(virtual currencies) 관리, 교환, 사용자에 대한 가이드라인(FinCEN, Application of FinCEN's Regulations to Persons Administering, Exchanging, or Using Virtual Currencies(Mar. 18, 2013)은 가

상통화의 사용자(users)를 제외한 가상통화 관리자(administrators) 및 교환자(exchangers)는 BSA에 따라 자금서비스업자(Money Services Businesses; MSBs)에 해당하는 것으로 간주하여 등록, 보고 및 기록 의무를 부과한다.

FinCEN은 2019년 5월 9일, Convertible Virtual Currencies와 관련된 특정 비즈니스모델에 대한 FinCEN의 규정의 적용에 관한 가이드라인(FinCEN, Application of FinCEN's Regulations to Certain Business Models Involving Convertible Virtual Currencies(May 9, 2019)을 발표했다.

## 5 법무부(Department of Justice; DOJ)

법무부는 2021년 10월 6일, 전국암호화폐대응팀(National Cryptocurrency Enforcement Team; 이하 NCET)을 창설하여 사이버공간에서 운영하는 단체 및 개인이 암호화폐를 범죄에 악용하는 행위를 기소 및 수사하도록 하였다.

## 6 FRB

2022년 8월의 연방준비제도이사회(FRB)의 감독서한(supervisory letter[22])에 의하면, 암호자산관련업무(crypto-asset-related activities)는 안전성, 건전성, 소비자 보호 및 금융안정성에 관련한 리스크를 제기할 수 있고, 규제대상 은행은 암호자산관련업무에 관여하기 이전에 FRB에 통지를 해야 한다. 규제대상 은행은 암호자산관련업무를 개시하기 이전

---

22 Press Release: Federal Reserve Board provides additional information for banking organizations engaging or seeking to engage in crypto-asset-related activities(August 16, 2022)(SR 22-6 / CA 22-6: Engagement in Crypto-Asset-Related Activities by Federal Reserve-Supervised Banking Organizations).)

에 안전하고 건전한 방법으로 암호자산관련업무를 수행하기 위한 적절한 시스템과 통제기준을 갖추고 있어야 한다.

# III 미국의 디지털자산 규제 입법안 및 정책 발전 방향

## 1 2020. 9. 디지털상품거래법(Digital Commodity Exchange Act of 2020: DCEA)안

2020년 9월 미 하원에서는 "디지털상품거래법(Digital Commodity Exchange Act of 2020: , DCEA)"안을 발의했다. DCEA는 비증권형 가상자산에 대한 규제 공백을 메우기 위한 목적으로 발의되었으며, 가상자산거래소 및 가상자산 수탁사업자에 대한 등록 및 감독을 골자로 한다. 동 법안에 따르면 가상자산거래소에 대한 감독 권한은 CFTC가 가지도록 되어 있었다.

## 2 2021. 7. 28. 디지털자산시장의 구조와 투자자 보호법안(Digital Asset Market Structure and Investor Protection Act(the Bill))

2021년 7월 28일 Don Beyer 하원의원이 발의한 "디지털자산시장의 구조와 투자자 보호법안(Digital Asset Market Structure and Investor Protection Act(the Bill))"은 현재까지 연방의회의 가장 주목할 만한 입법의 성과물로 기존 금융규제체계를 기반으로 동 규제 내에서 디지털자산의 위치를 정의하고, 디지털자산에 관한 법적 모호성의 문제를 다루고 있다. Don Beyer 하원의원은 디지털자산에 관한 법적 환경이 투자자 및 소비자에 대해 불명확하고 위험하다고 보았다. 동 법안은 디지털자산에 관한 돈세탁방지 절차 및 고객보호절차, 거래의 보고 및 투명성, 소비자 보호에 관한 법적 흠결과 모호성에 관한 문제를 다루었다.

## 3 2022. 3. 9. 바이든 대통령의 디지털자산 발전에 따른 행정명령(Executive Order on Ensuring Responsible Development of Digital Assets)

바이든 대통령의 디지털자산 발전에 따른 행정명령은 개리 겐슬러 증권거래위원회(SEC) 위원장이 '서부시대 무법지대(와일드웨스트)'라고 지칭한 암호화폐시장에 대한 연방정부차원의 단일화된 규제방안의 출발점이 되는 의미가 있고, 이하에서 보는 것처럼 디지털자산에 관한 국가정책을 6가지 주요 우선순위에 걸쳐 제시했다.

1) 소비자와 투자자 보호-미국 소비자, 투자자 및 기업을 보호할 것, 2) 금융 안정성-미국 및 전 세계의 금융 안정성을 보호하고 시스템 리스크를 완화할 것, 3) 불법 금융-디지털 자산의 불법적인 사용으로 야기되는 불법 금융 행위와 제반 국가 안보 위험을 완화할 것, 4) 글로벌 금융 시스템과 경제상 경쟁력에서 미국의 리더십-글로벌 금융시스템 내에서 미국의 리더십을 강화하기 위해 기술 및 경제상의 경쟁력 부문에서 미국의 리더십을 증진할 것, 5) 금융 포용-안전하고 비용상 적절한 금융 서비스에 대한 형평성 있는 접근을 진흥할 것, 6) 책임 있는 혁신-기술의 진전을 지원하고 디지털 자산의 책임 있는 개발과 사용을 보장하고 미국 중앙은행 디지털 화폐(CBDC)를 검토할 것을 요청하였다.

## 4 2022. 10. FSOC(Financial Stability Oversight Council)의 바이든 대통령 디지털자산 행정명령에 기한 '디지털자산 금융안정성 및 규제' 보고서

위 바이든 대통령의 디지털자산 행정명령에 기해 2022년 10월 미국 금융안정위원회(FSOC(Financial Stability Oversight Council))는 '디지털자산 금융안정성 및 규제'에 대한 보고서(Report on Digital Asset Financial Stability Risks and Regulation)[23]를 제출했다. 보고서는 암호자산 활동이 금융시스템 안정성에 미치는 영향, 현재의 규제 격차, 규제 관련 권고사항 등을 제시하였다.

FSOC는 "규제기관이 가상 자산 기업의 모든 관계 회사와 종속 기업의 활동을 가시화하고 감독할 수 있는 권한을 창출할 수 있는 법률을 개발할 것"을 권고하면서 "그러한 권한은 암호자산 업계에서 말하는 '탈중앙화'의 특성 또는 주장과 관계없이 적용될 것"이라고 하였다.

동 보고서가 명시한 구체적인 법률 권한에는 기업 및 계열사 활동에 대한 규제와 자본금 요구 기준은 물론, 보안 관행, 데이터 및 (정보) 공개 등을 다루고 있나. 이 중 자본금 기준 및 데이터 공개는 코인 발행 기업의 존립과 핵심 데이터 자산과 관련된 만큼 향후 치열한 논쟁이 예상된다.

특히 "동일기능, 동일위험, 동일규제" 원칙에 입각하여 스테이블코인이나 기존 디파이 등 자본시장법상 감독만으로는 불충분한 규제에 대해서는 입법 제정을 통해 적극적 규제를 하겠되지만 그만큼 진지한 감독 당국의 의지를 볼 수 있다.

---

23 https://home.treasury.gov/news/press-releases/jy0986

## 5 2022. 6. 7. 책임금융혁신법(Lummis-Gillibrand Responsible Financial Innovation Act[24]

2022년 6월 7일 미국 신시아 루미스(Cynthia Lummis) 공화당 상원의원과 키어스틴 질리브랜드(Kirsten Gillibrand) 민주당 상원의원이 발의한 "책임 있는 금융 혁신 법안(Responsible Financial Innovation Act)"은 디지털자산(가상자산)에 대한 법적 성격, 규제 관할, 스테이블코인 규제 등을 다루며, 관련 산업에 대한 불확실성 완화와 소비자 보호를 목적으로 한다.

### (1) 상품과 증권의 구분, 부수자산 개념 도입

동 법안은 디지털자산을 상품(commodity)과 증권(security)으로 구분해서 증권이 아닌 상품으로 분류되는 디지털자산에 대해서는 상품교환법(Commodity Exchange Act)의 적용과 상품선물거래위원회(CFTC)의 규율을 받도록 하는 반면, 증권인 디지털자산은 증권법(Securities Act of 1933) 등이 적용되며 증권거래위원회(SEC)가 관할한다. 즉, 동 법안에 따르면 비증권형의 모든 대체가능(fungible)한 디지털자산에 대해서는 배타적 현물시장 관할권이 CFTC에 부여되며, 선물취급업자가 디지털자산을 취급하도록 하면서 고객보호 요건을 규정하고 디지털자산 거래소들이 CFTC에 등록하도록 하였다. 또한, 상품과 증권의 중간영역으로서 '부수자산(ancillary assets)' 개념을 도입하였으며, 연 2회 SEC 공시의무를 이행할 경우 상품으로 추정한다. 부수자산은 완전히 탈중앙화되지 않고 발행하는 주체의 관리와 노력에 따라 가치가 결정되지만, 회사의 자산이거나 부채가 아니고, 회사에 대하여 수익 배분권, 청산 우선권, 기타 재정적인 권리를 요구하지 않아 증권에 해당하지 않는 자산이다.

---

24 법률신문, "미국 가상자산 규제를 위한 「책임 있는 금융 혁신 법안」의 주요 내용과 시사점", 2022.7.25. 법무법인 지평

### (2) 스테이블 코인 규제 강화, 소비자에 대한 정보 공개 등

스테이블 코인 발행자는 스테이블 코인의 담보를 위한 100%의 준비금(reserve)을 구비하고 준비금 구성 자산 유형 및 세부 공시 요건을 규정하고, 스테이블코인 발행자가 스테이블코인 보유자의 스테이블코인을 법정화폐로 상환할 수 있는 능력을 갖추도록 요구하여 소비자 보호를 강화했다.

디지털자산 제공자와 소비자 간 정보 불균형을 해소하고, 소비자가 정보에 기하여 디지털자산을 다룰 수 있도록, 디지털자산 제공자가 고객에게 계약의 정보를 명확하게 공개하도록 하고 있다. 파산 시 자산 처리 방법, 손실 위험, 적용 수수료, 상환 정보뿐만 아니라 디지털자산에 사용되는 소스코드에 관한 정보, 상품/증권 등 법적 취급에 관한 정보 등도 고객에게 제공한다.

디지털자산에 대한 과세 체계에 대해서 디지털자산으로 상품 및 서비스를 구매하는 경우 거래 당 200달러까지 면세하고, 채굴을 통해 얻은 이익은 현금화하기 전까지 과세하지 않도록 하고 있다. 탈중앙화 자율 기구(Decentralized Autonomous Organizations, DAO)를 납세의무가 있는 사업체로 인정한다.

동 법안 통과시 가상자산 거래의 상당량을 비트코인과 이더리움의 경우 탈중앙화적 성격으로 인하여 상품에 해당하고 CFTC가 관할할 것으로 예상되며 상품과 증권의 중간영역을 부수자산으로 규정하고 상품으로 추정함에 따라 사실상 가상자산에 대한 관할을 CFTC에 부여하였다. 다만, 법안발의자는 비트코인과 이더리움 외 상당수의 가상자산에 대해서는 증권 규제 기관인 SEC가 관할할 수 있을 것이라고 밝힌 바 있는데, 이는 현재 가상자산거래소에서 거래되며 증권 규제를 받지 않는 가상자산도 향후 증권으로 규제될 수 있음을 시사한다.

# 03 일본의 가상자산사업 정책과 법제[25]

## I 2014년 마운트 곡스 해킹으로 인한 파산에 따른 위험, 2015년 FATF 권고안 이후 법제 정비 시작

일본은 2014년 세계 최대 암호화폐거래소인 마운트 곡스 해킹 이후 고객자금 및 비트코인이 반환되지 못하는 사건 후 도산처리 절차를 겪으며 큰 혼란이 발생되어 투자자보호 필요성을 느끼게 되었다. 이에 따라 2015년 주요 7개국(G7) 정상회담 이후 국제자금세탁방지기구((Financial Action Task Force, FATF)는 법정 통화와 암호자산을 교환하는 거래소에 대해 교환업 등록 또는 면허제를 부과하고, 고객의 본인 확인(Know Your Customer, KYC) 의무와 장부 기록보관, 고액 및 테러자금 의심거래보고 의무 등 규제안을 발표했다. 이에 따라 일본은 2015년 국제테러자금방지기구의 권고안 발표 이후 암호자산관련 규제 정비를 시작하였다.

---

25 배승욱, "일본, EU 암호 자산규제현황 및 시사점", 2022. 11. 23. 국회발제자료; 임병화, "일본 암호자산 법제도와 그 시사점에 관한 연구", 금융감독연구 제7권 제2호 2020. 10.

## II 2016년 자금결제법 개정 및 2017년 은행법, 전자기록 채권법 개정

일본은 현금 외 지급결제수단의 사용을 높이기 위한 목적으로 IT 기술 발전에 따른 결제 고도화를 지속적으로 추진해왔다. 그 결과 2016년 6월 "정보 통신 기술의 진전 등 환경 변화에 대응하기 위한 은행법 등의 일부를 개정하는 법률"을 공표하고, "자금결제에 관한 법률"('자금결제법') 안에 '가상통화'(仮想通貨)'라는 용어를 법적으로 정의하면서 가상통화를 새로운 지급결제수단으로 인정했다. 2016. 5. 25. 가상통화를 법정화폐로 교환하는 업을 영위하는 자를 등록하도록 규정하는 내용 등을 담은 자금결제법 개정안과 자금세탁방지를 위한 범죄수익이전방지법 개정안을 마련해 2017. 4. 1.부터 일본판 가상통화법을 본격 시행하였다 즉, 지금결제법상 '가상통화교환업'이란 업을 신설하여 가상통화교환업체에 대한 정의를 내리고 일본 금융청(Financial Service Association, FSA)에 등록하도록 하는 등록제를 법제화하면서 거래소의 업무범위, 소비자 보호규정, 관리 및 감독 규정 등을 포함시켰다. 한편, 민간자율기구인 '일본가상통화교환업협회(Japan Virtual Currency Exchange Association, JVCEA)'를 법적 자율규제기구(SRO)의 지위를 인정해주면서 효과적 규제대응이 가능하도록 하였다. 범죄수익이전방지법 개정안에는 암호자산 교환업체를 '특정사업자'로 지정하여 자금세탁 방지관련 규정 준수를 의무화하고 벌칙을 규정하였다.

한편, 2017. 4. 가상통화교환업자를 단속하는 "정보통신기술의 진전 등 환경변화에 대응하기 위한 은행법 등의 일부를 개정하는 법률안 요강" 시행을 통해 "은행법의 일부개정"과 "전자기록채권법(電子記録 債権法)의 일부개정" 등을 규정했다. 2017. 4. 1. 시행된 개정 자금결제법에서 가상통화 정의를 제시하면서 가상통화 교환업자 등록제 도입 및 이용자 보호를 위한 규율 정비 즉, 원칙적으로 자금결제법에서 규율하되,

암호자산이 금융투자상품에 해당하는 경우 '전자기록이전권리'라고 하여 금융상품거래법, 금융서비스제공법(구 금융상품 판매에 관한 법률)으로 규율하였다.

## III 자금결제법 개정을 통한 가상통화교환업자 등록제 및 이용자 보호체계 정비

2018년 1월 암호자산교환업자인 코인체크에서의 암호자산 탈취 사건 이후 일본 금융감독당국은 2018. 2. 3.부터 교수, 변호사, 유관기관 등 실무자들로 구성된 패널들로 2018. 12. 보고서를 발표하고 보고서 내용 대부분이 2019. 5. 31.「정보통신기술의 진전에 따른 금융거래의 다양화에 대응하기 위한 자금결제에 관한 법률 등의 일부를 개정하는 법률」(2019년 법률 제28호)을 통해 자금결제법, 금융상품거래법, 금융상품판매법 등에 반영하여 이를 2019. 6. 공포했다. 이러한 법 개정은 가상통화가 투기대상이 되고 ICO 및 파생상품 등 가상통화를 이용한 새로운 거래가 등장하는 등 상황변화가 있었기 때문에 변화에 대응할 목적으로 이용자보호와 규율을 명확히 하기 위한 제도 정비였다.

### 1 암호자산 호칭 변경

2019년 6월 개정된 자금결제법상의 모든 가상통화의 용어를 암호자산으로 변경하였다(자금결제법 제2조 제5항). 종전 가상통화 또는 가상화폐의 용어는 FATF 및 외국 법령에서 사용되었던 용어로 법정 통화로 오인할 여지가 있었기 때문이다.

## 2 암호자산 교환업무

기존 자금결제법은 암호자산의 매매 또는 다른 암호자산과의 교환 및 이들의 중개 또는 대리, 그리고 금전 관리에 대해서만 암호자산 교환업으로 보았는데, 암호자산 수탁 업무도 해킹으로 인한 이용자의 암호자산 유출 위험과 업체의 파산 위험, 자금세탁 및 테러자금조달의 위험 등 이전의 암호자산 교환업과 동일한 위험을 갖는 것으로 판단하여 암호자산 교환업 정의에 암호자산 수탁 업무를 포함하는 것으로 확장하였다. 또한, 암호자산 교환업무에 광고 및 권유에 대한 규정을 신설(동법 제63조의 9 제2항, 제63조의 9 제3항)하고, 허위 표시나 오인 행위 등 금지(동법 제63조의 9 제3항 제3호)조항을 추가했다.

## 3 자금결제법상 이용자 보호 강화

이용자에게 신용을 공여하고 암호자산 교환 등을 하는 경우 계약 내용에 대한 정보를 제공(동법 제63조의 10 제2항), 이용자의 재산의 보전 및 분별 관리 의무가 강화되도록 했다(동법 제63소의 11 제1항, 제2항). 또한, 이용자의 암호자산 반환 청구권에 대한 우선 변제권을 갖도록 했다(동법 제63조의 19).

# IV 2022년 자금결제법 개정을 통한 스테이블 코인 및 Defi 규제

2022년 6월 자금결제법 개정을 통해 디지털화폐 유사형 스테이블 코인을 전자결제수단으로 규정하고, 은행 및 자금이동업자뿐 아니라 일정요건 이상의 신탁업자를 전자결제수단 발행자로 가능하도록 했다.

위 자금결제법 개정 배경은 해외 유통 스테이블코인은 발행자와 중개자를 분리해 책임을 묻는데, 일본은 발행자 책임만을 묻고 있어 이용자 보호나 자금세탁방지를 위해 이를 중개하는 전자결제수단거래업을 신설하고, 자금세탁방지 등을 위한 은행에서의 효율적 거래 필터링 필요성, 고액의 선불지급수단 확대 등에 대한 규제를 도입했다.

일본은 암호자산을 지급결제수단을 넘어 ICO 또는 STO, 그리고 암호자산 파생상품과 같은 새로운 형태의 금융기법에 활용할 수 있도록 제도적 장치를 마련하였다. 구체적으로, 자금결제법에서 암호자산 교환업의 범위를 확대하고, 증권형 암호자산에 대해 「금융상품거래법」(이하 '금융상품법') 적용을 명확히 하였다. 이는 기존 법률 체제 안에서 암호자산을 규제하고자 하는 원칙에 따른 것으로 볼 수 있다. 즉, 자금결제법, 금융상품법, 금융상품판매법 등의 개정을 통해 금융감독 체계하에 암호자산의 개념과 암호자산업을 포섭하고, 영업행위 규제 및 투자자 보호가 이루어지고 있고, 최근 글로벌 스테이블코인 및 디파이 등에 대한 규제를 위한 개정까지 이루어진 것이다.

# 04 유럽의 가상자산사업 정책과 법제

## I 금융투자상품과 비금융투자상품인 가상자산의 규제의 구별

EU에서는 투자성 또는 잠재적 투기성이 큰 금융상품(financial instrument)은 증권법에 따라 규율된다. 따라서 금융투자상품인 가상자산은 제2차 금융상품시장지침(Markets in Financial Instruments Directive II : MiFID II)에 따른 규제를 받고 불공정거래에 대해서는 MAR(Market Abuse Regulation)가 적용되는 반면, 비금융상품인 가상자산에 대해서는 MICA(Market in Crypto Asset)가 적용된다. 금융투자상품인 가상자산에 대해서는 증권법이 직접적으로 적용되기 때문에 MiCA는 금융투자상품에 대한 적용배제 조항(MiCA 서문(6)§2(a))을 두었다.

EU는 회원국마다 자본시장 규제체계의 고유한 특성을 반영한 증권법이 있다. 하지만, 증권법상의 금융투자상품에 대한 정의는 MiFID II의 지침에 따라 국가별로 큰 차이를 보이지 않는다. MiFID II도 미국 및 한국과 같이 금융투자상품을 포괄적으로 정의하고 있고, 가상자산이 금융투자상품에 해당되는지 여부는 양도성 증권(transferable securities)에 해당되는지 여부에 따른다(MiFIDII§4(1)(44)). ESMA(European Securities and Markets Authority)는 가상자산의 금융투자상품 판단 기준성은 EU 각국의 규제당국(National Competent Authority, 이하 NCA)이 정할 사안이자 MiFiD II가 각국의 입법에 맡겨진 지침에 불과하므로, EU 회원국의 규제체계가 금융투자상품인 가상자산을 예상하지 못하고 입법화되었으므로 EU회원국의 NCA들은 가상자산의 금융투자상품성을 판단하고 규제하는데 필요한 제도적 수단이 결여되어 있다는 점을 우려하고 있다.[26] 이러한 NCA의 우려에 대응하여 EU는 금융투자상품인 가상자산규제에 대한 다양한 정책적 옵션을 고려하고 있다. MiFidII를 개정하여 금융투자상품의 개념에 "분산원장기술을 이용하여 발행한 금융상품"을 포함하여 개정할 예정이다.

EU 회원국들은 실무적으로 법제적 차이에도 불구하고 미국의 Howey Test를 어느 정도 수용하여 받아들이고 있는데, 가상자산의 ICO실무상 국제적 유통성이 높기 때문에 EU도 미국 Howey Test 기준을 법률의견서의 주요 요소로 포함한 것이며, 위 Howey Test의 기준이 미국 STO의 활성화에 따라 장기적으로 EU에도 받아들여져 미국과 EU의 금융투자상품인 가상자산의 정의는 유사하게 수렴해갈 것으로 예측된다.[27]

## II 비금융투자상품 가상자산 규율을 위한 MICA의 제정배경 및 목적

2020년 9월 24일 EU 집행위원회(European Commission: EC)는 핀테크 분야의 기술 경쟁력 을 향상하는 동시에 금융 위험을 완화해 유럽 경제의 금융안정성을 보장하는 것을 목표로 하는 새로운 디지털 금융 패키

26 ESMA, 2019, Advice: Initial Coin Offerings and Crypto-Assets. 김갑래, 각주 1)

27 Maume, P., Fromberger, M., 2019, Regulation of Initial Coin Offerings: Reconciling U.S. and E.U. Securities Laws, Chicago Journal of International Law 19(2).

지(New Digital Finance Package)를 채택하였다.[28] EU는 다양한 디지털 금융과 관련된 정책과제 및 3개의 입법안을 담은 디지털금융패키지를 발표했는데, 1) 디지털 금융전략(Digital finance strategy (DFS)), 2) 소매 지급결제 전략 (Retail payments strategy (RPS), 3) 암호자산 규제 법안(Draft Regulation Of Market in Crypto-assets (MiCA)), 4) 분산원장기술에 기반한 시장 인프라에 대한 파일럿 규제체계(Pilot regime for market infrastructures based on distributed ledger technology (DLT)), 5) 디지털 운영 복원력/클라우드 컴퓨팅(Digital operational resilience / cloud computing (DORA))을 다루었다.

여기서 2022년 3월 유럽의회가 발표한 MiCA(Proposal for a REGULATION OF THE EUROPEAN PARLIAMENT AND OF THE COUNCIL on Markets in Crypto-assets, and amending Directive (EU) 2019/1937COM/2020/593 final) 법안은 사용자와 투자자를 보호하고 분산원장 기술과 가상자산을 원활하게 발전시키고자 하는 목적을 가지고 금융투자상품에 해당되지 않은 암호자산을 종류별 차이에 따라 증권형 토큰, 유틸리티 토큰, 자산준거 토큰, 전자화폐토큰 등으로 분류하고 암호자산 유형별로 투자수단 해당여부, 소비자보호 필요성을 감안한 차등규제를 도입하였다. MiCA는 위반에 대한 강력한 제재(실명공표를 통한 제재(name and shame), 이익환수 및 매출의 15%에 달하는 과징금 등)를 포함하고 EU 전역에 있어서 통일된 규제 프레임을 가진다. 동 법안은 현재 세계에서 가장 정교하게 고안된 가상자산규제법으로서, 유럽의 금융투자상품 시장규제법인 MiFID와 Prospectus Reg 등의 규제 철학과 규제방법론을 기초로 한다. 이는 MiCA 전문 6에서 확인되는데, 동일 업무, 동일 리스크, 동일 규제 원칙에 기반한 규제철학인 것이다.

MICA는 EU 금융서비스법제 범위 밖에 있는 암호자산과 전자화폐토큰을 포섭하면서 다음 4가지의 일반목적을 가지고 있다. 1) 법률명

---

28 신경희, "EU의 가상자산시장(MiCA) 법안의 주요 내용", 자본시장포커스, 2022-18호, 자본시장연구원

확성-EU 내 암호자산시장 발전을 위한 건전한 법률 체계의 필요성 및 현재 금융서비스입법에 포섭되지 않는 암호자산에 대한 명확한 정의, 2) 혁신지원-암호자산의 발전과 분산원장의 광범위한 사용을 촉진하기 위해 혁신과 공정경쟁을 지원하는 안전하고 적절한 규제 프레임을 제시하고 있다. 3) 투자자 보호와 시장윤리-암호자산이 현재 금융서비스 입법으로 규율되지 못하나 익숙한 금융상품과 같은 동일한 리스크를 가지고 있으므로 이에 대한 적절한 수준의 투자자 보호와 시장윤리를 갖추도록 하는 것, 4) 금융안정성 확보라고 할 것이다.

EU는 디지털금융법제 정비를 위한 디지털 금융패키지의 일환으로 기존 규율되지 않던 암호화폐를 포괄적으로 규제한 Market In Crypto Asset 법안을 제정했고, 디파이 및 스테이블 코인 등 규제가 본격화될 예정이다. 한편 NFT가 원칙적으로는 MICA의 규제 대상이 될 가능성도 열려있다.[29 30] MICA전문(8b)에서는 고유한 자산으로서 다른 암호자산과 대

29 EU 이사회, 'NFT 발행' 규제 강화 나선다?…"등록 의무화 가능성 有", 코인리더스 2022.5.6. https://www.coinghost.com/news/581957 2022. 5. 언론보도에 따르면 EU이사회 비공개 회의 전 프랑스 정부가 작성한 문서에는 "각국 정부는 NFT가 MiCA 법에서 완전히 제외되기를 원하는 반면, 유럽의회는 NFT가 자금 세탁에 악용되는 것을 우려하며 규제 강화를 원하고 있다"는 내용이 담겼다. 2022. 5. 코인데스크는 "EU의 암호화폐 규제안인 MiCA에 NFT 발행 관련 규제 내용이 포함된다면, NFT 발행자들은 현지 규제기관에 의무적으로 등록돼야 하며, 발행자가 법인으로 제한될 수 있다"고 보도하였는데, EU이사회 비공개 회의 전 프랑스 정부가 작성한 문서에는 "각국 정부는 NFT가 MiCA 법에서 완전히 제외되기를 원하는 반면, 유럽의회는 NFT가 자금 세탁에 악용되는 것을 우려하며 규제 강화를 원하고 있다"는 내용이 담겼다. 이런 의회의 입장이 반영된다면, 향후 유럽 내 NFT 발행인은 탈중앙화 기관이 아닌 현지 법인으로 제한될 수 있다는 것을 의미한다. 또 현지법에 따른 소비자 보호 규정을 따라야 한다는 것을 의미하기도 한다. MICA가 NFT 관련 규제까지 포함하는 경우 기존 암호화폐 및 스테이블코인에 대한 규제를 넘어 예술, 엔터테인먼트, 게임 분야까지 규제 범위가 상당히 확대될 것으로 전망된다.

30 https://www.tokenpost.kr/article-92602

체될 수 없는 암호자산, 분할될 수 없고 발행자에 의해서만 수용되는 암호자산, 지적재산권이나 보증을 나타내는 암호자산, 미술 작품과 같이 고유한 실물자산의 진위를 증명하는 암호자산, 금융투자상품에 내재된 권리와 관계없는 다른 권리를 나타내면서 암호자산 교환소에서 거래가 허용되지 않은 암호자산의 경우 유럽집행위원회가 유럽연합 차원에서 이에 건전성 등 진입규제, 공시 및 리스크관리, 내부통제 등 행위규제를 자본시장과 유사한 규제를 하도록 한 반면 일반 암호자산인 유틸리티토큰(Utility Token) 등은 백서공시 등 최소 규제를 택하여 유형별 차등 규제를 채택하였다. MiCA의 적용범위는 스테이블코인에 대한 영향과 특히 유틸리티 토큰과 관련된 측면에서 ICO에 미치는 영향 등은 중요한 부분을 차지하며, 디파이도 이에 따라 규제될 것으로 예상된다.

동 법안은 원래 비트코인과 같이 작업증명(proof-of-work)방식을 이용하는 가상화폐를 에너지 과다소모 등을 이유로 제한하는 내용을 담고 있었다. 그런데 이는 MICA전문 5(c)에서 확인되었듯이 유럽집행위원회(European Commission)가 2025.1.1.까지 기후변화에 중대한 영향을 미치는 암호자산, 암호자산서비스업자 및 암호자산발행자에 대한 정보를 포함한 가상자산의 채굴활동을 '지속가능한 행위에 관한 유럽연합의 분류시스템(EU taxonomy for sustainable activities)'에 포함시키는 입법안을 제시할 것을 요구하는 수정안을 제시함으로 합의되어 마무리되었다. 또한 암호자산서비스제공자에게 인가, 건전성요건, 공시, 투자자보호 등 금융투자업자에 준하는 규제 및 내부자거래와 시세조종행위 금지 등도 규정한다.

그림 7-4

**MiCA규제안의 자본시장규제 유사성**

| 거래목적물 | 금융투자상품이 아닌 가상자산 |
|---|---|
| 발행인규제 | · 발행인은 법인이어야 함 (MiCA §4)<br>· 백서발간의무<br>· 신의성실의무 (§13)<br>· 마케팅 커뮤니케이션 규제 (§6) |
| 공시의무 | · 발행인의 백서의 의무공시사항, 법적 책임 (§5)<br>· 백서의 주요 내용 및 형식 규제<br>· 발행인 및 가상자산사업자의 이해상충 관련 공시 (§28, §65)<br>· 내부정보의 공시 (§77)<br>· 제재내용의 공시 (§112, §115) |
| 불공정거래규제 | · 시세조정행위 등의 금지 (§80)<br>· 내부자거래 금지 (§78) |
| 업자규제 | · 가상자산 거래플랫폼 (§68), 수탁사업자 (§67), 자문업자 (§73) 등 다양한 가상자산업자에 대한 진입규제 및 행위규제<br>· 구체적 승인요건 (§54) (경영진의 적정성과 전문성 요건, 자본금 요건 등)<br>· 정직, 공정, 전문성 의무 (§59)<br>· 이해상충 관리의무 (§65)<br>· 고객자산 보호의무 (§63)<br>· 자기자본, 보험가입 등을 포함한 건전성 요건 (§60) |

출처: 김갑래, 각주 1) 21면

# III MiCA의 주요 내용

MICA 입법제안서는 400페이지로 구성되었고 스테이블 코인을 포함한 기존에 규제되지 않은 암호자산 유형 및 암호자산서비스공급자(crypto-asset service providers, 이하 'CASP')에 대한 규제에 집중하고 있다. 예를 들어 시장규모가 일정 이상인 "중요한" 스테이블 코인 발행자와 CASP는 백서 및 엄격한 실사요건의 적용을 받는다.

동 법안에서는 금융규제체계와 유사하게 자본시장규제 수준으로 투자자보호를 위해 CASP의 서비스에 따라 발생하는 리스크에 비례한 의무를 공정하고, 명확하게 부과하려 한다. MiCA는 2024년 정도 발효할 것으로 예상되는데 향후 MiCA는 유럽의 가상자산 지형을 영구히 바꿀 것이며, 회사에 대한 엄격한 컴플라이언스 요건 부과는 디파이와 같은 암호자산시장에 위협이 될 수 있을 것으로 예상된다.

법안이유서에서 유럽집행위원회는 위 법안이 블록체인과 분산원장에 따르는 기술변화를 반영하기 위해 1) "금융상품"의 성격에 부합하는 암호자산을 명확하게 하는 상황에 대한 MiFID II의 개정'; 2) 분산원장 기술과 증권형 토큰에 대한 규제체계의 생성, 3) 현 규제체계에 편입되지 않는 암호자산(스테이블 코인, 페이먼트 토큰 및 유틸리티 토큰)에 대한 새로운 맞춤형 법제 수립, 4) EU 전체에 통일적으로 적용되는 규정임을 명시했다.

MiCA는 크게 3개의 부분으로 나눠질 수 있는데 ① MiCA에 의해 규제되는 토큰 유형별 의무사항(자산참조형 토큰, 전자화폐토큰과 포괄조항으로서의 암호 자산), ② 암호자산서비스공급자에 대한 승인 절차, ③ 경쟁당국 및 그 권한으로, 목차는 다음과 같다.

| | |
|---|---|
| Title I | 규제대상, 범위 및 정의(Subject matter, the scope and the definitions). |
| Title II | 자산 참조형 토큰 및 전자화폐 토큰 이외의 암호자산에 대한 공모 및 마케팅(Offerings and marketing to the public of crypto-assets other than asset-referenced tokens and e-money tokens.) |
| Title III | 자산참조형 토큰(스테이블 코인)(Asset-referenced tokens (stable-coins)) |
| Title IV | 전자화폐 토큰의 발행승인(Authorisation as an issuer of e-money tokens) |
| Title V | 암호자산서비스공자(CASP)의 운영조건에 대한 승인(Authorisation and operating conditions of crypto-asset service providers) |
| Title VI | 암호자산과 관련된 시장남용행위의 금지(Prevention of market abuse involving crypto-assets) |
| Title VII | 국가별 감독당국, EBA와 ESMA의 권한(Powers of national competent authorities, the EBA and ESMA) |
| Title VIII | EC의 대리행위를 도입하기 위한 대리권 행사(Exercise of the delegation with a view to adopt Commission's delegated acts) |
| Title IX | 이행 및 최종규정(Transitional and final provisions) |

유럽집행위원회는 MiCA를 통해 현재 규제되지 않는 암호자산을 전자화폐(e-money)규제체계를 수정하여 새로운 전자화폐로 포섭하고 광범위한 정의규정을 수정하여 규제로 포섭한다. 즉, 지급수단 및 투자수단으로서의 수용성에 따른 암호자산의 차별화 및 이에 따른 소비자·투자자 보호 필요 수준 등에 따라 유형별 차등 규제가 적용된다.

MICA에서 주목할 점은 암호자산 발행시 백서공시의무라고 볼 수 있다. 우선, 일반암호자산의 경우에도 무료 발행, 특정상품 및 서비스에 생성되는 유틸리티토큰, NFT, 회원국별 150명 미만 모집하는 사모, 1백만 유로 미만 발행, 전문투자자에 대한 발행만 제외하고 백서가 공시됨이 원칙이다. 공시사항은 Annex 1에 기재된 사항을 공시해야 하며, 발행인 및 거래 플랫폼에 대한 정보, 암호자산에 관한 사항이다. 향후 투자가치 및 리스크 경고 및 후속 공시의무를 부담하지는 않는다. 투자설명서의 명확성이 요구되며, 일정 경우 14일내 온라인으로 가능한 14일 내 철회권이 인정된다.

자산준거토큰의 경우, 전문투자자에게만 발행되거나 5백만 유로 미만 발행된 경우를 제외하고는 백서공시의무를 부담하는데, 공시내용에 대해서는 일반 및 중요 자산준거토큰에 대해서는 Annex 1과 2에서 규정하는데 발행인, 거래 플랫폼, 암호자산 및 복구계획, 안정화 매커니즘(stability mechanism)을 포함해야 한다. 향후 가치에 대한 리스크 경고 및 공시의무를 부담하지 않으며, 손실위험을 명시해야 하며 후속 공시가 필요하다.

전자화폐토큰의 경우, 전문투자자에게만 발행되는 경우를 제외하고는 백서공시가 필요하며 Annex 3에 발행인 정보, 거래 플랫폼, 암호자산 및 안정화 매커니즘, 상환청구권 및 상환청구권 절차, 위험 공시 및 후속 공시 등을 담아야 한다.

자산준거토큰 및 전자화폐토큰에 대해서는 소비자·투자자 보호를 위해 발행자의 재무건전성 등 진입규제와 공시, 리스크 관리, 내부통제 등 행위규제는 자본시장과 유사한 규제가 적용된다. 암호자산 중 한번 집행되면 신용기관 혹은 전자화폐기관으로서 규제되지 않는 스테이블 코인의 경우, 발행자는 그들의 관할 규제당국에 의해 승인된 백서에 이러한 내용을 포함시켜야 하며 이는 증권 모집시의 투자설명서상 의무와 비슷하다. 한편, 중요한 전자화폐토큰('significant e-money tokens')과 중요한 자산참조형 토큰('significant asset-referenced tokens')은 각국별 규제기관보다는 EBA에 의해 직접 규제되며. 자본 및 상호운영성 및 유동성 관리측면에서 추가적인 의무를 진다. 자산준거토큰은 EU의 관계당국으로부터 인가받은 기관이 발행할 수 있으며, 전자화폐토큰은 발행자를 더 엄격히 제한해 은행 및 전자화폐기관만이 발행할 수 있도록 하였다. 발행규모 및 이용자 수가 일정 수준 이상인 경우 중요자산준거토큰 및 중요전자화폐토큰으로 분류하여 추가 규제가 적용된다.

중요 자산준거토큰의 조건은 1000만 명 보유자, 50억 유로 이상의 적립금, 하루 거래량 250만 건 또는 5억 유로 이상 거래되는 것으로 발급시에 디지털시장법의 적용을 받고, 여러 개의 스테이블 코인 또는 CASP 서비스 발행을 하는 것으로 직접적 EBA의 감독을 받는다. 또한, 중요자산준거토큰은 발행인의 3%의 필요자본준비금 보유 및 예치금 신탁, 유동성 스트레스 테스트 실시를 통한 안정화 메커니즘 관리, 고객 상환권 보장 등이 요구되며, 중요 위임된 법률을 통해 EC가 지정할 수 있도록 한다. 유틸리티토큰 등 일반 암호자산에 대해서는 EU 내 설립법인이 백서를 공시할 경우 신고만으로 암호자산 발행 및 공개가 가능하도록 규제를 최소화했다.[31]

---

31 2022. 8. 29. 한국은행 "유럽연합 암호자산시장 법률안(MiCA) 주요 내용 및 시사점".

**표 7-2 암호자산 주요 규제 내용**

| | 전자화폐토큰 | 자산준거토큰 | 유틸리티토큰 |
|---|---|---|---|
| 발행자 | • 은행, 전자화폐기관으로 제한 | • EU 내에 설립된 법인으로서 관계당국의 인가를 받은 법인 | • EU 내에 설립된 법인으로 제한 |
| 주요의무 | • 전자화폐지침에 따른 전자화폐기관 운영 요건 준수(최저자기자본 규제 등)<br>• 토큰보유자의 상환권 보장<br>• 수취자금 관리(커스터디, 투자 정책 등) | • 주요 정보 공시<br>• 내부통제 및 리스크 관리<br>• 준비자산 관리(커스터디, 투자 정책 등)<br>• 자기자본 규제 준수<br>• 대고객 커뮤니케이션, 영업행위 규제 준수<br>• 이해상충 관리 | • 대고객 커뮤니케이션, 영업행위 규제 준수<br>• 이해상충 관리 |
| 암호자산 백서 | • 관계당국앞 통지 의무<br>• 공표 의무<br>• 내용 및 형식 규제<br>• 부실공시에 대한 손해배상책임 | • 관계당국의 승인 필요<br>• 공표 의무<br>• 내용 및 형식 규제<br>• 부실공시에 대한 손해배상책임 | • 관계당국앞 통지 의무<br>• 공표 의무<br>• 내용 및 형식 규제<br>• 부실공시에 대한 손해배상책임 |
| 중요토큰 추가규제 | • 자본 요건 및 상호운영성 요건 강화<br>• 정기적 유동성 평가 및 모니터링 | | - |
| 공통 | • 마케팅 커뮤니케이션 내용 규제<br>• 발행자의 손해배상 책임 | | |

MiCA의 적용 관할 범위는 유럽에 설립되거나 EU 거주자들을 모집하거나 목적하는 경우를 대상으로 한다.[32]

32 따라서 페이스북(현재 메타)이 발행한 리브라 코인은 유럽연합 내에서 설립되거나 서비스 마케팅을 하는 경우 EBA에 의한 규제감독을 받게 된다.

## 1 암호 자산 판매 및 홍보 관련 규제[33]

암호자산 발행인은 법인이어야 하며, 핵심 정보(특성, 권리 및 의무, 기반 기술 및 프로젝트)를 포함해야 하는 백서(영어 또는 EU 국가의 공식 언어로)를 발행해야 하는데, 백서는 발행 최소 20일 전에 당국과 공유되어야 하며 승인 대상이 아니다. 발행자의 웹사이트에 게시되면 전체 유럽 경제지역(EEA)에서 판매될 수 있으며 다음과 같은 경우에는 백서를 게시할 필요가 없다.

- 적격 투자자 또는 회원국당 150명 미만의 투자자만을 대상으로 함
- 12개월 동안 100만 유로(미화 117만 달러)를 초과하지 않음
- 무료 암호화 자산, 즉 "에어드롭"을 제공(수취인이 개인 데이터를 제공해야 하거나 발행자가 다른 당사자로부터 수수료 또는 혜택을 받는 경우 제외) 채굴 보상 발행
- EU에서 이미 사용 가능한 암호화 자산 발행(스테이블 코인 제외)

스테이블 코인의 경우, 회원국은 또한 암호화 자산 발행지가 백서 정보에 대해 자국 법률에 따라 책임져야 한다. 소비자는 직접 구매한 경우 14일 동안 비상장 암호화 자산 토큰 구매 철회권을 가진다. 암호자산 중 스테이블 코인 발행자는 관할 규제당국에 의해 승인된 백서에 위 내용을 포함시켜야 하며 이는 증권 모집시의 투자설명서상 의무와 비슷하다. 중요한 전자화폐토큰('significant e-money tokens')과 중요한 자산참조형 토큰('significant asset-referenced tokens')은 각국별 규제기관보다는 EBA에 의해 직접 규제되며. 자본 및 상호운영성 및 유동성 관리측면에

33 MiCA (Updated July 2022): A Guide to the EU's Proposed Markets in Crypto-Assets Regulation https://www.sygna.io/blog/what-is-mica-markets-in-crypto-assets-eu-regulation-guide/

서 추가적인 의무를 진다.

한편, MiCA의 적용 관할 범위는 EU 내에서 암호자산을 발행하거나 EU내의 암호자산과 관련된 서비스를 제공하는 자에게 적용되는데, 즉 EU내에 설립된 법인 또는 EU 고객들에게 권유를 하거나 타겟으로 하는 경우에 적용된다.[34]

## 2 MiCA와 FATF의 자금세탁방지규정, MiCA의 고려사항

MiCA는 자금세탁방지와 반테러리즘 리스크에 대해서 직접적으로 대해 직접 규정하고 있지 않지만, MICA개정안은 기존 Financial Action Task Force(FATF)의 40개의 권고사항에 맞춘 정의규정 및 서비스 범위에 대한 EU 입법체계와의 정합성을 고려하도록 되어 있고, MiCA의 목적과 고려사항을 아래와 같이 구체적으로 밝히고 있다.

암호자산분야에서 도입되는 어떠한 입법이라도 구체적이며, 미래지향적이어야 하며, 혁신과 기술발전을 따라갈 수 있도록 해야 한다. 따라서 암호자산과 분산원장기술은 현재 금융서비스와 관련된 EU입법범위를 벗어나는 모든 형태의 암호자산을 포섭할 수 있도록 광범위하게 규정되어야 한다.

위 입법은 자금세탁방지와 테러자금지원에 대응하기 위한 목적에 기여하는 것으로 '암호자산'의 정의는 FATF 34의 권고에 따른 '가상자산'에 상응하는 것이어야 한다. 같은 이유로 FATF에 의해 자금세탁우

34 Article 2 (1) This Regulation applies to persons that are engaged in the issuance of crypto-assets or provide services related to crypto-assets in the Union. 따라서 페이스북(현재 메타)이 발행한 리브라 코인은 유럽연합 내에서 설립되거나 서비스 마케팅을 하는 경우 EBA에 의한 규제감독을 받게된다.

려가 있는 가상자산서비스에 관련된 여하한 암호자산서비스에 대해서도 동일하게 관리되어야 한다고 규정한다.

## 3 시장과 시장 참여자에 대한 규제

MiCA는 암호자산의 발행자 및 관련 서비스 제공자를 규제한다. 이러한 서비스와 서비스 제공자들의 많은 경우가 MiFID II, PSD 2 및 EMD 2와 같은 다른 금융 서비스 법률에서 이미 잘 정의되고 어느 정도 세부적으로 규제된다고 볼 수 있다. 예를 들어 중개인, 거래 장소, 자산 관리자 및 수탁인의 경우, MiFID II 부록 I의 섹션 A 및 B는 금융 상품과 관련된 "투자 서비스 및 활동" 및 "보조 서비스" 목록에 포함된다. 또한, "자산 참조 토큰"은 토큰화된 "금융 상품"으로 간주될 수 있고 이를 기반으로 MiFID II에 따른 "투자 서비스" 및 "보조 서비스"를 관리하는 프레임워크가 적용되며 진화하는 서비스 생태계의 상당 부분을 규제하기 위한 성숙하고 검증된 기반을 제공한다.

MiCA의 암호자산 서비스는 암호자산 커스터디, 거래플랫폼 운영, 암호자산 환전 및 교환, 투자 자문 등 암호자산 관련 일체의 서비스 및 활동을 말하는데, 중앙은행 디지털화폐를 제외한 모든 암호자산 관련 서비스에 적용된다. 즉, 증권형토큰, 유틸리티토큰, 비트코인 등과 관련한 서비스 제공에 대해서도 소비자 · 투자자 보호를 위해 이 법을 적용한다. 비트코인 등의 경우 발행자가 특정되지 않아 발행 · 유통 관련 규제를 적용하기 곤란하므로 암호화폐서비스제공자인 거래플랫폼 및 수탁자 등을 통해 간접 규제를 취하여, 채굴 방식을 환경 친화적인 방식으로 개선하지 않을 경우 EU 역내의 암호자산거래소에서의 거래를 제한하는 규제 등이 가능하다. 또한, 사업자 인가, 공시, 건전경영 유지, 투자자 보호 등에 관해 금융투자업자에 준하는 규제를 적용하며, 내부자거래 및 시세조종 등 불공정거래 규제를 통해 투자자를 보호한다.

**표 7-3 암호자산서비스에 대한 규제**

| | 주요 규제 내용 |
|---|---|
| 업자규제 | • 암호자산서비스업자 인가 및 등록부 작성<br>• 건전성 규제<br>• 조직요건 및 고객확인 정책<br>• 고객자산 보호<br>• 민원처리 절차 마련<br>• 이해상충 및 업무위탁 관리 |
| 불공정거래규제 | • 내부자거래 금지<br>• 시장조작 행위 금지 |

반면 "검증인(Validator)"과 같은 다른 역할은 DLT 환경에 따라 다르며 규제 기관에서 별도로 고려해야 한다. 지금까지 MiCA와 제안된 DLT 파일럿 규정은 DLT 파일럿 규정 제6(2)조에서 중앙증권예탁 기관(CSD), 투자회사 또는 시장 운영자가 DLT 기반 증권 결제 시스템 또는 거래 시설(MTF)은 "분산 원장 기술에 대한 액세스 규칙, 검증 노드의 입자화, 잠재적 이해 충돌 해결 및 완화 조치를 포함한 위험 관리" 등 DLT가 운영하는 기능에 대한 규칙을 수립해야 한다. 또 "자산 참조 토큰"의 발행자는 검증 프로세스를 위한 거버넌스 방식을 공식화하고 "암호화 자산 백서"(MiCA 21(1) 및 30(5)조)에 공개해야 한다.

검증 프로세스의 건전성과 무결성은 DLT 인프라의 기능에 매우 중요하다. 따라서 적절한 거버넌스 조치를 설계, 공개 및 구현해야 하는 의무는 모든 암호화 자산 발행자에게 적용되어야 하며. 그러한 효과에 대한 일반 의무는 MiCA 제5(1)조 및 13조에 포함되어야 한다.

# Ⅳ 규제 범위

EU 당국의 암호자산 시장 규제의 주요 목적은 투자자와 기타 사용자 보호와 유럽 연합의 재정적 안정성 유지이다. 위 보호 장치를 효과적으로 구현하는 것은 기본 기술(DLT)이 설계에 따라 배포되고 그 범위가 본질적으로 전 세계인 시장에서는 어렵다. EU 법률은 무엇보다도 유럽 시민과 사용자를 보호할 의무와 EU 기반 발행자와 서비스 제공자를 위한 공정한 경쟁의 장을 확보해야 할 필요성을 감안하여야 한다. 즉 MiCA의 목표는 EU의 모든 암호 자산 사용자에게 조화된 수준의 보호를 제공하는 것이다.

MiCA는 EU의 암호 자산 발행자 및 유럽 연합의 암호 자산과 관련된 서비스 제공자에게 적용되도록 설계되었다(MiCA 제2(1)조). 주요 기준은 자산이 EU에서 사용 가능한지 여부이며, 이는 EU 기반이 아니지만 EU 기반 고객에게 제품이나 서비스를 제공하는 발행자와 서비스 제공자가 관할권에 속한다는 것을 의미한다.

"전자화폐 토큰"과 관련하여 제43(1)조는 "연합 통화를 참조하는 모든 토큰은 연합에서 대중에게 제공되는 것으로 간주되어야 한다"고 명시하지만 이 규정은 비 EU 발행자가 유럽 연합에 존재할 것을 요하지 않는다.

그러나 "전자화폐" 및 "자산 참조 토큰" 이외의 암호 자산 발행자는 법인이어야 하고(MiCA 제4(1)조) "암호 자산 백서"에 통지해야 하며 "본국 회원국"의 권한 있는 당국에 전달하여야 한다(MiCA 제8조). MiCA 제43(1)조에 따르면 관련 법적 프레임워크에 따라 유럽 연합에서 허가 및 승인된 신용 기관 또는 전자 화폐 기관만이 "전자 화폐 토큰"을 발행할 수 있다. 또한 모든 암호화 자산 서비스 제공업체와 "자산 참조 토큰" 발행자는 유럽 연합에 등록된 사무실이 있어야 한다(MiCA 제15(2) 및 제53(1)조). 한 EU 회원국에 등록되면 서비스 제공업체는 EU 단일 시장에서 운영할 수 있는 "여권" 제도의 혜택을 볼 수 있다.

이러한 조항을 통해 MiCA는 EU 외부로 규제 경계를 확장해야 한다고 명시적으로 규정하지는 않았지만 EU 법률의 보호 하에 EU 기반 사용자에게 합법적으로 판매되는 대부분의 암호화 자산을 가져와야 하는 EU 시장에서 운영하려는 발행자 및 서비스 제공자에 대한 요구 사항을 마련하고 있다. 다만, 위 MiCA 법안이 "발행자"와 유럽 연합의 잠재적 사용자에게 암호 자산을 제공하는 개인 또는 법인("제공자")을 구분하지 않은 점은 문제이며, 개인과 법인의 역할이 별개로 그에 따라 각각이 규제되어야 함을 인식할 필요가 있다.[35]

무엇보다 "글로벌 스테이블 코인"은 EU 수준에서 엄격한 감독이 필요하다고 보고 있다. 정부와 중앙은행의 통화 주권에 도전할 수 있는 "글로벌 스테이블 코인"의 출현에 대한 정책 입안자들의 우려에 따라 MiCA는 "전자 화폐 토큰" 또는 "자산 참조 토큰"의 형태로 발행되는 스테이블 코인 중 MiCA 제39(6)조, 제39(1)조 및 제50(1)조에 명시된 기준 중 3가지 이상을 충족하는 경우 "중요(significant)"하다고 본다. 이러한 제안에 따라 "중요한" 토큰의 승인은 토큰이 시장에 출시되기 전에(MiCA 제40조) 발행자가 관련 국가 관할 당국에 신청하면 사전에 부여되거나 이미 통용 중인 코인이 임계 값을 충족하거나 유통량을 초과하는 경우 사후에도 승인이 될 수 있다(MiCA 제39(3)조). 두 경우 모두 신청 승인 또는 거부 결정은 유럽 은행 당국(EBA)이 국가 관할 당국과 긴밀히 협력하여 이루어진다.

---

35 비 EU 개인이나 법인이 발행한 암호화 자산 또는 비트코인과 같이 알려진 발행자가 없는 암호화 자산의 경우 청약자(offeror)는 중요한 역할을 하며 특히 투자자 보호 및 시장 행동 규칙 준수 등과 관련, EU 당국 및 사용자에 대해 책임을 져야 하기에 EU에 법적, 물리적 존재가 있어야 한다.

"중요한 자산 참조" 토큰의 발행자는 EBA의 감독을 받는 반면 "중요한 전자 화폐" 토큰의 발행자는 당국과 국가 관할 당국이 공동으로 감독하는데, 후자와 관련하여 국가 규제 기관과 EBA에 중복되는 권한을 할당하는 것이 실용적인지 의문이 제기되고 있으며 두 경우 모두 후자에 감독 책임을 집중하는 것이 더 나을 수 있다는 지적이 있다.

이처럼 EU가 고려하고 있는 규제프레임워크는 글로벌 표준을 설정하는 방향으로 진행되고 있지만, 제3국 기관이 발행하고 전 세계적으로 거래되는 "중요한" 토큰과 관련하여 EU 규칙의 효과적인 시행에 대해서는 국제결제은행(Bank for International Settlements)의 금융안정위원회(FSB) 및 지급시장 기반시설 위원회(CPMI)와 같은 관련 국제 포럼에서 유럽연합과 기타 주요 관할 구역 간의 지속적이고 건설적인 참여에 달려 있다는 점도 강조되고 있다.

# 05 시사점 및 제도 개선 방향

최근 글로벌 가상자산 규제동향은 '동일기능-동일규제'라는 규제 원칙에 기해 기존 금융규제 적용이 가능한 부분에서는 금융규제체계에 포섭하면서 금융규제 및 집행을 적용하고 있는 추세가 뚜렷하다. 2022년의 테라루나 사태와 FTX 파산 이후 SEC가 투자계약증권으로 가상자산을 포섭하여 적극적으로 증권성을 인정하면서 집행 의지를 보임에 따라 크라켄의 스테이킹 서비스를 미등록증권발행으로 기소하여 미국 내에서 크라켄의 스테이킹 서비스가 중단되었다는 것은 의미심장하다. 최근 SEC가 스테이블코인인 테라, 루나에 대해서도 증권법 위반으로 기소한 것과 현재 계속 중인 리플에 대한 증권법 위반 기소, 코인베이스의 미등록 증권 판매 등에 대한 증권법 위반 소송 등의 추이를 살펴볼 필요가 있는데, 기존의 SEC의 태도를 본다면 비트코인 이외에는 거의 대부분의 알트 코인이 증권성을 인정받아 증권법 규제 위반이 되어 상당한 파장이 예상된다. 한편, 그간 가상자산 규제에서 기술적으로 포섭되지 못했던 부분에 있어서는 금융안정성 및 투자자보호를 위한 별도의 규제 체계를 마련하되 아래의 FSOC가 제시한 권고사항 1. 〈규제 관련 일반 원칙〉을 참조하여 입법원칙으로 삼아야 할 것으로 보인다.

동일 활동 - 동일 위험 - 동일 규제
기술적 중립성(technological neutrality)
적절한 경우 기존 권한(existing authorities) 활용
기술의 투명성(transparency in technology)
경제를 손상시키기 전 금융 안정성 위험 대응
전통 금융시스템과의 상호연결 및 암호자산의 전체 규모 확장에 대한 모니터링 메커니즘
상호 연결성과 같은 주요 이슈에 대한 공시 및 문서화 등을 통해 불투명한 영역에 투명성 제공
시기적절하고 질서 있는 거래 및 법적 구속력 있는 결제 처리를 우선시
가격 발견(price discovery) 촉진 및 시장 무결성(market integrity) 강화
암호자산 시장 관련 적절한 시장 데이터 확보 및 타 기관 공유

FSOC는 감독기관들이 상품, 거래소 및 시장참여자 등록 요구사항, 은행법, 사기방지법, 증권법, 상품 및 파생상품법, 자금세탁방지법, 제재, 소비자 및 투자자보호법 등 기존 규정과 규제를 지속적으로 집행할 필요가 있고, 의회가 연방 금융당국에 '증권이 아닌 암호자산 현물시장 관련 명시적인 규정 제정 권한(이해상충, 남용 거래관행, 거래 보고 요구사항, 기록보관, 거버넌스 표준, 사이버 보안 요구사항, 고객자산 분리, 자본 및 마진, 보관·결제·청산, 질서 있는 거래, 투명성, 사기방지 권한, 투자자 보호, 분쟁해결, 운영규범, 예상치 못한 추가 문제를 처리하기 위한 일반 권한)을 부여'하는 법안을 제정할 필요를 역설하고 있다.

스테이블 코인 발행자, 암호자산 플랫폼 등 암호자산 기업 감독에 있어 유사한 활동 간에 서로 다른 규제가 적용되거나, 어느 한 규제당국이 기업의 전부(계열사, 자회사, 서비스 제공업체)를 감시할 수 없는 경우 법집행기관을 포함한 규제당국간 지속적 협력이 필요[FSOC 권고사항4]하다고 본다.

한편, MiCA는 암호자산을 증권형토큰, 유틸리티토큰, 자산준거토큰, 전자화폐토큰 등으로 분류하여 지급수단으로 수용될 가능성이 상

대적으로 높은 자산준거토큰 및 전자화폐토큰을 주요 규제 대상으로 설정하였다. 암호자산 유형별로 규제를 달리 적용하고 지급수단 및 투자수단으로서의 수용성 및 이에 따른 소비자·투자자 보호 필요수준 등에 따라 유형별 차등규제를 적용하는 모델을 채택하였다. 즉, 스테이블코인(자산준거토큰, 전자화폐토큰)에 대해 소비자·투자자 보호를 위해 발행자의 재무건전성 등 진입규제와 공시, 리스크 관리, 내부통제 등 행위규제는 자본시장과 유사한 규제를 적용하고, 유틸리티토큰 등에 대해서는 EU 내 설립법인이 백서를 공시할 경우 신고만으로 암호자산 발행 및 공개가 가능하도록 규제를 최소화했다. 증권형 토큰은 EU 회원국의 증권시장 규제법률을 적용하고 비트코인 등 발행자가 특정되지 않는 암호자산, 협의의 대체불가토큰(NFT)과 중앙은행 디지털화폐(CBDC)는 적용 대상에서 제외하는 접근을 취하고 있다.[36]

특히 암호자산 거래플랫폼 운영, 암호자산 환전 및 교환, 커스터디, 투자 자문 등 암호자산 관련 일체의 서비스 및 활동을 암호자산서비스로 정의하였다. 그리고 암호자산서비스업자에 대해서 사업자 인가, 공시, 건전경영 유지, 투자자 보호 등에 관해 금융투자업자에 준하는 규제를 채택해 내부자거래 및 시세조종 등의 불공정거래를 규제함으로써 투자자를 보호하고자 하였으며, 비트코인 등 발행자가 특정되지 않는 암호자산에 대해서는 거래소 등 암호자산서비스업자에 대해 투자자 보호의무를 부여한다. 즉, MICA는 암호자산 발행자를 중심으로 규제를 설정하였음에도 불구하고, 발행자가 특정되지 않는 비트코인 등 매매차익 및 가치저장 등을 목적으로 하는 거래형 암호자산에 대해서도 암호자산서비스업자를 규제 수범자로 보아 투자자보호 장치를 마련하여 규제를 적용하는 한편, 암호자산시장의 거래 투명성 등을 위한 보호장

---

36 "EU 암호자산시장 법률안(MiCA)에 대한 번역본 발간", 한국은행

치를 마련한 것이 투자자보호에 있어 소홀함이 없도록 한 시사점이 있다고 보인다.

스테이블 코인 발행자에 대한 포괄적인 건전성 규제 프레임 워크 도입, 관련 시장의 무결성, 투자자 · 소비자 보호, 결제 시스템 위험, 스테이블 코인 기능에 중요한 역할을 하는 기업 등에 대한 규제 권한을 포함하고, 기업 및 계열사 활동 제한, 기업과 모든 계열사 및 자회사 전반에 걸친 자본 및 유동성 요구사항, 안전 및 건전성, 제3자 위험 관리를 포함한 사이버 및 데이터 보안 관행, 라이선스, 데이터 및 공개, 경쟁, 감독, 검사 및 집행 등을 포함할 필요[FSOC 권고사항 5]가 있다.

미국의 FSOC의 보고서에서도 감독기관간 협력의무를 권고했듯이, MICA도 유럽증권시장감독청, 유럽은행감독청, ECB, EU 회원국의 관계당국 및 중앙은행이 감독기관 협의체 구성, 정보 공유, 의견 제시 등을 통해 긴밀히 협력하도록 제도화하였는데, 우리나라 역시 디지털자산기본법 제정과 관련하여 한국은행, 기재부, 금융위, 금감원 등 관계당국 간 긴밀한 협력이 필요하다는 것을 시사한다.

특히 암호자산 기업의 탈중앙화(decentralization)특성 또는 탈중앙화되어 있다는 주장과 관계없이 적용될 수 있는 규제가 필요할 것이다. 탈중앙화 거래소의 책임 주체, DeFi(탈중앙화 금융)와 DEX(탈중앙화 거래소)에서 사고가 발생할 경우, 책임을 져야 하는 주체도 없다는 점 때문에 Defi 및 DEX 리스크에 의한 피해 책임 주체가 없으므로 상대적으로 이러한 문제 상황을 방지하려는 노력을 덜 기울일 수 있다는 점은 국제자금세탁방지기구(Financial Action Task Force: FATF)의 2021.10. 「가상자산과 가상자산사업자에 대한 위험 기반 접근법에 대한 개정 지침」(Updated Guidance for a Risk-Based Approach: Virtual Assets and Virtual Asset Service Providers)을 참조할 필요가 있다. 위 지침에 따르면 "탈중앙화금융거래에 대한 통제권을 행사하거나 상당한 정도의 영향력을 행사하는 개발자, 소유자, 운영자 또는 그 밖의 자"가 가상자산사업자에 해당할 수 있으며, 설령 "다른 당사자가 중요한 역할을 수행하거나 거래의 일정 부분이 자동화되더라도" 마찬가지로 보아야 한다는 입장이고 "거래가 자동계약이행장치에 의해서 이루어지거나 투표권 행사로 운영체계가 운영되더라도"(암호자산보유자에 의한 운영 결정을 의미한다) 운영체계에 대한 통제나 영향력 행사가 있다고 보고 있다. 즉, 탈중앙화 시스템도 규제 수범자를 특정하지 못할 것은 아니다. 탈중앙화 시스템의 리스크관리 개선 방향은 탈중앙화된 시스템의 위기 발생시 1) 최소한의 피해자 구제를 위한 보험, 2) 문제를 진단하고 해결할 수 있는 전문가 서비스에 가입되었다는 것을 증빙, 3) 화이트해커에 의한 주기적 시스템상의 취약성을 점검하고 개선하고 있는지를 증빙하도록 하는 점도 필요할 것이다. 모든 시스템은 완전하지 않다고 생각하고 발생 가능한 위험 상황을 얼마나 잘 관리하고 있는지를 반드시 확인하도록 하는 증빙을 탈중앙화된 시스템들이 운영 과정에서 지속적으로 해나갈 수 있도록 하는 관심과 노력이 필요할 것이다.[37]

일본의 경우, 2016년 자금결제법 개정 이후 2018. 3. 금융청 산하의 암호자산연구회에서 정책연구와 논의 의사록을 모두 공개하여 입법과정에서의 지식을 축적하고, 새로 법안을 제정하기보다는 기존 금융법(자금결제법, 범죄수익이전법, 금융상품거래법 등)에서 '암호자산', '암호자산교환업', '토큰화유가증권' 등의 정의 규정 및 업에 대한 규제를 추가하여 기존 금융규제를 활용한 점진적 금융규제 포섭을 하여왔기에 큰 소비자 피해를 막을 수 있었다는 점이 시사하는 바가 크다.

IMF는 글로벌 가상자산 규제 프레임워크 협력을 권고하고 있다. IMF는 2021. 12. 가상자산 시장은 블록체인과 같은 기술 혁신의 상당

---

37 박성혁, "위기 대응능력 취약한 탈중앙화, 안전장치 필요하다", 2022.11.9., 교수신문 https://www.kyosu.net/news/articleView.html?idxno=96308

한 경제적 가치를 나타내지만, 가상자산의 높은 변동성과 일부 가상자산 업체가 예치금 등 공시 내용을 부정확하게 알리는 등 가상자산 시장 투자자에 대한 보호의 부족 등을 지적하면서, 금융안정위원회(FSB)에 가상자산 규제 글로벌 프레임워크를 만들 것을 촉구해왔다. IMF가 제안한 글로벌 가상자산 프레임워크의 핵심은 크게 세 가지로 1) 가상자산 서비스 제공업체에 대한 라이선스 제도 2) 투자 또는 결제 등 가상자산의 사용 사례에 맞춘 규제 조정 3) 당국의 명확한 규제 가이드라인 제공 등이다. 우리는 예측가능성(predictability), 탄력성(flexibility)과 가변성을 기초로 한 디지털법제 규제가 필요하며, 정보불균형(사전-공시, 사후-불공정 거래규제) 및 무기불균형(알고리즘 거래 규제 등)에 대한 원칙중심 규제, 자율규제가 있어야 할 것이며, 암호자산별로 차등화된 규제가 이루어지고 있는 EU의 Digital Finance Package의 일부로 채택된 MICA의 예를 참조하여 소비자 보호와 산업발전의 조화가 필요할 것이다.

마지막으로, 디지털자산법 제정시 글로벌 시장거래에 따른 불공정거래규제의 실효성 확보를 위한 "역외적용" 및 감독기관간 국제협력을 위한 노력, 투자자 보호를 위한 "준거법", "분쟁해결수단", "관할" 등에 대한 정책적 협의가 반드시 선행되어야 한다.

# 참고문헌

## 국내문헌


- 가상통화교환업등에관한연구회, 仮想通貨交換業等に関する研究会報告書, 2018.
- 강봉주 "미국의 가상자산 규제 현황과 향후 전망", Brief, 국제금융센터 2022. 12. 22.
- 곽관훈, "금융소비자보호와 크라우드펀딩(Crowdfunding)의 활성화- 사회적 경제(Social Economy)관점에서의 접근-", 「금융소비자연구」 제3권 제2호, 한국금융소비자학회, 2013.
- 국무조정실, "가상자산사업자 신고제도 안착에 중점...거래투명성 강화한다", 보도자료, 2021. 5. 28.
- 국회입법정보, 특정금융거래정보의보고및이용등에관한법률일부개정법률안, 2019.
- 금융위원회 · 금융감독원, "중개업자 · 발행인 · 투자자를 위한 알기 쉬운 크라우드펀딩-자본시장과 금융투자업에 관한 법률에 따른 온라인소액투자중개", 2015. 10.
- 금융위원회/금융감독원/행정자치부, "금융분야 개인정보보호 가이드라인".
- 금융위원회, "기관별 추진현황 점검을 위한 가상통화 관계기관 합동 TF 개최," 2017. 9. 29, 제3면.
- 금융위원회, "NFT는 일반적으로 가상자산이 아니며, 다만 결제 · 투자 등의 수단으로 사용될 경우에는 해당될 수 있습니다. (머니투데이 11.23일자 보도에 대한 설명)", 보도설명자료. 2021. 11. 23.
- 금융위원회, "투자계약증권의 성격에 대한 질의"에 대한 유권해석, 2014. 3. 16.
- 금융위원회 보도자료, "저작권료 참여청구권의 증권성 여부 판단 및 ㈜뮤직카우에 대한 조치", 2022. 4. 20.
- 금융위원회 보도자료, "조각투자 등 신종증권 사업 관련 가이드라인", 2022. 4. 29.
- 금융위원회, "토큰 증권(Security Token)발행 · 유통 규율체계 정비방안", 보도자료, 2023. 2.
- 이석훈, "투자자예탁금 예치제도의 효율성 분석", 자본시장연구원, 2017.
- 김건식/정순섭, 「새로 쓴 자본시장법」 제3판, 두성사, 2016, 169면.

• 김갑래,“국내 ICO 시장과 STO시장의 당면 과제와 발전 방향”, 자본시장연구원.
• 김갑래, “미국과 EU의 가상자산거래자 보호제도의 시사점”, 자본시장연구원.
• 김범준 · 이채율, “가상자산거래소에 대한 최근의 규제 동향과 개선과제 - 이용자 보호의 측면을 중심으로”, 「홍익법학」 제22권 제3호, 홍익대학교 법학연구소
• 김범준, ICO 토큰발행인의 증권법상 책임과 임원배상책임보험의 역할-ICO 의 규제와 투자자 보호의 측면에서, 증권법연구, 2021, vol.22, no.1, 통권 53호, 한국증권법학회.
• 김병연, 권오훈, “가상자산의 법적 성질 - 미국과 한국의 증권규제를 중심으로 -” 상사판례연구, 2021, vol.34, no.3,
• 김연미, “벤처창업과 크라우드펀딩”, 「정보법학」 제16권 제2호, 한국정보법학회, 2012.
• 김유경, “올바른 기업지배구조와 회계투명성 확보를 위한 감사위원회 및 감사의 역할”, 삼정KPMG, (2017).
• 김자봉, ICO(Initial Coin Offering) 토큰은 자본시장법상 증권인가?—비정형적 가상자산에 대한 증권법리와 원칙중심 적극 규제의 필요성, 증권법연구, 2019, vol.20, no.3, 통권 49호, 한국증권법학회.
• 남유선, “금융포용 관점과 자본시장에서의 기업금융활성화방안-크라우드펀딩 및 엔젤투자를 중심으로”, 「기업법연구」 제27권 제4호,한국기업법학회, 2013.
• 박선종, 증권형 가상자산의 투자자보호에 관한 연구, 법학논총 제51집 숭실대학교 법학연구소 제174면
• 박웅신. “독일의 암호자산 및 ICO의 감독에 관한 법적 규제." 지급결제학회지, 2020.
• 배승욱, “일본, EU 암호 자산규제현황 및 시사점”. 2022. 11. 23. 국회발제자료
• 임병화, “일본 암호자산 법제도와 그 시사점에 관한 연구”, 금융감독연구 제7권 제2호 2020. 10.
• 성희활, “지분투자형 크라우드펀딩(Crowdfunding)의 규제체계 수립에 대한 연구”, 「증권법연구」 제14권 제2호, 한국증권법학회, 2013.
• 성희활, ‘가상화폐의공모(ICO)와상장에대한적정규제방안’, 『상사법연구』 제37권 제1호, 2018.
• 손경한/김예지, “신규코인공모(ICO)의 법적 쟁점”, 이화여자대학교, 「법학논집」 제

23권 제1호 통권 63호, 2018. 9, 211면.
- 송화윤, "가상자산 시장의 자율규제 활성화를 위한 법적 연구-불공정거래 규제를 중심으로," 증권법연구 제22권 제1호(2021.04), 한국증권법학회,
- 신경희, "EU의 가상자산시장(MiCA) 법안의 주요 내용", 자본시장포커스, 2022-18호, 자본시장연구원
- 안수현, 정대, 이지은, 노은영, 강영기, "디지털 금융시대 금융법 현대화: 해외사례 및 시사점"위탁용역보고서, 2022-20 [2022-11], 금융연구원
- 원동욱, "크라우드펀딩 도입방안에 대한 법적검토", 「금융법연구」 제11권 제1호, 한국금융법학회, 2014.
- 윤민섭, "투자형 크라우드펀딩의 제도화를 위한 입법적 제언-금액제한, 발행증권의 종류, 발행인의 자격제한을 중심으로", 「증권법연구」 제14권 제1호, 증권법학회, 2013.
- 윤세영/임주희/김성현/이원경/주종화, 「STO란 무엇인가」 2019년 추계학술발표대회 논문집 제26권 제2호, 2019. 11.
- 이석훈, "미국 증권회사의 내부통제 발전과정과 특징", [KCMI] 자본시장포커스 21-09(2021.05), 자본시장연구원.
- 이효섭/이석훈/안수현, "주요국 내부통제 제도 현황 및 한국 내부통제 제도 개선 방향". [KCMI] 연구보고서 22-01(2022.01), 자본시장연구원.
- 자본시장연구원, "EU의 가상자산시장(MiCA)법안의 주요 내용, 2022-18호.
- 정경영, 스마트계약에 의한 분산형 자율조직(DAOs)의 회사법제에의 포섭에 관한 시론, 금융법연구. 2019,vol.16, no.3, 통권 38호.
- 천창민, 해외가상자산금융규제현황과과제, 한국은행 전자금융세미나 발표자료, 2019.
- 천창민, 크라우드세일의 증권법적 쟁점에 대한 고찰 - DAO 사례와 관련하여, 경제법연구 2017, vol.16, no.3, 한국경제법학회.
- 천창민, "증권형 크라우드펀딩 제도의 구축방향과 과제", 정책보고서 13-01, 자본시장연구원, 2013.
- 한국금융연구원, '대체불가능토큰(NFT)의 특성 및 규제방안' 연구용역 보고서 2021. 12.
- 한국은행, "EU 암호자산시장 법률안(MiCA)에 대한 번역본 발간" 보도참고자료, 붙

임 "EU 암호자산시장 법률안 1부" 2022. 8. 30.

## 국내 기사, 블로그 등

• 김정훈, 23.2.6, "'은행권 횡령, 더는 없다'...금융당국, 올해 내부통제 강화 추진", 이코노미스트, https://economist.co.kr/article/view/ecn202302060023, 최근 접속일자: 23.2.11.
• 노희준, 23.2.10, "내부통제 개선 중인 금융당국, 내주 유럽 출장", 이데일리, https://www.edaily.co.kr/news/read?newsId=03745766635509208&mediaCodeNo=257&OutLnkChk=Y, 최근 접속일자: 23.2.11.
• 더게임스데일리, '데스크칼럼 : 비트코인 상승과 리플 소송전", SEC와 증권 여부를 놓고 다툼 치열,
• 〈http://www.tgdaily.co.kr/news/articleView.html?idxno=322548〉, 2023.2.10. 방문
• 법률신문, "미국 가상자산 규제를 위한 「책임 있는 금융 혁신 법안」의 주요 내용과 시사점", 2022.7.25. 법무법인 지평
• 아이티조선, 2018.6.11. 보도내용, "홍기훈의 블록체인과 핀테크", ICO 문제점 간단 해결 방법, 〈it.chowun.com/site/data/html_dir/2018/06/11/2018061103219.html〉,
• 안정용, 22.11.25, "[위믹스사태① 단독] DAXA, 위믹스 상폐 찬성에 표 던진 업비트와 코인원", NBNTV, https://www.nbntv.kr/news/articleView.html?idxno=65005, 최근 접속일자: 23.2.11.
• 유동길, 22.11.11, "유럽연합, '금융기관 통합 위험 관리 규정' 법 통과", 경향게임스, https://www.khgames.co.kr/news/articleView.html?idxno=205691, 최근 접속일자: 23.2.17.
• 유하영, 23.02.07, "금융위 "내부통제 제도 금융사 규모 따라 차등 적용 검토 중", 이투데이, https://www.etoday.co.kr/news/view/2219605, 최근 접속일자: 23.2.11.
• 서 22-01(2022.01), 자본시장연구원.
• 위험관리 PD, "후원 기업 위원회(Committee of Sponsoring Organizations of the Treadway Commission, COSO)의 전사적 리스크관리 프레임워크", KMAS

한국경영자문원 대표 블로그(2022. 3. 3), https://blog.naver.com/ing6651/222663115534, 최근 접속일자: 23.2.14.

- 이지영, 23.02.07. ""위믹스 상폐고, 페이코인 연장?"…닥사 '특혜' 논란", NEWSIS, https://newsis.com/view/?id=NISX20230207_0002184444&cID=15001&pID=15000, 최근 접속일자: 23.2.11.
- 한국경제, 2021.6.3, "암호화폐 시세조작 이렇게 했다"…내부자의 고백.
- 코인니스, 22.10.15, "미 FINRA CEO "브로커-딜러 라이선스 등록 신청 기업, 증가 추세", 코인리더스, http://www.coinreaders.com/48608, 최근 접속일자: 23.2.11.
- 코인데스크코리아, "2조원대 가상자산 사기", 브이글로벌대표 징역25년 확정, 브이글로벌은 2020년 7월 법인을 성립하고 9개월에 걸쳐 피해자 5만여 명으로부터 약2조2497억원을 편취한 협의로 재판에 넘겨졌다. 〈www.coindeskkorea.com/nesw/articleView.html?idxno=82930〉, 2023.2.10.방문

## 해외문헌 및 기사

- Block Nine News, "일본 가상통화 교환업협회 IEO, ICO 판매 자율규제 시행",
- 〈https://www.dailycoinews.com/dailycoinews/article/read.do?articleNo=5912&lang=kr〉, 2023. 2.10. 방문
- Binance.US Awarded Elite ISO and IEC Accreditation for World-Class Security Measures", Binance, https://blog.binance.us/binance-us-awarded-elite-iso-and-iec-accreditation-for-world-class-security-measures/, 최근 접속일자: 23.2.12.
- Committee of Sponsoring Organizations of the Treadway Commission. Internal control, integrated framework: Executive summary. Vol. 4. Committee of Sponsoring Organizations of the Treadway Commission, 1992.
- Derek Andersen, 22.4.18, "Self-regulatory organizations growing alongside new US crypto regulation", Cointelegraph, https://cointele-

graph.com/news/self-regulatory-organizations-growing-alongside-new-u-s-crypto-regulation, 최근 접속일자: 23.2.14.

- "Digital Operational Resilience Act (DORA) Digital Operational Resilience (DORA) introduces key obligations and broad ICT Risk Management Framework for Finance Sector", KPMG, https://kpmg.com/mt/en/home/services/advisory/digital-adoption-and-transformation/digital-operational-resilience-act.html, 최근 접속일자: 23.2.17
- "Introducing the Digital Operational Resilience Act Harmonising security across the EU financial sector", PWC, https://www.pwc.com/mt/en/publications/technology/dora.html, 최근 접속일자: 23.2.17
- "Model for effective Regulation", Report of the SRO Consultative Committee of the International Organization of Securities Commissions(2000.05), OICU IOSCO. https://www.iosco.org/library/pubdocs/pdf/IOSCOPD110.pdf, 최근 접속일자: 23.2.14.
- NEPLA, "싱가포르 ICO의 규제와 절차"(2020.12.17.), 〈https://www.nepla.net/post〉, 2023.2.10.방문
- Securities and Exchange Commission v. WJ Howey Co., 328 US 293 (1946)
- Nikhilesh De, 20.12.28, "미 SEC, 암호화폐 수탁업체에 브로커딜러 허가한다 디지털자산 전문 브로커딜러로 승인 가능성 담은 규제안 발표", CoinDesk KOREA, http://www.coindeskkorea.com/news/articleView.html?idxno=72319, 최근 접속일자: 23.2.11
- Paul Vigna,18.8.20, "Winklevoss Effort to Self-Regulate Cryptocurrency Gets Members", Wall Street Journal, https://www.wsj.com/articles/winklevoss-effort-to-self-regulate-cryptocurrency-gets-members-1534804308?mod=mktw, 최근 접속일자: 23.2.14.
- Stephan J, 18.07.17, "Obie and Mark Rasmussen, How Regulating Could Help Cryptocurrencies Grow", Harvard Business Review, https://hbr.org/2018/07/how-regulation-could-help-cryptocurren-

cies-grow, 최근 접속일자: 23.2.14.

- 〈https://blog.naver.com/hotchkiss7/222415107158〉, 2023.2.10. 방문
- 〈http://www.ddaily.co.kr/news/article.html?no=172284〉 2023.2.10. 방문
- 〈https://www.courtlistener.com/docket/19857399/securities-and-exchange-commission-v-ripple-labs-inc/〉 2023.2.10. 방문

# 찾아보기

## 국문



## 영문

디지털자산과 규제혁신

초판발행 2023년 10월 10일

지은이 윤창현 · 전인태 · 정재욱 · 황석진 · 채상미 · 김정민 · 이지은
펴낸이 안종만

편　집 한두희
기획/마케팅 조성호
표지디자인 Ben Story
제　작 고철민 · 조영환

펴낸곳 도서출판 박영사
경기도 파주시 회동길 37-9(문발동)
등록 1952. 11. 18. 제406-3000000251001952000002호(倫)
전　화 02)733-6771
f a x 02)736-4818
e-mail pys@pybook.co.kr
homepage www.pybook.co.kr
ISBN 978-89-10-98036-0 93360



정 가 25,000원